U0955712

“新财经”课程思政系列丛书

计量经济学课程思政案例集

主　编　喻开志
副主编　范国斌　郭建军

西南财经大学出版社
Southwestern University of Finance & Economics Press
中国·成都

图书在版编目(CIP)数据

计量经济学课程思政案例集/喻开志主编．—成都:西南财经大学出版社,
2021.10
ISBN 978-7-5504-5038-7

Ⅰ.①计…　Ⅱ.①喻…　Ⅲ.①思想政治教育—教案(教育)—高等学校
Ⅳ.①G641

中国版本图书馆 CIP 数据核字(2021)第 172299 号

计量经济学课程思政案例集
主　编:喻开志
副主编:范国斌　郭建军

责任编辑:李晓嵩
助理编辑:王青杰
责任校对:金欣蕾
封面设计:何东琳设计工作室
责任印制:朱曼丽

出版发行	西南财经大学出版社(四川省成都市光华村街 55 号)
网　　址	http://cbs.swufe.edu.cn
电子邮件	bookcj@swufe.edu.cn
邮政编码	610074
电　　话	028-87353785
照　　排	四川胜翔数码印务设计有限公司
印　　刷	四川五洲彩印有限责任公司
成品尺寸	185mm×260mm
印　　张	13.25
字　　数	239 千字
版　　次	2021 年 10 月第 1 版
印　　次	2021 年 10 月第 1 次印刷
印　　数	1— 2000 册
书　　号	ISBN 978-7-5504-5038-7
定　　价	39.80 元

出版说明

为深入贯彻落实习近平总书记关于教育的重要论述和全国教育大会精神，贯彻落实中共中央办公厅、国务院办公厅《关于深化新时代学校思想政治理论课改革创新的若干意见》，把思想政治教育贯穿人才培养体系，全面推进高校课程思政建设，发挥好每门课程的育人作用，提高高校人才培养质量，教育部印发了《高等学校课程思政建设指导纲要》（以下简称《纲要》）。《纲要》指出，全面推进课程思政建设是落实立德树人根本任务的战略举措。培养什么人、怎样培养人、为谁培养人是教育的根本问题，立德树人成效是检验高校一切工作的根本标准。课程思政建设是全面提高人才培养质量的重要任务。

为全面贯彻新时代党的教育方针，落实立德树人根本任务，国家教材委员会印发了《习近平新时代中国特色社会主义思想进课程教材指南》，明确要求把习近平新时代中国特色社会主义思想有机融入课程教材。《“党的领导”相关内容进大中小学课程教材指南》首次就“党的领导”相关内容融入课程教材作出整体设计，对于深入推进习近平新时代中国特色社会主义思想进教材、进课堂、进头脑具有重大意义。

根据相关文件精神，西南财经大学于2021年成立课程思政研究中心。为切实落实本科专业类教学质量国家标准和一流专业建设的基本要求，充分发挥教材在课程思政建设中的关键作用，打造课程思政精品教材体系，西南财经大学课程思政研究中心组织金融学院、保险学院、经济学院、工商管理学院、会计学院、财政税务学院、统计学院、经济信息工程学院、法学院、国际商学院、公共管理学院、经济数学学院、经济与管理研究院等出版了课程思政系列丛书（以下简称“丛书”）。

丛书以习近平新时代中国特色社会主义思想为指导，紧紧围绕教学导向“准”、育人格局“全”、思政元素“齐”、覆盖范围“广”、教学团队“强”的目标，围绕国家、区域以及学校课程思政建设的发展要求，深入挖掘各类课程和教学方式中蕴含的思想政治教育资源，致力于加快构建中国特色哲学社会科学学科体系、学术体系、话语体系，帮助学生了解经管类学科专业知识和行业领域的国家战略、法律法规和相关政策，引导学生深入社会实践、关注现实问题，培育学生经世济民、诚信服务、德法兼修的职业素养。丛书以案例集、教学指南等形式，教育引导学生把国家、社会、公民的价值要求融为一体，提高个人的爱国、敬业、诚信、友善修养，自觉把小我融入大我，不断追求国家的富强、民主、文明、和谐，倡导社会的自由、平等、公正、法治，将社会主义核心价值观内化为精神追求，外化为自觉行动；教育引导学生深刻理解中华优秀传统文化中讲仁爱、重民本、守诚信、崇正义、尚和合、求大同的思想精华和时代价值；教育引导学生传承中华文脉，富有中国心、饱含中国情、充满中国味；教育引导学生深刻理解并自觉践行各行业的职业精神和职业规范，增强职业责任感，培养遵纪守法、爱岗敬业、无私奉献、诚实守信、公道办事、开拓创新的职业品格和行为习惯，着力培养具有社会责任感、创新精神和国际视野的财经领域卓越人才。

丛书涵盖西南财经大学国家级重点学科和一流本科专业，作者包括西南财经大学国家级教学团队成员和其他资深教师。丛书经过作者反复斟酌研讨、倾力编撰而成，将思想政治教育寓于教学之中，让学生在学习专业知识的同时，增强“四个意识”，坚定“四个自信”，自觉做到“两个维护”，深入推进习近平新时代中国特色社会主义思想进教材、进课堂、进头脑。

西南财经大学课程思政研究中心

前言

为深入学习贯彻习近平新时代中国特色社会主义思想和党的十九大精神，积极落实教育部与西南财经大学加强课程思政建设的倡导，把思想政治教育工作深度有机融入专业课程，着力改变思想政治教育与业务“两张皮”现象，西南财经大学数量经济研究所教师群策群力编写了《计量经济学课程思政案例集》一书。《计量经济学课程思政案例集》是系所全体教师集思广益的结果。本书以社会主义核心价值观为主线，讲好中国故事，阐释中国方案，总结中国经验，以现实中国经济问题为基础，以史实为依据，让事实说话，为培养社会主义建设者和接班人打牢课程基础。

党中央高度重视高校思想政治教育工作，为此西南财经大学数量经济研究所全体教师紧紧围绕高校立德树人根本任务，组织编写了《计量经济学课程思政案例集》。主要的做法有以下三点：

第一，每学期开展课程思政融入计量经济学专业课程专题研讨会，探讨该课程中的思政元素，寻求融合路径。教师集体学习《习近平新时代中国特色社会主义思想进课程教材指南》，结合计量经济学课程，实现习近平新时代中国特色社会主义思想进教材、进课堂、进头脑。教师在前期修订国家级规划教材《计量经济学》《应用时间序列分析》时，主旨是解决现实中国经济问题；教材中大量的例题、案例以及习题，强调使用中国数据、讲好中国故事、展现“立体中国”，使学生在学习、理解、消化、掌握专业知识的同时，了解中国国情、熟悉中国背景、尝试从学科专业的角度理解并解决中国特色社会主义建设实践中的具体问题。通过学习研讨，教师提高了理论水平，在编写课程思政案例的过程中着力讲清楚思想孕育与理论发展的内在逻辑，切实运用习近平新时代中国特色社会主义思想铸魂育人。

第二，积极开展计量经济学集体备课会和教学观摩活动。在党史学习教育过程中，教师将党史教育融入专业课程，开展以“学党史·悟思想”为主题的计量经济学集体备课活动，组织编写课程思政案例。例如，教师在教授时间序列、分析知识点时，以时序数据生动阐述“新中国发展面对面：天翻地覆慨而慷”的变化，让学生感同身受；以中国抗击新冠肺炎疫情取得的巨大成功，让学生深刻体会到中国特色社会主义制度的显著优越性。此外，教师还通过开展计量经济学课程思政教学观摩活动，进一步推动思政进课堂，提高教育教学质量，推动教育教学创新，促进教师教学能力的提升。

第三，积极参加课程思政微课竞赛，以比赛促进课程思政案例建设。教师积极参加西南财经大学“党史融入课程思政”微课竞赛，用生动的党史故事阐述计量经济学专业知识，使得教学更加有趣；同时也为其编写课程思政案例积累了素材，有利于提升案例质量，拓展案例深度。

喻开志

2021 年 10 月于光华园

目录 CONTENTS

从新冠肺炎疫情看中国特色社会主义制度的优越性 ………… 喻开志(001)
分位数回归方法与异质性脱贫效应 ………………………… 郭建军(008)
虚拟变量回归与农村金融供给侧改革 ……………………… 郭建军(018)
模型选择与社会和谐 ……………………………………… 李　伊(028)
虚假回归和随机游走过程 ………………………………… 陈　娟(034)
自相关与营造风清气正的社会政治经济环境 ……………… 孙秀丽(038)
社会主义核心价值观之“敬业”与多重共线性 …………… 张华节(043)
权重与法治——加权最小二乘法 ………………………… 张华节(050)
社会主义核心价值观之“和谐”与同方差性 ……………… 张华节(056)
FDI 对我国经济增长影响的实证分析
——检验改革开放的成效 ……………………………… 范国斌(064)
多重共线性与资源节约 …………………………………… 范国斌(076)
非球形扰动与自然辩证法 ………………………………… 范国斌(083)
计量经济学发展史与科学精神 …………………………… 范国斌(091)
计量研究范式与唯物主义 ………………………………… 范国斌(102)
交互效应：1+1>2 ………………………………………… 范国斌(111)
收入消费模型——需求：得失之间 ……………………… 范国斌(119)
伪回归与唯物辩证法 ……………………………………… 范国斌(126)
自由度：自由与约束 ……………………………………… 范国斌(135)

最小二乘估计中的“体育精神” …………………………………… 范国斌(142)

多元线性回归及 t 检验、F 检验

——个体价值实现与总体价值实现 ……………………………… 范国斌(150)

假设检验——矛盾两点论与重点论的统一 ……………………… 范国斌(157)

时滞效应与敬业精神 …………………………………………………… 范国斌(165)

异方差修正与“一个都不能少” …………………………………… 范国斌(172)

多元回归与人生的加减法 …………………………………………… 马昀蓓(180)

计量经济模型的形式与内容 ………………………………………… 马昀蓓(186)

时间序列——过往成就现在，现在造就未来 …………………… 马昀蓓(192)

时间序列自回归模型

——凡事预则立,不预则废 ……………………………………………… 马昀蓓(196)

相关不是因果——透过现象看本质 ………………………………… 马昀蓓(202)

从新冠肺炎疫情看
中国特色社会主义制度的优越性

喻开志

一、引言

自从2019年年末首例新冠病毒感染者被发现以来，新冠肺炎疫情迅速在世界范围内传播。截至2020年11月11日，中国累计确诊病例数达到92 300人、累计死亡病例数达到4 649人，而国外疫情传播更为严重，累计确诊病例数已达51 645 449人、累计死亡病例也已经达到1 271 397人。迅速蔓延的新冠疫情极大威胁了世界人民的生命健康，也对世界经济发展造成了沉重的打击。而面对严重的疫情，评估新冠疫情的经济社会影响、探索影响新冠疫情传播的因素、比较不同国家疫情防控政策效果也成为亟待回答的重要问题。这也为经济学研究提供了大量可行的选题，尤其是新冠疫情作为一种外生冲击给很多经济学识别策略提供了可行性。目前已经有很多文献使用计量经济学的方法研究影响新冠疫情传播的因素以及新冠疫情对人类经济社会的影响。

二、新冠疫情相关文献简述

从影响新冠疫情传播的因素来看，很多文献从气温、地理环境、人口密度等角度出发，使用计量经济学的不同模型探究了这些因素对新冠疫情传播的影响。Shi et al.（2020）收集了2020年1月20日至2月29日中国大陆各省的日均气温以及日新增新冠肺炎确诊病例数量，综合使用了局部加权回归（locally weighted regression）、分布滞后非线性模型（distributed lag nonlinear model）、随机效应模型估计了气温对新冠肺炎传播的影响，发现低温会显著促进疫情的传播。Shahzad et al.（2020）使用Quantile-on-quantile回归方法，估计了气温分布不同分位数对每日新增感染人数分布的不同分位数的影响。结果表明气温与新增人数的关系在不同省份之间存在明显的异质性，并且这种异质性主要是不同省份累计感染人数、医疗基础设施发达程度以及平均气温的差异导致的。Sun et al.（2020）则重点分析了经纬度、海拔高度对疫情传播的影响，同时也研究了在中国较为严格的封闭措施下，当地人口密度是否对新冠疫情的传播有显著影响。其结果表明，纬度和海拔高度都与当地累计确诊人数负相关，而在较为严格的疫情封闭措施情况下，人口密度对疫情传播并没有显著的影响，从而表明我国严格的封闭措施的确起到了控制疫情进一步蔓延的作用。Shen et al.（2020）使用从卫星数据中获取的氮氧化物浓度作为当地疫情管控措施严厉程度的代理指标，比较了疫情管控措施和当地天气条件对疫情传播的影响。其结果表明，相对于天气条件而言，疫情管控措施对疫情蔓延的遏制作用更加明显，这证实了我国疫情防控措施的有效性。Xie et al.（2020）综合分析了影响新冠疫情传播的各种因素，发现武汉的人口流动以及经济联系密度是影响中国疫情传播的最主要因素，此外，当地交通设施、人口分布、医疗条件、平均气温等因素都会影响疫情传播。Yao et al.（2020）研究了中国不同城市中新冠疫情死亡率与当地空气污染情况的关系，发现当地空气污染情况与新冠疫情死亡率呈现出明显的正相关关系。

从新冠疫情的经济社会影响来看，目前已经有大量文献探究了新冠疫情对环境质量、环境污染的影响，通过将新冠疫情以及相关政策视为外生的政策冲击，用来探究人类活动对自然环境的影响。如 Pei et al.（2020）探究了中国政府为应对新冠疫情而出台的严格管控措施对不同空气污染物的影响。其结果表明疫情管控措施对不同类型的空气污染物有完全不同的影响，并且这种影响在不同城市之间存在明显的异质性。而关于新冠疫情对消费、投资、企业发展等因素的影响目前仍然停留在比较初步的描述性统计阶段。朱武祥等（2020）在疫情之后在全国范围内对中小微企业进行了两轮问卷调查，从问卷结果中发现疫情之后我国中小微企业普遍面临比较严重的资金问题，尽管政府在疫情之后迅速出台了一系列纾困政策，但是从他们的调查结果来看，中央出台政策与中小微企业的实际需求之间仍然存在一定差距。中国家庭金融调查项目（CHFS）在疫情之后也针对全国范围内家庭进行了总共两轮抽样调查，主要关注疫情之后家庭消费、投资等行为的变化情况。甘犁等（2020）使用这一数据，探究了疫情之后中国家庭财富的变化，并探究了疫情可能对家庭投资行为的冲击。其结果表明疫情之后中国家庭商业保险购买行为明显增加、购房意愿明显增加、海外资产配置意愿显著降低等。

但是由于审稿周期、数据获取等一系列原因，目前在已经公开发表的文章中还没有看到使用严谨计量方法分析疫情对经济增长、消费、投资、企业经营等一系列因素的影响。但是已经有部分工作论文使用了比较严谨的计量经济学方法，估计了新冠疫情的经济社会影响，并在国内各类经济学论坛会议上进行了宣讲，这里不一一列举。

三、新冠疫情感染情况的简单分析——以中美两国为例

面对严重的新冠疫情，不同国家的政府采取了完全不同的应对方法，以中国为代表的国家采取了较为严格的疫情管控措施，并且逐步完成了对新冠疫情蔓延的控制。而在许多没有实施严格管控措施的国家，新冠疫情至今仍然在迅速传播。本文从 WHO 官网收集了 2020 年 1 月 3 日至 2020 年 11 月 24 日中、美两国每日新增新冠疫情感染数量、累计新冠疫情感染者数量的数据。中国样本时间段内平均每天新增感染者数量约为 284 人，而美国在样本时间段内平均每天新增感染者数量约为 37 063 人，远超过中国。从最近疫情发展情况来看：中、美两国 2020 年 9 月以来平均每日新增感染者数量分别为 29 人和 73 178 人；11 月以来平均每日新增感染者数量分别为 39 人和 136 122 人。从平均每日新增感染者数量的变化情况中可以看到，中国的确已经实现了对新冠疫情的逐步控制，而美国的新冠疫情仍然处于加速蔓延阶段。为了进一步比较中、美两国疫情发展趋势的差异，本文绘制了中、美两国新增感染者数量和累计感染者数量变化的趋势图，如图 1 所示。

从图 1 中我们可以清楚地看到中、美两国疫情传播存在非常明显的差异。中国疫情高发期集中在 2020 年 1—2 月，每日新增感染者数量在 2020 年 2 月 13 日达到最高值，当日新增感染数量为 15 132 人，之后便迅速减少；而在 3 月之后，新增感染者数量一直维持在相对较低的水平并且还在不断降低，累计感染者人数也逐渐趋于稳定，在部分地区出现的疫情小规模扩散也能够得到及时的控制，可以认为已经基本控制住了疫情的进一步蔓延。而美国的趋势则截然相反，美国疫情的大规模爆发始于 2020 年 4 月左右，日新增感染者数量总体上一直处于波动上升的趋势，尤其是在 2020 年 9 月之后日新增感染者数量总体呈现出加速增长的态势；累计感染者的增加速度也因此不断提高，如果还不采取有效的防控措施，疫情可能会进一步扩散蔓延。

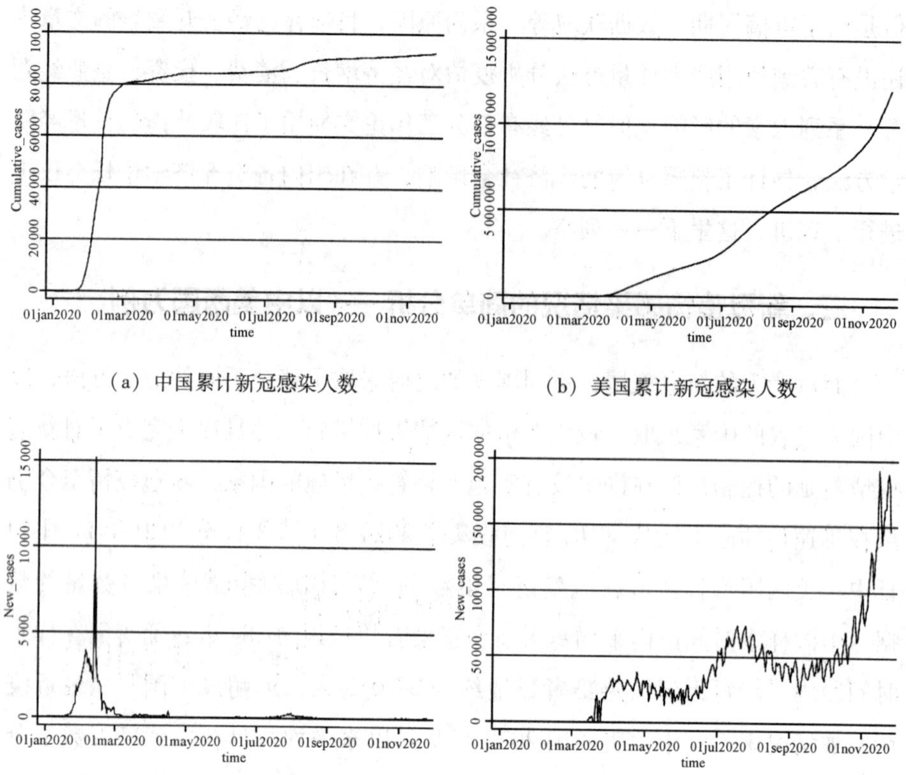

（a）中国累计新冠感染人数　　（b）美国累计新冠感染人数

（c）中国日新增新冠感染人数　　（d）美国日新增新冠感染人数

图 1　中、美两国日新增感染者和累计感染者时间趋势

之后我们使用中、美两国数据，通过一个简单的 ARIMA 模型对中、美两国每日对数新增新冠疫情感染者进行了分析，根据自相关图和偏自相关图的截尾拖尾情况确定模型参数。中、美两国数据自相关图和偏自相关图如图 2 所示。

从图 2 可以看到，中、美两国对数日新增感染者数量自相关图均为拖尾，偏自相关图分别为 3 阶和 6 阶截尾，因此本文分别选择了 AR（3）和 AR（6）模型对数据进行了估计，并预测了之后 14 天中、美两国每日新增感染者数量。模型预测结果显示，中国每日新增感染者数量在之后 14 天总体上呈现出先增加后减少的趋势，平均每日新增感染者数量约为 73.3 人，这一结果总体上与最近天气转冷、新冠疫情传播略有增加的情况一致；而美国之后 14 天新增感染者数量会进一步增加，模型预测结果显示未来 14 天美国平均每日新增感染者数量约为 163 461.6 人，预测的疫情传播速度较 11 月以来的实际传播情况进一步加快。但是本文预测部分只使用了简单的时间序列模型，并没有考虑政府对疫情可能进一步扩散的情况所采取的措施，因此疫情实际传播情况可能并没有本文模型预测的结果那么严重。

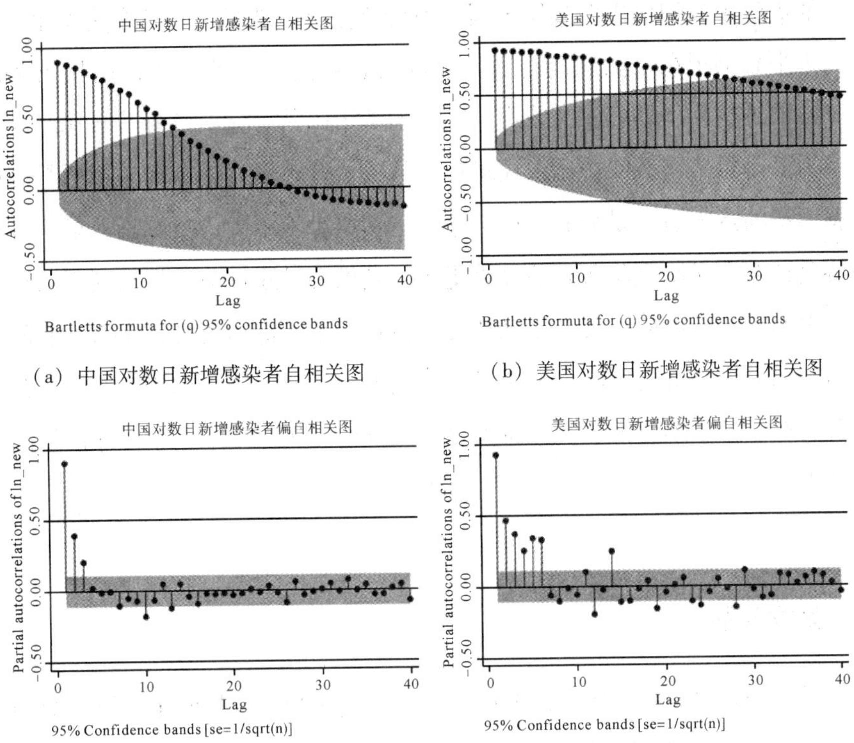

（a）中国对数日新增感染者自相关图　　（b）美国对数日新增感染者自相关图

（c）中国对数日新增感染者偏自相关图　　（d）美国对数日新增感染者偏自相关图

图 2　中、美两国对数日新增感染者自相关图和偏自相关图

尽管是否采取严格管控措施面临着宽松管控措施带来的疫情扩散和严格管控措施带来的经济不景气之间的两难选择，目前对管控措施的收益成本比较也缺乏严谨的分析。从中、美两国数据对比以及中、美两国未来 14 天疫情传播预测结果来看，我国政府在疫情较为严重的时期采取的包括封城在内的严格的管控措施，对我国能够在较短时间内控制疫情，防止疫情进一步扩散起到了重要作用。而在疫情蔓延得到控制之后，政府出台的一系列经济政策也在一定程度上促进了经济的恢复。从国家统计局的有关数据，我国在 2020 年第二季度实现了 GDP 增长率的由负转正，前三季度 GDP 增长率也实现了由负转正，可以说经济发展得到了较好的恢复。从中国疫情控制和经济发展的实际情况中我们也有一定理由认为，采取严格管控措施控制疫情，疫情传播得到控制之后再采取措施恢复经济似乎是一种较好的应对疫情的选择，尽管由于其他可能因素的干扰导致这一结论并不严谨。

四、总结

从之前中、美两国疫情发展数据的对比中可以发现，我国采取的抗议行动取得了很大的成功，对控制疫情扩散起到了重要作用。而从中国抗击新冠疫情的措施中我们可以深刻体会到中国特色社会主义制度的显著优越性。正如习近平总书记在全国抗击新冠肺炎疫情表彰大会上的重要讲话指出的那样，中国抗疫斗争的伟大实践进一步证明了中国共产党所具有的无比坚强的领导力，是风雨来袭时中国人民最可靠的主心骨；证明了中国人民所具有的不屈不挠的意志力，是战胜前进道路上一切艰难险阻的力量源泉；证明了中国特色社会主义制度所具有的显著优势，是抵御风险挑战、提高国家治理效能的根本保证；证明了社会主义核心价值观、中华优秀传统文化所具有的强大精神动力，是凝聚人心、汇聚民力的强大力量；证明了构建人类命运共同体所具有的广泛感召力，是应对人类共同挑战、建设更加繁荣美好世界的人间正道。

参考文献

[1] SHI P, DONG Y, YAN H, et al. Impact of temperature on the dynamics of the COVID-19 outbreak in China. The Science of the total environment, 2020 (728): 138890.

[2] SUN Z, ZHANG H, YANG Y, et al. Impacts of geographic factors and population density on the COVID-19 spreading under the lockdown policies of China [J]. Science of the total environment, 2020 (746): 141347.

[3] PEI Z, HAN G, MA X, et al. Response of major air pollutants to COVID-19 lockdowns in China [J]. Science of the total environment, 2020 (743): 140879.

[4] SHEN X, CAI C, LI H. Socioeconomic restrictions slowdown COVID-19 far more effectively than favorable weather-evidence from the satellite [J]. Science of the total environment, 2020 (748): 141401.

[5] XIE Z, QIN Y, LI Y, et al. Spatial and temporal differentiation of COVID-19 epidemic spread in mainland China and its influencing factors [J]. Science of the total environment, 2020 (744): 140929.

[6] 朱武祥，张平，李鹏飞，等. 疫情冲击下中小微企业困境与政策效率提升：基于两次全国问卷调查的分析 [J]. 管理世界，2020，36 (4)：13-26.

[7] YAO Y, PAN J, WANG W, et al. Association of particulate matter pollution and case fatality rate of COVID-19 in 49 Chinese cities [J]. Science of the

total environment, 2020 (741): 140396.

[8] YANG B, LI W, WANG J, et al. Estimation of the potential spread risk of COVID-19: Occurrence assessment along the Yangtze, Han, and Fu River basins in Hubei, China [J]. The Science of the total environment, 2020 (746): 141353.

[9] 甘犁，路晓蒙，王香，等. 疫情下中国家庭财富变动趋势 [J]. 中国经济报告，2020 (4): 110-123.

分位数回归方法与异质性脱贫效应

郭建军

一、案例概况

（一）适用对象

本案例适用于所有教学班级，包括线下教学课程及线上慕课教学，尤其适用于高年级的计量经济学教学。

（二）教学目标

（1）知识目标：让学生了解掌握最小二乘回归估计和分位数回归估计的相关知识，了解分位数回归在金融经济异质性问题当中的应用。

（2）能力目标：使学生能够基本建立并使用计量经济学分位数回归模型，利用分位数回归模型探究经济金融问题，并对其异质性影响效果进行深入的机理分析。

（3）价值目标：通过分析分位数回归计量方法在公共性支出对脱贫攻坚的影响的应用，引导学生深入理解脱贫攻坚和精准扶贫政策，为全面实现小康社会添砖加瓦。

二、案例正文

对于金融经济系统中变量间关系的计量，最基本的工具是回归分析，主要用于研究非确定现象间的统计关系。其中，最为经典的理论是 1805 年 Legendre 提出的最小二乘回归（均值回归）方法，其主要目的在于通过自变量来估计和预测因变量的条件均值，从而揭示自变量和因变量间的真实关系。在随后的 200 多年里，均值回归模型被广泛应用于自然科学和社会科学的各个领域，其衍化方法和扩展模型已构成现代计量分析的重要组成部分。常见的均值回归模型包括一元及多元线性回归模型、异方差模型、广义线性回归模型和非线性回归模型等。

比较而言，传统均值回归模型的优点在于：第一，在满足经典假设

（classical assumption）的前提下，模型的回归系数的最小二乘估计或极大似然估计满足线性性、无偏性和有效性等优良特性，为最佳线性无偏估计量（best linear unbiased estimator，BLUE）。第二，最小二乘回归方法计算简便，且能给出严格的理论证明，回归系数的经济意义明确。然而，尽管均值回归具有上述优点，其局限之处在于：第一，均值回归仅能度量以条件均值为代表的因变量的中心位置，而无法给出因变量的整个分布特征。然而许多实际问题对因变量的非中心位置较感兴趣，例如收入不平等问题关注富人（上尾）和穷人（下尾）的不同特征，教育工作者关注优生（上尾）和差生（下尾）间的群体差异，这些现象很难通过单纯的均值回归进行解释。第二，均值回归的假设条件要求较高，一般要求误差项独立同分布，且服从正态分布，然而在现实金融经济系统中，这一假设往往难以得到满足，大量时间序列具有尖峰厚尾特征，此时的最小二乘估计量将不再满足上述优良统计特性。第三，均值回归中，最小二乘估计的损失函数为误差的平方函数，容易受极端异常值的干扰，稳健性较差。

Koenker 和 Bassett（1978）提出的分位数回归能够很好地弥补传统均值回归的上述缺点，尤其在异质性建模方面具有独特优势。分位数回归的基本思想最早可追溯至 18 世纪中叶的 Boscovich 以及 19 世纪的 Laplace 和 Edgeworth 等人的研究中。其中，Boscovich 在测量地球椭圆率时首次采用误差的绝对值之和的最小值进行估计，Laplace 在 Boscovich 的基础上进一步提出了中位数回归（最小绝对值偏差估计，LAD），Edgeworth 将 Laplace 的工作推广至双重中位数估计和多重中位数估计情形，为分位数回归概念的引入提供了依据。在此基础上，Koenker 和 Bassett 于 1978 年提出了分位数回归理论，该模型是线性回归模型的自然扩展，其基本原理在于利用自变量来估计和预测因变量的条件分位数，得到不同分位点处的回归模型，从而准确描述自变量对因变量的条件分布的影响。由于理论上可以对任意的分位点进行估计，所以对因变量的任意分布位置进行建模都是可行的。在实际研究中，可以选择适合研究主题的分位数进行分析，如贫困问题关注低收入群体（低分位点），而税收政策关注高收入群体（高分位点）等。

与经典的均值回归理论相比，分位数回归的主要优点在于：①能够更加全面地描述被解释变量条件分布的全貌，而不是仅仅分析被解释变量的条件期望（均值），也可以分析解释变量如何影响被解释变量的中位数、分位数等。不同分位数下的回归系数估计量常常不同，即解释变量对不同水平被解释变量的影响不同。②中位数回归的估计方法与最小二乘法相比，估计结果对离群值则表现得更加稳健，而且，分位数回归对误差项并不要求很强的假设条件，因此对于非正态分布而言，分位数回归系数估计量则更加稳健。③与传统的同质性均值回归对比，Koenker 和 Bassett（1978）提出的分位数回归在异质性建模方面提供了一个基本的分析工具，能够更好地逼近和揭示真实金融经济系统的运行规律。在分位数回归视角下，研究复杂金融经济系统运行的内在机理和演化特征，分析系统异质性特征的成因和表现，有助于更好地把握金融经济系统的运行规律，构建金融经济系统的新秩序，从而推动系统的稳定健康发展。

金融经济系统复杂性特征的一个重要表现是异质性，该特征已成为金融经济系统众多复杂现象的重要突破点之一。异质性特征是指受政策环境、市场竞争及技术创新等因素影响，不同的金融经济系统之间及同一金融经济系统内部具有不同的运行规律和内在特质。金融经济系统异质性的典型表现较为丰富，包括产品及要素的异质性、资本的异质性、货币的异质性、企业的异质性、经济增长及金融市场的异质性等。目前，金融经济系统的异质性已经成为众多学者追踪和关注的热点问题。

公共投入是扶贫工作中的重要举措，其产生的异质性脱贫效应应该引起重视。如若财政公共投入的效果出现严重的异化现象，将会严重损害现阶段精准扶贫政策带来的绩效及未来财政公共投入减贫的作用。因此，充分认识并缓解财政公共投入的异质性脱贫效应，对于我国稳定脱贫、全面建成小康社会有着重要意义。财政公共投入的异质性脱贫效应主要体现在两个方面：一是不同种类的财政公共投入对贫困户脱贫存在差异，二是财政公共投入对不同收入人群的促进效应有着异质性。

本案例采用中国家庭跟踪调查数据库（CFPS）中 2010—2014 年的数据，删除数据的缺失值，并对数据异常值进行缩尾处理，同时剔除没有劳动能力及因病因残无法参与劳动的人口。首先，数据涵盖了全国 25 个省份，包含了东、中、西部的不同样本，涵盖面广，能够反映全国的整体情况；其次，样本数据搜集了个体、家庭、社区三个层次的数据，并对公共性支出的分类齐全，数据精确。由此，构建了公共性支出对脱贫效果的回归模型，模型选用的变量如表 1 所示。

表 1　相关变量及描述

变量类别		变量名称	缩写	描述
被解释变量	脱贫效果	家庭总收入	INCOME	家庭人均收入对数
解释变量	公共性支出	财政公共性总支出	EXPENSE	村政府财政公共性总支出对数
控制变量	经济能力	储蓄存款	SAVE	家庭现金及存款总额对数
	农户特征	家庭常住人口	FAMILYSIZE	家庭中在家吃饭人数
		家庭平均年龄	AGE	家庭平均年龄
		最高受教育程度	EDU	户主最高受教育程度
		资源禀赋	RESOURCE	家庭拥有的水田、旱地、林地果园、草场、池塘总面积

建立的回归方程式如下：

$$\text{INCOME}_i = \beta_1\text{EXPENSE}_i + \beta_2\text{AGE}_i + \beta_3\text{RESOURCE}_i + \beta_4\text{SAVE}_i + \beta_5\text{EDU}_i + \beta_6\text{FAMLYSIZE}_i + \varepsilon_i$$

得到的回归结果如表 2 所示。

表 2　2014 年公共性支出对农户收入的影响的回归结果

VARIABLES	全样本 INCOME	贫困户 INCOME	非贫困户 INCOME
EXPENSE	0. 042 2***	0. 012 9	0. 034 8***
	(0. 008 09)	(0. 016 9)	(0. 005 79)
AGE	-0. 010 4***	0. 005 27**	-0. 005 27***
	(0. 001 47)	(0. 002 61)	(0. 001 14)
RESOURCE	-0. 003 44*	-0. 009 54**	-0. 005 95***
	(0. 001 97)	(0. 003 92)	(0. 001 43)
SAVE	0. 040 5***	0. 016 1*	0. 021 4***
	(0. 003 82)	(0. 008 52)	(0. 002 71)
EDU	0. 168***	0. 026 1	0. 114***
	(0. 018 3)	(0. 037 5)	(0. 013 2)
FAMILYSIZE	-0. 042 3***	0. 001 92	-0. 061 3***
	(0. 010 4)	(0. 020 0)	(0. 007 68)
Observations	3 934	884	3 050
R-squared	0. 084	0. 019	0. 096

注：***、**、*分别代表在 1%，5%与 10%的显著性水平下显著。括号中为估计参数的标准差。

表 2 显示了农村的公共性支出对贫困户与非贫困户收入的影响大小，公共性支出对于贫困户家庭来说，存在正向不显著的影响，回归系数为 0.012 9。而对于非贫困户家庭来说，公共性支出的促进效用在 1%水平上显著，回归系数为 0.034 8，从数值大小来说，大约是对贫困户家庭的促进作用的 3 倍，即每增加一单位的公共性支出，给非贫困户带来的人均家庭收入的增加效应比给贫困户家庭带来的收入促进效应更加明显。从显著性上来说，公共性支出对贫困户的收入增加效用不清晰，而对非贫困户的收入增加更为直接且更加显著。其余的控制变量均对收入有不同程度影响，其中，家庭存款和拥有资源对贫困户与非贫困户均有显著的促进作用，而教育对贫困户与非贫困户的增收作用存在显著差异。

为了能更清楚地观察到是否是由于贫困户与非贫困户之间的自身经济实力差距而导致公共性投入促进效用的差别，利用分位数回归能更加全面描述公共性支出对家庭收入的变化范围及条件分布的影响优势，我们选取收入处在 10%、25%和 50%三个分位点上的农户进行回归分析。我们基于贫困家庭与非贫困家庭的收入进行了分位数比较，回归结果如表 3 所示。

表 3　公共性支出对农村贫困户与非贫困户收入的分位数回归结果

VARIABLES		15%分位点 INCOME	25%分位点 INCOME	50%分位点 INCOME
EXPENSE	贫困户	0.012 3	0.013 0	0.033 9
		(0.038 7)	(0.027 2)	(0.023 7)
	非贫困户	0.039 9***	0.043 0***	0.038 3***
		(0.010 1)	(0.009 39)	(0.007 11)
AGE	贫困户	0.008 00	0.008 46**	0.002 10
		(0.005 99)	(0.004 20)	(0.003 65)
	非贫困户	−0.006 80***	−0.007 19***	−0.002 2
		(0.001 98)	(0.001 85)	(0.001 40)
RESOURSE	贫困户	−0.002 24	−0.008 11	−0.014 9***
		(0.009 00)	(0.006 32)	(0.005 50)
	非贫困户	−0.010 1***	−0.009 73***	−0.008 01***
		(0.002 48)	(0.002 32)	(0.001 75)
SAVE	贫困户	0.010 5	0.008 15	0.026 8**
		(0.019 5)	(0.013 7)	(0.011 9)
	非贫困户	0.024 6***	0.024 1***	0.020 5***
		(0.004 72)	(0.004 40)	(0.003 33)
EDU	贫困户	−0.045 5	0.052 8	0.027 8
		(0.086 0)	(0.060 4)	(0.052 5)
	非贫困户	0.107***	0.116***	0.133***
		(0.022 9)	(0.021 4)	(0.016 2)

表3(续)

VARIABLES		15%分位点 INCOME	25%分位点 INCOME	50%分位点 INCOME
FAMILYSIZE	贫困户	-0.102**	-0.055 5*	0.028 5
		(0.046 0)	(0.032 3)	(0.028 1)
	非贫困户	-0.013 7	-0.037 6***	-0.049 9***
		(0.013 3)	(0.012 5)	(0.009 43)

注：***、**、*分别代表在1%，5%与10%的显著性水平下显著。括号中为估计系数的标准差。

在回归分析中，公共投入是我们最为关心的变量，同时我们也将会对资源和教育水平等进行讨论。实证结果显示，贫困户中，公共性支出对低收入家庭的促进效应不显著，但公共性支出的促进效用为正，系数分别为0.012 3、0.013 0和0.033 9。这意味着对于10%收入和位居于25%分位点的贫困户来说，促进效用远远低于收入位居于50%分位点的贫困户，且促进作用越来越强。由此可以发现在深度贫困群体中间，公共性支出对收入处于较高位置的影响要大于对中间和低端部分的影响。而从非贫困户的角度来看，位于三个不同分位点的农户家庭，因为公共性支出带来的收入增加的促进效果相差不大，没有明显的递增或递减的规律，系数分别为0.039 9、0.043 0和0.038 3，且都在1%水平上显著。公共性支出对非贫困群体促进效应明显，且差距不大。从其他方面来看，非贫困户不同收入之间的显著性差别不明显，而贫困户在不同收入区间的区别较大。以上分析结果说明，公共投入对贫困户和非贫困户的影响存在异质性，且深度贫困群体公共投入效应对收入更加敏感。

经过一系列的研究分析，我们基于贫困户自身资源禀赋、公共投入结构扭曲、收入分配三个角度，阐述了公共投入异质性脱贫效应的影响机理。同时，证实了公共性支出对于农村非贫困户家庭收入的边际贡献显著大于贫困户。在贫困户群体中，公共投入带来的脱贫效果对高收入农户的偏向性明显，且深度贫困群众的公共资源利用效率对于收入较为敏感，收入越高者越能有效使用公共资源。通过进一步分析我们发现，虽然收益异质性的问题暂时没能解决，但精准扶贫政策的实施，使得公共投入对深度贫困群体收入起到了正向的促进作用。

由此，我们得出以下几点结论：

第一，公共投入使用的主体在于人，要想改变这种脱贫异质性，需要从贫困户自身入手切断贫困的代际传递，以此改变传统贫困的家庭环境，提高贫困户有效利用公共产品的能力。就贫困户而言，深度贫困群体仍是扶贫关注的重点，而贫困户自身努力是提高收入的关键。贫困户的自身努力主要体现在要提高谈判能力和积极进入劳动力市场两个方面。谈判的基础是表达，只有当贫困户敢于合理准确地表达出心声，才能有助于政策的反馈与诉求的传达。谈判能力的增强又依赖于农户权力地位的提升，这不仅需要扶贫工作者将贫困户作为第一要义，更需要贫困户积极自信地加入与执行者的沟通交流中来，将脱贫作为自身的一种责任。同时，疏通贫困户反馈渠道、拓宽言论也是使贫困户需求得到充分表达的方法。发展产业和进入劳动力市场是摆脱贫困的内生动力。要想从外界扶持转换为自身努力，关键在于规避风险。贫困户识别风险、防范风险的能力极弱，这也是阻碍其进入竞争市场的主要绊脚石。为解决这个问题，提高其市场预见能力是必不可少的。然而市场预见能力需要长期的学习积累，在这个过程中，需要要求贫困户自身转变传统的农业理念，接受互联网等科技带来的新文化，努力学习相关职业技能知识，以此提高贫困户对于市场的把控，从而提高贫困户自身抗风险的能力。

第二，单纯地依靠农户自身是不行的，对于尽可能地减少贫困户初期使用公共产品的成本，政府责无旁贷。公共产品供给效果异化的产生，主要在于流通环节而非生产环节。针对流通领域可能产生的不良竞争，需要强调农户的公平受益权。公平离不开监督，为了防止政府官员为了打造政绩工程等不利于农户公平享受公共产品权力维护的行为，需要建立起完善的监督制度。同时，为避免弱势群体边缘化，加大公共产品供给能够让深度贫困的群众以自身可以承受的价格购买对应的服务。因此，除了依靠县级政府的拨款以外，不断扩大公共服务供给主体的范围，是解决县级村级财力不足而引起的公共品短缺的问题的重要方法。从公共投入的结构上来说，教育依然是公共投入的重要方面。家庭传统环境是影响贫困户自身资源禀赋的一大原因。如若无法打破家庭传统环境，将会造成贫困代际传递，导致贫困产生“遗传”效应。为了改善农村家庭的传统环境，教育作为公共投入的重要组成部分，应该发挥出重要的作用。虽然当前由于教育支出的长周期性，无法带来回报较快的投入产出比，但随着信息社会的到来，市场经济机制的逐渐完善，知识、技能的传播与学习是打断贫困再发生、再生产、再循环的机制，能够帮助贫困户摆脱家庭原生贫困，享有平等的发展权与生存权，逆袭致富。

第三，建立农户经济合作社是建设新农村、提高公共产品利用率的必要手段。要想短时间内提高贫困户的竞争能力，只有集中有限资源实现资源组合共享来发展生产力。农户经济合作社将单一的或一群没有市场竞争力的农户组合成有专人带领、具备管理和合作能力的经济组织。但这也将面临一系列的问题，例如农业的科技创新能力不强，缺乏核心竞争力，主体规模偏小，融资问题难以解决等。为了使农户特别是贫困户能够享受到农户经济合作社带来的经济利益，突破贫困的自有资源门槛，共同分享收益和承担风险，更好地利用公共产品资源，首先，合作社的外部关系网络不仅需要合作社本身来扩充资金来源渠道，更需要政府提供有力的支持，调动起融资平台的热情。其次，合作社内部的团结与信任对于合作社的发展也至关重要。为了缓解成员内部之间的差异带来的矛盾，树立起共同目标，降低合作社内部的沟通成本，可以提高合作社内成员的合作意识与参与意识。最后，为了平衡贫困户脱贫与实现组织收益最大化的矛盾，合作社应该通过制度设计及资金补贴等优惠政策吸引贫困人群，同时加强组织管理的现代化，引导生产要素向资源利用率高的方向流动，从而提高整体组织水平。

总的来说，分位数回归方法的应用能够有助于解释经济金融中的异质性效应，比如本案例中的公共性投入带来的异质性脱贫效应。这一方法的应用有助于解释复杂金融、经济系统运行的内在机理和演化特征，分析系统异质性特征的成因和表现，有助于更好地把握金融经济系统的运行规律，构建金融经济系统的新秩序，推动系统的稳定健康发展。

三、案例分析

（一）案例蕴含的思政元素

从分位数回归方法在解决金融经济异质性问题上的优势出发，探究了公共投入的异质性脱贫效应，对于指导全面实现脱贫攻坚和精准扶贫工作提出了建议。

打赢脱贫攻坚战，历史性解决绝对贫困问题，既是中华民族的千年梦想，也是践行以人民为中心发展思想的集中体现。习近平总书记强调，没有农村的小康，特别是没有贫困地区的小康，就没有全面建成小康社会。因此，为实现现行标准下农村贫困人口全部脱贫、贫困县全部摘帽的目标，我们必须接续奋斗，了解公共性支出下对贫困户的异质性影响效应，创新方式，因地制宜、因户施策、分类指导，精准扶贫到户。通过精准扶贫政策，缓解公共投入异质性脱贫效应，从提高贫困户谈判能力和市场预见能力、改善贫困代际传递及建立农户经济合作社等方面进行改进。努力实现巩固拓展脱贫攻坚成果同乡村振兴有效衔接，更好解决发展不平衡不充分问题，促进全体人民共同富裕，书写更加灿烂美好的新篇章。

（二）启发思考题及分析

作为个人，我们如何为脱贫攻坚工作做出贡献？分析：身为一名大学生，应敢于担当、勇于奋斗，努力做新时代具有责任意识和创新精神的建设者。勤奋学习、锤炼身心，努力做新时代具有过硬本领和高尚品格的接班人。在2020年，不时有青少年们的身影。抗疫战中，大量的毕业青年奋勇争先，为了控制住疫情的发展，义不容辞地奉献出自己的力量。在脱贫攻坚战中也同样有不少的青年干部在书写着青春的灵动华章。“青年强则国强”，我们的行动充分证明了两场“战役”凸显出那些曾年幼的青少年们已经成长起来了，并在此书写属于他们的精彩华章。

四、教学反思

在教学当中应该加强学生的理论知识学习，不断提升学生综合素质。采取党委理论学习中心组集中研讨和个人自学相结合的方式，深入细致学、联系实际学、带着问题学，入脑入心、知行合一，切实提高思想认识，进一步增强抓整改落实的紧迫感、责任感和自觉性。做到原原本本学，彻彻底底悟，积极撰写学习笔记和学习心得，进一步将新时代中国特色社会主义思想融合到生活和工作中。

参考文献

[1] 庞浩. 计量经济学 [M]. 4版. 北京：科学出版社，2019.

[2] 陈强. 高级计量经济学及 Stata 应用 [M]. 北京：高等教育出版社，2010.

[3] 朱玲，何伟. 工业化城市化进程中的乡村减贫40年 [J]. 劳动经济研究，2018，6（4）：4-32.

[4] 万广华，周章跃，陆迁. 中国农村收入不平等：运用农户数据的回归分解 [J]. 中国农村经济，2005，000（5）：4-11.

[5] 习近平. 决胜全面建成小康社会 夺取新时代中国特色社会主义伟大胜利：在中国共产党第十九次全国代表大会上的报告 [M]. 北京：人民出版

社，2017.

[6] 李小云，许汉泽. 2020年后扶贫工作的若干思考 [J]. 国家行政学院学报，2018（1）：62-66.

[7] 朱一鸣，王伟. 普惠金融如何实现精准扶贫？[J]. 财经研究，2017（10）：43-54.

[8] KOENKER R W，BASSETT G. Regression Quantile [J]. Econometrica，1978（1）：33-50.

虚拟变量回归与农村金融供给侧改革

郭建军

一、案例概况

（一）适用对象

本案例适用于计量经济学所有教学班，包括线下教学班级和线上开展的慕课教学班级。

（二）教学目标

（1）知识目标：让学生学习虚拟变量回归的相关计量经济学知识，了解虚拟变量的应用场景和作用。

（2）能力目标：帮助学生建立并使用虚拟变量回归模型来探究经济金融问题。

（3）价值目标：构建农村能否获得金融贷款的虚拟被解释变量和 Probit 回归模型，揭示农村金融供给不足的问题，联系我国供给侧改革步伐，引导学生了解农村金融供给侧改革。

二、案例正文

在经济分析中，影响因变量变动的因素，除了定量变量的影响外，定性变量的影响也不容忽视，由于定性变量不能直接用数据精确描述，所以因变量的变动通常是定量变量和定性变量共同作用的结果。在回归分析模型中，应该同时包含定量和定性两种属性因素的影响。因为定量因素是可以直接测度的数值型因素，而定性因素是不能直接测度的，说明某种属性或者状态是否存在的非数值型因素，为了在模型中反映定性因素，可以将定性因素转化为虚拟变量去表现。

在虚拟变量（或者称为属性变量、双值变量、类型变量、定性变量、二元型变量等）应用过程中，是通过定义属性变量，取值分别定义为 0 和 1（用字母 D 表示）。属性因素可以具有多个类型（或者水平），当某种属性或状态不存在时，虚拟变量定义为 0，即 D=0，表示不具有某种类型（或者水平）；当某种属性或状态存在时，虚拟变量定义为 1，即 D=1，表示具有某种类型（或者水平）。在实际问题中，虚拟变量取 1 或 0 具体从分析问题的目的来确定。

在进行回归分析过程中，引入的虚拟变量可以发挥重要的作用。引入虚拟变量以后，使回归分析的应用范围变得更广。虚拟变量可以用到以下几种场景中：①可以代表定性因素，如性别、所有制等；②作为某些非精确计量的定量因素的代表，如受教育程度、管理者素质等；③作为某些偶然因素或政策因素的代表，如战争、灾害、改革前后等；④分段回归变为现实，可以研究回归直线斜率的变动、截距的变动、斜率和截距同时变动，从而可以比较两个回归模型的结构差异。在回归分析中，把包含虚拟变量的模型称为虚拟变量模型。常见的虚拟变量回归模型分为两种：第一种是因变量为虚拟变量的回归模型，第二种是自变量为虚拟变量的回归模型。

当虚拟变量作为被解释变量时，其作用是对某一经济现象或活动进行“是”与“否”的判断或决策。例如研究是否购买商品住房、是否参加人寿或财产保险、是否能够按期偿还贷款、产品在市场上是否畅销、对某一改革措施所持的态度等。这些问题的特征是被研究的对象（被解释变量）在受到多种因素影响时，其取值只有两种状态：“是”或“否”。这在计量经济学中称为“二项选择”现象，这种现象常在市场研究或社会问题研究中遇到。当被解释变量取值为 0 和 1 的随机变量，回归模型定义为：$E(Y_i \mid X_i) = \beta_1 + \beta_2 X_i$。以虚拟变量作为被解释变量的模型的条件期望实际上等于随机变量 Y_i 取值为 1 的条件概率。在解决非线性概率模型时，通常选定逻辑斯蒂（logistics distribution）和正态分布（normal distribution）的累积分布函数去设定非线性概率模型，分别对应 Logit 模型和 Probit 模型。

虚拟变量回归在现在的经济金融领域应用得很广泛，能够有助于解决被解释变量表示某种事件发生概率时的问题。比如，在农村金融供给不足的问题上，我们以农户获得金融机构贷款时，$Y=1$，否则为 0，构建虚拟被解释变量。P 表示农户获得贷款的概率，即农村金融机构提供贷款的概率，建立的 Probit 模型如下：

$$\begin{cases} P(Y=1 \mid X) = G(\alpha + \beta_1 X_1 + \beta_t X_t + \mu), & Y > 0 \\ P(Y=1 \mid X) = 0, & Y = 0 \end{cases}$$

对 Y 这一虚拟变量进行对数变换，使得回归系数可以直接表示为影响因素对农户获得贷款的影响比率，变换过程如下：

$$P_i = F(Y_i) = \frac{1}{1 + e^{-Y_i}} = \frac{1}{1 + e^{-(\alpha+\beta_i X_i)}}$$

由此，就可以得到农村贷款家庭的贷款比率及影响因素的公式：

$$\ln \frac{P}{1 - P_i} = \alpha + \beta_1 X_1 + \beta_2 X_2 + \cdots + \beta_{19} X_{19}$$

其中，$P/(1 - P_i)$ 代表贷款与拒绝贷款的比例，因此也代表农村金融机构愿意提供金融支持的比例，X_i 是设定的自变量，即影响金融供给的相关因素，包括户主性别、户主年龄和贷款利率等。

农村家庭贷款的影响因素较为复杂多样，可能出现的影响因素有受教育程度、户主年龄及性别、户口性质、是否参加医保等。另外，贷款利率、贷款金额和时间长短也对农村贷款家庭的贷款行为具有重大影响，我们从 5 个方面选取了 19 个变量加以分析：在农村劳动力资源方面的变量主要为劳动力占比（Lab）、户主受教育年限（Edu）、户主性别（Sex）、户主年龄（Age）；在收入方面选取贷款年度净收入（In）指标；资本拥有量方面的变量包括家庭总资产（A）、家庭耕地数（L）、家庭宅基地数（Land）；社会关系方面的变量主要有是否有贷款机构或人员介绍（Intro）、户主婚姻状况（Mar）、是否有成员在国企工作（State）；其他方面的变量包括贷款情况方面和贷款抵押与担保方面等。具体名称及定义说明如表 1 所示。

表 1　变量的名称及定义说明

变量符号	变量名称	变量定义
Lab	劳动力占比	劳动力占家庭总人数的百分比（%）
A	家庭总资产	家庭固定资产和耐用消费品之和（元）
Intro	是否有贷款机构或人员介绍	是 = 1；否 = 0
Sex	户主性别	男 = 1；女 = 0
Age	户主年龄	截至 2012 年年底的年龄（岁）
Res	户主户口性质	农村 = 1；非农村 = 0
H	户主是否参加了新型农村医保	是 = 1；否 = 0
Edu	户主受教育年限	接受正规教育的年限（年）
Mar	户主婚姻状况	有配偶 = 1；无配偶 = 0
G	是否有抵押物或担保	是 = 1；否 = 0
L	家庭耕地数	实际耕地面积（亩）
Home	家庭宅基地数	实际宅基地面积（亩）
In	贷款年度净收入	年度总收入与总支出之差（元）

表1(续)

变量符号	变量名称	变量定义
State	是否有成员在国企工作	是=1；否=0
Intre	贷款利率	实际利率（%）
M	贷款金额	实际金额（元）
T	贷款期限	实际贷款月份数（月）
I	贷款机构	正规机构=1；非正规机构=0
W	是否还款	是=1；否=0

选用基于全国591户农村家庭的抽样调查数据，Probit模型回归计算的结果如表2所示。在表2中，我们分别列出了全国和分地区的农村金融供给情况的回归计算结果，全国共有591个数据，在三个地区中，由于东部地区样本选取相对较小，中部与西部都分别包括了200个样本。

表2　Probit 回归结果

变量	全国	东部	中部	西部
Sex	-0.58 0.97	-1.02 -0.86	-1.06 -0.80	-3.24 -1.39
Age	0.005 3 0.33	-0.01 -0.74	-0.03 -0.64	0.005 0.10
Res	-0.26 -0.34	0.61 0.64	0.32 0.27	-0.62 -0.39
H	0.56 1.03	1.42* 1.72	0.75 0.48	-0.21 -0.08
Edu	0.03 0.76	0.18* 1.91	0.13 1.03	-0.17 -1.35
Mar	0.39 0.87	-1.25 -1.43	0.88 0.60	0.87 0.88
G	4.42*** 12.95	3.85*** 6.67	5.75*** 4.05	7.88*** 3.22
L	0.02 0.53	0.11 1.47	0.03 0.33	0.09 0.86
Home	0.05 0.26	0.52 0.87	-3.12 -1.62	0.06 0.11
In	-2.12* -1.69	1.35 0.57	-6.51 -1.17	-5.58 -1.28
State	-0.09 -0.19	0.34 0.42	-1.29 -0.02	2.04 1.007 3
Intro	-0.03 -0.10	-0.33 -0.82	-1.58 -1.31	-1.06 -1.24
A	2.41 0.71	7.9 0.06	3.91 1.40	1.5 1.42

表2(续)

变量	全国	东部	中部	西部
Lab	0.71 0.97	1.34 1.02	−0.49 −0.25	0.98 0.67
T	0.004 6 0.26	−0.03 −1.33	−0.04 −0.52	0.143 1.51
Intre	0.04 0.67	0.20 1.54	0.21 1.42	−0.20 −1.41
M	1.98* 1.17	−1.17 −0.62	−4.58 −1.04	7.48* 1.87
I	0.29 0.49	−0.21 −0.16	1.47 1.03	1.29 0.98
常数项	−4.03** −2.51	−5.56* −1.90	−5.69 −1.25	−4.17 −0.71
样本量	591	191	200	200

注：* 代表在10%的水平下显著；** 代表在5%的水平下显著；*** 代表在1%在水平下显著。单元格中第一个数字为估计系数，第二行数字为显著性检验的 *Z* 统计量的值。

在三个地区和全国的结果中，是否有担保或抵押物都在1%的水平下显著，这基本符合一般性的假设。因为不论是在经济和金融较为先进的东部和中部还是在相对落后的西部，金融机构对自身风险的关注度还是首位的，农户能否按时足额还款对于自身的后续经营状况和资金链存续非常重要，而在我国农村土地产权和其他权利上的规定加之农业自身的抗风险能力较差的这一现实，使得其在担保和抵押物的提供上存在很大问题，当有能力的农民能提供较为优质的抵押物时，他们获得贷款的机会就更大。但是现实的情况是，目前众多小贷公司和村镇银行提供的农业贷款的风险评估往往根据不规范的自身关系网络，并没有像中国人民银行那样的统一征信系统，这就更加对我国农村地区的产权问题的迫切性提出了要求，对农民贷款抵押问题的解决需要对小产权房和土地权等多项制度进行完善。农村金融机构应适当降低农民抵押额度限制，真正为与“三农”有关的贷款起到支持作用，同时，建立全国统一的、完善的征信系统同样可以缓解金融机构因风险问题而拒绝贷款的问题。

通过利用 Probit 模型分析形成农村金融机构供给抑制的影响因素，这一案例能够为农村供给侧改革提供重要的参考。

（1）实行有差别的特色农村金融供给侧改革路径。

首先，在东部农村经济较为发达的地区，针对贷款金额在全国和西部地区有显著正相关影响，在东部和中部地区影响不显著的现象，对该地区的农村供给体系的创新可以尝试以互联网和大数据技术为基础的互联网消费金融与众筹的模式，让经济活跃地区的农民以更加低廉的成本获得各种贷款，反过来也会促进农村金融市场的自下而上的改革；在农业风险的防范与分担上，由于东部地区金融市场环境相对发达，可以尝试农业再保险制度的改革，甚至引进国外风险分保公司，力求风险最低，其他风险分担机制还包括风险分担基金与风险证券化等；中国农业发展银行不应局限于各种粮食、油料等的贷款业务，还应在金融债券的发行、各种中间业务以及相应的投融资业务上拓展，以加快中国农业发展银行与市场的结合程度，更好地将国家支农政策与市场相结合，同时拓宽中国农业发展银行的资金来源与方式。

除此之外，东部地区的村镇银行与贷款公司的发展水平居全国前列，村镇银行的发展具备一定的规模，应努力培育新型农村金融机构中的村镇银行与贷款公司。另外，在人才政策上，前些年东部沿海经济发展的方针政策，一定程度上激活了东部地区的经济，但西部地区较为落后的生产力和生活状况确实是沉重的负担。这需要政府从政策上考虑更多优惠，如信贷优惠政策，引导资本和优质人力资源向内陆地区输入，促进区域平衡发展。在新型医疗保险制度的推进上，参加新型医保的农民相对中部与西部有较为明显的优势，但同时应注重三个地区齐头并进，鼓励农民改良基础设施，避免差异化过大，对区域经济协调发展造成阻碍。

其次，中部地区的农村金融体系建设水平全国最低，各种金融机构的数量与经营效率比率指标均不理想，因此这一地区的现阶段目标还应该是重点引进农村正规金融机构，防止邮政储蓄银行等商业性金融机构将农村资本转移至外部，导致农村地区的资金长期需求得不到满足。在农村金融政策上，小额信贷在贷款金额上可以很好地满足中部地区农户贷款的要求，而小额信贷与农村资金互助社在西部地区中的占比较高，并且今年来西部欠发达地区的农户贷款需求满足度已经超过了中部地区，结合中部地区受教育平均水平较低，加大推进该地区的基础教育可以在一定程度上达到增加贷款获得概率的效果。

最后，在西部地区基础设施的建设上还应该加强，这需要政策性金融机构的资金扶持，可以利用邮政储蓄银行积累的资金作为资本直接投向西部地区，在一定程度上防止资金外流；西部地区的城乡收入与支出水平差距最大，政策性银行提供对农户的低息或无息贷款体现了政策性银行对不同地区农户的差别化政策；在西部地区新型金融机构的培育上，政府应考虑对小额贷款公司和农村资金互助社重点实施适当的贷款补贴或再贷款优惠政策。

（2）形成以正规金融机构为主，非正规金融机构合法化后为有效补充的农村金融供给体系。

在农村正规金融机构之外，应该建立其他性质的农村金融机构来弥补金融资金供给效率的问题，但是针对农村等地区的地下钱庄、NGO 小额信贷组织的相关法律还比较缺失，没有一项完整的法律来规范这部分组织的经营行为，对于非法成立扰乱市场的非正规金融组织予以整顿甚至查抄取缔，对于符合条件的机构，鼓励它们转化为新型农村金融机构。同时，充分利用这类机构对农户信息掌握较全面、准确的特点，与它们合作推出新型贷款方案或理财产品，给予农户更多的贷款、存款优惠，提高农民的收益期望。

（3）对正规金融组织实行“一稳定二创新三改革”的路径。

在稳定农信社基础地位的举措中，仍应坚持区别对待、因地制宜的原则，对于服务农村力度较大的农信社各项业务考虑向中国农业发展银行的职能转化，对于经济基础较好地区的合作金融组织考虑增加其商业性盈利能力，并形成专业化的管理体制，董事会、监事会和经理层的结构上应该更加完善，各尽其责地把握好银行的未来发展方向和风险管理，这样才能降低运营成本和交易费用，提高经营效率，这在任何时候都不能放松，将其经营方式由粗放型向集约型、专业化转变。对新型农村金融机构的结构安排上可以多元化，但应坚持互助性质的原则，同时在金融供给服务创新上积极探索适合本地区的业务模式，这是改革发展的必然趋势，但也应结合地方特点，有选择地以不同的速度撤出，农村信用社在农村客户和业务上有着自身的优势，但出于商业银行营利性的要求，可以选择对农村中具有一定资金实力的农户或中小微乡镇企业提供贷款，不仅保证了自身营业水平不下降还与其他农村金融机构服务对象形成互补；在征信体系的建设上，加快形成针对农户、企业的征信系统建设，这样才能更好地简化信贷程序，减少信贷时间成本。

（4）从政策、立法与制度三方面对农村金融供给改革的特色路径予以支撑。

除政策立法与制度对不同地区的支持作用应不一样外，在全国范围内建立统一的法律规范。首先，在全国范围内开展农村金融特别是农村贷款业务上对抵押物和担保的制度建设是很有必要的。这需要我们进一步完善相关产权制度，切实抓好“三农”问题，实现共同富裕，努力缩小城乡经济发展和收入差距，真正让农民有款可贷、有钱可还、有物可抵。这是一个综合性的整合机制，并不是孤立地解决单个问题就行，在解决农村金融问题时所牵涉到的农村户籍制度的改革应做到相应完善。其次，在东部地区，参加新型医疗保险的农民相对于中部和西部有较为明显的优势，这说明我国近两年在全国范围内推行的农村医疗制度改革取得了一定成效。但同时应注重三个地区齐头并进，鼓励农民改良基础设施，避免差异化过大，对区域经济协调发展造成阻碍。最后，在东部地区，农民从正规金融机构所获得的贷款明显比其他地区多，这就进一步证实了我国农村金融制度改革的必要性农村金融市场不完善，较落后地区的农民大多从内部管理机制不健全的小额贷款公司或亲朋好友处借贷，监管机制、风险防范机制也不健全，这就更加剧了违约情况的发生。因此，国家相关部门应重视农村金融市场的培育，尽快建立起一个规范的、全面的金融市场，让农民充分享受到金融工具带来的便利，帮助他们快速脱贫致富。银保监会等金融监管机构应发挥其应有的作用，在农村信用社、农业银行和村镇银行的监管上加大指导和监督的力度。

总的来说，虚拟变量回归模型能够对某一经济现象或活动进行“是”与“否”的判断或决策。例如农民获得金融贷款与否，并通过回归分析影响其现象或决策的原因。这一应用帮助我们理解农村金融供给的相关问题及其影响因素，从而有助于促进农村金融供给侧改革的推进，实现全体人民的共同富裕。

三、案例分析

（一）案例蕴含的思政元素

通过采用虚拟变量回归的方法，构建农民能否获得金融贷款的虚拟变量，探究农民金融供给的影响因素，阐释了农村供给侧改革效应。

供给侧改革的有力推进对我国农业农村经济的发展起到了重要作用，尤其在农村金融方面，为农村金融供给发展拓展了空间。但同时，农业供给侧改革仍然存在诸多问题，农村金融供给总量失衡、信贷担保体系不健全、金融运行机制及产品创新性不足等问题亟待解决。2020 年中央一号文件《中共中央国务院关于抓好“三农”领域重点工作确保如期实现全面小康的意见》强调了在 2020 年补上全面小康“三农”领域突出短板、全面打赢脱贫攻坚战两大重要任务。农业主要矛盾已由农业产量不足向农业供给问题转变，农业供给侧结构性改革对于优化农业产业结构、补齐农业农村短板、推进农村全面建成小康社会具有重要意义。

在供给侧改革背景下，新型农业经营主体已替代了一些传统农业经营主体，诸多与农业相关的产业经营方式也有所改变，这些变化将产生大量的资金需求。而现在农村地区存在金融供给不足的现象，阻碍了农村金融供给侧改革效应的发挥。在对全国的农村金融供给机构和资金供给规模的现状进行分析后，我们发现，农村地区的产业化水平有所提高的同时，存在较大的资金供求缺口，农户贷款满足率低，农村地区固定资产投入的上升空间还较大，在物质投入与农户收入增长上的不同步也阻碍了新农村的建设和农业供给侧改革的步伐。

农村金融创新成果不足的现状导致农村金融供给侧的改革机遇与挑战并存。传统的农村金融供给已不能满足当下的需求，需要对农村融资提出更高要求，更新农村金融机构的经营理念，以推动农业经济的发展，使农业资金在资本市场流通，并能够适应各种变化。

（二）启发思考题及分析

从解决我国当前的主要矛盾的角度理解当前推进农村金融供给侧改革的重要意义。

分析：党的十九大报告对我国社会主要矛盾变化做出的判断，准确反映了我国新时代经济发展的新变化。从“人民日益增长的物质文化需要同落后的社会生产之间的矛盾”到“人民日益增长的美好生活需要和不平衡不充分的发展之间的矛盾”的转变代表了当前对农村金融供给侧进行改革的必然趋势。当前我国经济运行中面临需求结构升级而供给结构还未调整，造成农村金融“供需错位”问题。目前，我国农村地区金融服务机构数量总体偏少，且金融结构体系单一。另外，由于农村地区贷款业务多采用无抵押担保方式，导致金融机构主动放贷的意愿不强，金融服务机构所投放供给有限，信贷业务开展不利，从而降低了农村金融服务质量。

在这一形势下，为了解决农村地区的“不平衡不充分”问题，政府应该鼓励商业银行加大信贷投放力度，设立专门服务于“三农”的信贷部门，进一步创新农村地区贷款抵押担保方式，扩大担保范围和增加担保种类，为农户提供更多资金支持，充分发挥农村普惠金融体系的作用。供给侧结构性改革，就是从提高供给质量出发，用改革的办法推进结构调整，矫正要素配置，扩大有效供给，提高供给结构对需求变化的适应性和灵活性，以更好地满足广大人民群众的需要，促进经济社会的持续健康发展。

四、教学反思

在引入思政内容时，首先要在课上向同学们讲解清楚知识点，再通过引入时事热点等例子，带领他们全面掌握虚拟变量回归与农村金融供给侧改革的相关知识。教学组织安排如表 3 所示。

表 3　案例的教学组织

学习阶段	学习内容	时间限制	学习目标
课前	要求学生预习课本知识，了解贷款的定义、产生的原因及管制	提前两天	熟悉与案例相关的理论
课中	教师打开 PPT 进行讲解	30 分钟	熟悉案例背景及相关知识的应用
	分组讨论，注意四种元素与经济学理论的结合	20 分钟	结合理论分析问题
	随机抽取两个小组进行发言	15 分钟	结合理论分析问题，言之有物，条理清晰
	引导学生运用《计量经济学》的理论知识解决现实问题,并进行归纳总结,注意思政元素与经济学理论的结合	15 分钟	归纳用到的关键理论，并对各组表现做一个简单的点评
课后	请学生继续研究农村金融供给侧改革的相关问题		增进记忆，巩固知识

参考文献

[1] 庞浩. 计量经济学 [M]. 4 版. 北京：科学出版社，2019.

[2] 习近平. 决胜全面建成小康社会 夺取新时代中国特色社会主义伟大胜利：在中国共产党第十九次全国代表大会上的报告 [M]. 北京：人民出版社，2017.

[3] 冯志峰. 供给侧结构性改革的理论逻辑与实践路径 [J]. 经济问题，2016 (2)：12-17.

[4] 陈付佳. 供给侧改革背景下的农村金融供给优化策略分析 [J]. 农村实用技术，2019 (3)：33-36.

[5] 张倩，竺杏月，周荣荣. 供给侧改革概述及其促进经济增长的路径分析 [J]. 商业经济研究，2016 (14)：111-112.

[6] 董晓林，朱敏杰. 农村金融供给侧改革与普惠金融体系建设 [J]. 南京农业大学学报（社会科学版），2016，16 (6)：14-18.

模型选择与社会和谐

李　伊

一、案例概况

（一）适用对象

本案例适用于计量经济学所有教学班，包括线下教学班级与线上慕课教学。

（二）教学目标

通过本案例教学，达到以下三个层次的目标：

（1）知识目标：让学生学习模型设定误差的知识，了解进行模型选择的基本原理。

（2）能力目标：使学生能够基本具备利用模型选择准则在多个线性回归模型中选择最优模型的能力。

（3）价值目标：指明模型选择的本质是在偏差和方差中进行权衡，引导学生明白和谐社会需要权衡各种此消彼长的矛盾，使之达到和谐的状态。

二、案例正文

在进行回归模型设定时，我们要求模型设定是正确的，这与古典假定中零均值假设是等价的。因此，模型设定正确是保证参数最小二乘估计无偏性和一致性的前提。当模型设定出现错误，我们称为模型设定误差。通常，模型设定误差主要表现在忽略重要变量（欠拟合）、包含冗余变量（过拟合）以及函数形式的误设。其中当我们将非线性函数误设为线性函数时，可以看作遗漏了变量的高阶项，因此，可以将函数形式的误设也看作某种形式的欠拟合。

当模型出现欠拟合时，如果忽略的重要变量与模型中已有的变量相关，将会导致参数估计的有偏非一致；而当模型出现过拟合时，虽然参数估计仍然是无偏一致的，但是非有效。在现实经济建模过程中，由于正确的模型永远是未知的，因此我们需要在复杂模型和简单模型中进行选择。当模型设定过于复杂时，则容易导致过拟合，使得有效性变差，参数估计的方差过大会导致 t 检验不显著，甚至参数估计的符号与实际相反；当模型设定过于简单，则容易导致欠拟合，使得参数估计有偏非一致，结果无法使用。那么我们如何选择合适的模型呢？

由均方误分解公式

$$E(\hat{\beta}-\beta)^2=(E(\hat{\beta})-\beta)^2+\mathrm{Var}(\hat{\beta})$$

参数估计的总误差（MSE）可以分解为方差加上偏差的平方，其中方差代表由于样本信息有限导致的随机性误差，而偏差代表由于模型设定的偏误导致的系统性误差。由于偏差不可计算（真实参数未知），在现实中我们要求偏差为零（无偏），并且在此基础上方差最小（有效）。但有效的估计量并非是均方误最小的估计。例如估计一组独立同分布的正态分布样本的方差时，有偏估计量 $\sum_{i=1}^{n}(X_i-\bar{X})^2/n$ 的均方误比无偏有效估计量 $\sum_{i=1}^{n}(X_i-\bar{X})^2/(n-1)$ 的均方误更小。

在线性回归模型中，随着解释变量个数的增加，参数估计的偏差会逐步减小，但与此同时，方差会逐步增加。因此最优的模型应该是方差和偏差较为均衡，也就是既不过于复杂也不过于简单的模型。

在实际应用中，我们通过对模型拟合效果（RSS 或 lnL）与复杂程度（k）的权衡来达到偏差和方差的均衡。例如，AIC，BIC，HQC 等模型选择准则就是通过在模型拟合指标基础上加上模型复杂程度指标作为惩罚最终找到最优的模型。如图 1 所示，越复杂的模型拟合效果越好，拥有越小的偏差，但往往方差越大。因此，最优的模型往往是做到了在偏差和方差之间进行权衡，最终达到均方误最小的结果。

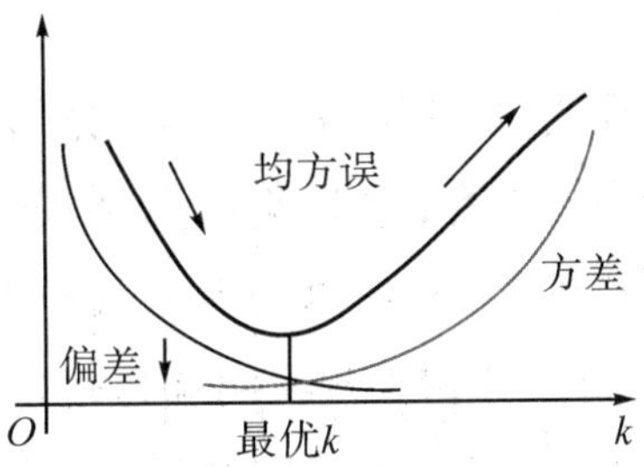

图 1　均方误分解公式图解

模型设定中这种方差与偏差此消彼长的矛盾状态，正是矛盾斗争性的体现，虽然方差和偏差不能同时达到最小，但是当它们达到一种相对和谐的平衡状态时，此时的模型则为一个相对较优的模型形式。映射到社会生活中，不乏此类“此消彼长”的矛盾，如工作与闲暇的矛盾、对立主体间各自利益的矛盾、快速的经济发展与良好的生态环境的矛盾等，而应对这些矛盾的目标就是使矛盾双方达到的一个和谐的状态。

所谓“和谐”，是对自然、人类社会变化和发展规律的认识，是指事物的对立统一，即具有差异性的不同事物间展现出的协调、恰到好处的状态。孔子在《论语》中就提出了“以和为贵”的思想，和谐作为中国传统文化的基本理念，集中体现了学有所教、劳有所得、病有所医、老有所养、住有所居的生动局面，它是社会主义现代化国家在社会建设领域的价值诉求，是经济社会和谐稳定、持续健康发展的重要保证。和谐作为社会主义核心价值观，要求我们应该处理好人与人、人与社会、人与自然等之间的矛盾关系。

古往今来，不少的矛盾冲突最终以和谐收尾，体现出中华民族传统文化的魅力；当然也存在由于对矛盾的对立面非均衡的处理造成的恶劣后果和惨痛教训，这正反两面的种种事例都在告诉我们与万物“和谐”共处是发展的明智选择和美好追求。

和谐的人际关系建立在对人与人之间矛盾合理化解的基础之上，人与人之间的矛盾一般体现为双方各自利益的冲突，而以和谐收尾的这种矛盾冲突也不在少数。“将相和”典故中蔺相如与廉颇之间的矛盾点在于两人官职与权力高下的角逐，而由于蔺相如宽容大度，廉颇知错悔改，并且二人以国家为重，最终廉颇负荆请罪，两人和好，齐心协力帮扶赵王治国理政。这不仅在人际关系上达到了和谐的状态，而且促进了国家的和谐稳定发展。同样，“六尺巷”的典故之所以成为一段历史佳话，为后人所宣扬，也正是在于张家与邻里之间的土地纠纷最终以两家人各自礼让三尺空地而和谐化解。而社会主义和谐社会，则是指各方面利益关系得到有效协调的稳定有序的社会，是众多和谐人际关系的堆叠。

在人与自然关系处理方面，近年来不少反面案例给了我们沉痛的教训。在与大自然相处的过程中，人类很多时候扮演着掠夺者的角色，为了满足自己的需求而不惜破坏自然环境，比如 2019 年 8 月有“地球之肺”之称的亚马孙地区发生了自 2010 年以来最大规模的森林火灾，而从 2019 年 1 月至 8 月，巴西发生了近 7.3 万起火灾，其中超过半数都出现在亚马孙雨林地区，而这些火灾多数是农民或牧场主引起的，他们采用刀耕火种的农业技术去开垦新的丛林用来放牧，或者重新清理以前砍伐的土地。而由于政府的管制力度不足导致农民和牧场主越来越肆无忌惮地砍伐和烧毁雨林，才使得事态失控。这场大火持续燃烧近一个月，不仅严重破坏了自然生态环境，也给人类自身带来了健康与财产上的损失。同样受到人类利益之心侵蚀的还有海洋环境，在世界各地的海岸线上堆满了游客丢弃的塑料袋以及食品和饮料的包装。据联合国环境署的统计，每年大约有 800 万吨塑料进入海洋，相当于每分钟都有一辆装满塑料的垃圾车向海中倾倒，这些海洋垃圾常被海洋生物误食或者影响到它们的生存。“绿色和平”组织发现，至少 267 种海洋生物因为误食海洋垃圾或者被海洋垃圾缠住而备受折磨，并导致其死亡，这些危害对海洋生态环境的威胁是不容小觑的。而且如果人类食用了体内富集重金属或有毒化学物质的海洋生物也会危害人类自身的健康。像这种不计后果的破坏自然生态环境的反面事例还有很多，而且我们要知道生态环境没有替代品，人类这种与大自然的掠夺式相处，最终会伤及人类自身，这是无法抗拒的自然规律。回到我国存在的特有环境问题上，近年来我国空气质量问题突出，为治理雾霾问题，我国严厉整治产生污染的企业，各地对钢铁厂、燃煤电厂及其他企业都加强了监管，下令违规企业进行整治，否则将面临被关闭或停产，而这一大规模的环保运动使中国的经济发展在一定程度上放缓，但是雾霾产生的原因仍旧没有被明确发现，而与此同时生态环境、人民身体健康以及经济发展三方面均承受着人与自然非和谐相处的后果。

我们接收到自然给我们的负面反馈后，也逐渐意识到人与自然是生命共同体。习主席也强调我们要坚持人与自然的和谐共生，强调要把经济活动、人的行为限制在自然资源和生态环境能承受的限度内，给自然生态留下休养生息的时间和空间，促进经济发展与优美生态环境的协同共生。近年来我国各地区也采取了不少举措来缓解人与自然间的矛盾，在发展经济的同时对环境进行修复和保护的案例也不在少数。有着 152 千米长江沿岸线的江西省，为促进人与自然的和谐共生，以最严厉的措施治理危及长江生态环境的行为，在沿江城市九江，近两年关停 340 家矿山，治理 8 626 亩（1 亩≈666.67 平方米，下同）废弃矿山，临江 1 千米之内的小化工企业全部关停退出。在一系列措施被实施后，2019 年江西省空气质量优良天数占比达到 89.7%，水质优良率为 93.3%，生态环境质量保持良好。而且越来越多的珍稀动物再现江西，国家一级保护动物麋鹿开始在鄱阳湖草州聚集成群；被誉为“中国最美的小鸟”的蓝喉蜂虎现身龙虎山；时隔 12 年，国家二级重点保护动物鬣羚再次被监测出现在桃红岭国家级自然保护区。同样在环境生态恢复和保护方面，地处内蒙古自治区巴彦淖尔市乌拉特前旗境内的乌梁素海也取得了不错的成效。作为黄河流域最大的淡水湖泊，从 20 世纪 90 年代开始，由于自然补水量不断减少和污水排放等因素，乌梁素海的生态功能逐渐退化，生物多样性逐渐减少，近年来巴彦淖尔市大力实施综合治理措施，2019年启动总投资约为56亿元的乌梁素海流域生态修复试点工程，在流域内1.63万平方千米范围内统筹推进综合治理，截至2020年年底，生物物种和数量明显增多，共有鱼类20多种，鸟类260多种600多万只，列入国家重点保护的包括疣鼻天鹅、斑嘴鹈鹕、琵琶鹭等。类似于以上促进人与自然和谐共生并取得不错成效的案例还有很多，这也体现了党的十八大以来，我国推动生态环境保护、促进人与自然和谐共生的决心之大、力度之大以及成效之大，一个青山常在、绿水长流、空气常新的美丽中国正在变为现实，人与自然和谐共处的美好画面正在一笔一笔地被勾勒出来。

“万物负阴而抱阳，冲气以为和”，天地万物皆包含此消彼长的矛盾对立面，而这种互相对立的矛盾双方，可以通过协调而达到均衡的和谐状态。正所谓“和气致祥”，不管是从个人、社会还是人与自然角度，抑或是小到计量经济学学科中模型确定的相关知识，都印证着追求“和谐”就是追求一种美好祥和。因此不管是小到计量学科中模型方差偏差的高低抉择，还是大到坚持人与自然和谐共生上，我们都应该坚定不移地将社会主义核心价值观内化于心，外化于行，这是中华民族传统文化传承给我们的财富，是古往今来贤达志士传授给我们的智慧，是我们漫漫一生都需要践行的功课。

三、案例分析

（一）案例蕴含的思政元素

通过解释模型选择中偏差和方差的权衡，以类比的方式引出模型选择指标和和谐社会之间的相同之处，并从经济和环境的角度阐述人与自然和谐共处的重要性。

（二）启发思考题及分析

作为个人，我们如何处理人与自然的和谐相处？分析：对于个人来说，我们需要意识到经济和环境是矛盾的两个方面，但是也可以和谐共处，相互促进。在经济发展之初，我们不可避免地需要通过牺牲环境来换取经济的快速发展。但是随着经济的发展，环境会在某种程度上制约经济的进一步发展。因此我们不能一味牺牲环境来换取短暂的经济利益，而需要站在长远的角度追求经济和环境的协同，采取一种和谐共处、相互促进的发展方式。对于个人来说，我们也需要将保护自然环境作为自身利益和发展的前提，站在全局和长远的角度达到人与自然和谐发展的局面。

四、教学反思

在进行思政内容的引入时，首先需要基于已有的计量经济学基础知识将方法和理论讲透讲实。在引入思政知识时，应该过渡自然，不能牵强地引入。并且在进行思政讲解时，需要结合时事热点的例子，引发学生的兴趣，再不断深入。同时需要引起学生的共鸣，使之自然地接受思政的观点。

参考文献

[1] 庞皓. 计量经济学 [M]. 4 版. 北京：科学出版社，2019.

[2] 习近平谈治国理政：第三卷 [M]. 北京：外文出版社，2020.

[3] 刘健，陈毓珊，余贤红. “网红省鸟”“环境管家”“两山银行”：江西探索别具特色的绿色发展之路 [N]. 中国改革报，2020-11-26 (5).

[4] 李志勇，贾立君. 乌梁素海：湖水净 鸟飞回 [N]. 经济参考报，2020-11-19 (A01).

[5] 陈佳靖，黄月. 谋杀地球丨2019 年环境事件盘点 [EB/OL]. (2019-12-28) [2021-03-20]. https://www.sohu.com/a/363338323_100191010.

虚假回归和随机游走过程

陈 娟

一、案例概况

（一）适用对象

本案例适用于计量经济学所有教学班，包括线下教学班级与线上慕课教学。

（二）教学目标

通过本案例教学，达到以下三个层次的目标：

（1）知识目标：让学生理解虚假回归、随机游走过程的含义，了解虚假回归的本质原因。

（2）能力目标：使学生在时间序列建模时能够注意到虚假回归问题。

（3）价值目标：指明虚假回归问题是虚假回归，引导学生明白诚信是公民道德的基石。

二、案例正文

时间序列数据被广泛地运用于计量经济研究。经典时间序列分析和回归分析有许多假定前提，如序列的平稳性、正态性等，如果直接将经济变量的时间序列数据用于建模分析，实际上隐含了这些假定。在这些假定成立的条件下，进行的 t、F、χ^2 等检验才具有较高的可靠度。但是，越来越多的经验证据表明，经济分析中所涉及的大多数时间序列是非平稳的。

所谓“虚假回归”，是指变量间本来不存在有意义的关系，但回归结果却得出存在有意义关系的错误结论。我们来看一个关于虚假回归的案例。截至 2020 年 5 月底，在全球 230 个国家中，中国以 14 亿人位居第一，成为世界上人口最多的国家，印度以 13.41 亿人位居世界第二。印度总理莫迪曾在一次演讲中提到印度的人口增长太快了，是“人口爆炸”，影响了印度的持续发展，他对此感到十分的忧心。因此，我们做一个关于印度人口数的回归模型，试图去解释印度人口爆炸式增长的原因。我们设置了一个简单线性回归模型，被解释变量是印度人口数（pop，百万人），解释变量是中国国内生产总值（gdp，十亿人民币），回归结果如图 1 所示。

Dependent Variable: POP
Method: Least Squares
Date: 11/30/20 Time: 10:12
Sample: 1990 2019
Included observations: 30

Variable	Coefficient	Std. Error	t-Statistic	Prob.
C	926.9548	15.24832	60.79060	0.0000
GDP	0.004858	0.000356	13.65734	0.0000

R-squared	0.869478	Mean dependent var	1078.700
Adjusted R-squared	0.864816	S.D. dependent var	155.5715
S.E. of regression	57.19950	Akaike info criterion	10.99531
Sum squared resid	91609.93	Schwarz criterion	11.08872
Log likelihood	-162.9296	Hannan-Quinn criter.	11.02519
F-statistic	186.5229	Durbin-Watson stat	0.061516
Prob(F-statistic)	0.000000		

图 1 回归结果

凭借经验判断，这个模型的设定是好的，应是非常满意的结果，我们准备将这个计量结果用于经济结构分析和经济预测，但是这个回归结果与我们的逻辑不符合，中国的 GDP 与印度人口数应该没有显著的因果关系，这个回归可能是虚假的。为什么模型、样本、数据、检验结果都很理想，却可能得到“虚假回归”的结果呢？

时间序列数据被广泛地运用于计量经济研究。经典时间序列分析和回归分析有许多假定前提，如序列的平稳性、正态性等。直接将经济变量的时间序列数据用于建模分析，实际上隐含了上述假定，在这些假定成立的条件下，据此而进行的 t 检验、F 检验等才具有较高的可靠度，否则经济变量之间可能会存在虚假回归现象。20 世纪 70 年代，Grange、Newbold 研究发现，造成“虚假回归”的根本原因在于时间序列变量的非平稳性。一个特殊的非平稳过程就是随机游走过程（random walk process）。随机游走过程定义为：$Y_t = Y_{t-1} + \varepsilon_t$，其中，$\{\varepsilon_t\}$ 独立同分布且均值为零、方差恒定为 σ^2。通过迭代得到：

$Y_t = Y_{t-1} + \varepsilon_t = Y_0 + \varepsilon_t + \varepsilon_{t-1} + \cdots + \varepsilon_1$，其中，$Y_0$ 是给定的初始值。从上述公式可以看出，现在的 Y_t 是由初始值 Y_0 和第 1 期到第 t 期的随机项 ε_t，ε_{t-1}，…，ε_1 共同决定的，初始值 Y_0 类似个人禀赋，出生时就被决定了的，

是我们改变不了的，解释现在 Y_t 大小的是每一期的随机项。所以我们会看到，这些随机项单独来看都很微小，似乎对 Y_t 没有什么影响，可一旦加总，那就不是微弱的影响，所以我们联想到自身实际情况，今天的自己有多少是可以由过去的小事情来加总解释的，一件件不经意的小事情加总起来对今天的自己产生巨大的影响，真是片刻不能放松。另外，我们还会发现随机游走过程的方差为：

$\text{var}(Y_t) = \text{var}(Y_{t-1} + \varepsilon_t) = \text{var}(Y_0 + \varepsilon_t + \varepsilon_{t-1} + \cdots + \varepsilon_1) = t\sigma^2$，上述公式意味着在人生这条路上，若有一天放松了自我要求，产生了偏差，这个偏差的影响不会消失，对许多年后的自己都会产生影响。

虚假回归使我们产生了错觉，将没有因果关系的变量错误地赋予因果关系，这种行为让我们联想到平时生活中遇到的诚信问题。诚信是公民道德的基石。诚实守信是人类千百年传承下来的优良道德品质。诚信既是个人道德的基石，又是社会正常运行不可或缺的条件。诚信缺失的个人将失去他人的认可，诚信缺失的社会将失去人与人之间正常关系的支撑。在中国特色社会主义条件下，必须加强公民的诚信品质建设。“诚”的内容包括真实，真实要求忠于自己现阶段对客观事物的认识，而不是因为别的什么原因，特别是因为自己的利益而去有意歪曲它。“信”指的是人说话要算数，对自己的承诺负责。诚信结合在一起，表示诚实无欺、恪守信用之义。

对于经济管理类专业的学生来说，在证券市场上诚信交易不仅是道德要求，也是法律要求。例如，我们常听说“老鼠仓”，老鼠仓是一种财富转移的方式，是券商中某些人化公家资金为私人资金的一种方式，具体指证券交易员的亲友预先低价买入股票，然后公司再建仓拉升该股票，本质上与贪污、盗窃没有区别，取自谚语：硕鼠硕鼠，无食我黍，故名老鼠仓。建“老鼠仓”违背职业经理人的一般诚信原则，是严重的职业操守问题。新闻报道了很多老鼠仓案件，例如，根据《吴强利用未公开信息交易一审刑事判决书》，国金证券上海分公司原投资总监吴强利用工作便利，从业近 15 年后，在利益诱惑下搞起“老鼠仓”交易，趋同交易 1.8 亿元，获利 774 万元。吴强因犯利用非公开信息交易罪，最终被法院判处有期徒刑 3 年，缓刑 5 年，并处罚金 775 万元。又例如，2015 年某大型基金公司基金经理白某在管理基金时，向初中和高中的同学张某推荐股票，并同期在其管理的基金上进行相似的交易。在 2020 年，法院判定白某犯利用未公开信息交易罪，判处有期徒刑一年六个月，缓刑两年，并处罚金 160 万元；张某犯利用未公开信息交易罪，判处有期徒刑一年六个月，缓刑两年，并处罚金 150 万元。同时没收张某的违法所得 307.69 万元。

金融领域从基金经理到证券分析师，大多是硕士、博士，“老鼠仓”案件的被告人多为基金管理公司的基金经理或其他证券行业从业人员，因此，被告人的学历水平是较高的。国家为高等教育拨了很多财政资金，高校教师们也花费了很多精力培养高学历人才，然而这些高学历人才没有用自己所学报效国家，建设祖国，就想着怎么捞钱。

在证券市场上欺诈案件频发，在利益驱动下人们做出违背法律法规的事情，例如，由赵薇控股的龙薇传媒在自身境内资金准备不足，相关金融机构融资尚待审批，存在极大不确定性的情况下，收购前1个月成立公司，以空壳公司收购上市公司，采取高杠杆收购方式，签订股权转让协议，且贸然予以公告，对市场和投资者产生严重误导。证监会认为，龙薇传媒的行为造成万家文化股价大幅波动，引起市场和媒体高度关注，严重影响了市场秩序，损害了中小投资者的信心，影响了市场的公平、公正、公开。对龙薇传媒责令改正，给予警告，并处60万元罚款；对黄有龙、赵薇采取5年证券市场禁入措施。作为公众人物，一言一行应该起到示范表率的作用，但是因为利欲熏心，不断地试探法律的底线，等待他们的是公正的审判。

三、案例分析

（一）案例蕴含的思政元素

通过对时间序列数据的回归，发现有可能出现虚假回归问题，由此引申出社会上人与人之间的诚信问题，强调诚信是人类道德的基石。

（二）启发思考

作为个人，我们如何让自己有诚信？有哪些方式可以约束自己的行为？

参考文献

[1] 庞皓. 计量经济学［M］. 4版. 北京：科学出版社，2019.

[2] 覆言. 莫迪演讲吐槽：印度人口数量太多，人口质量却不高［EB/OL］.（2019-08-16）［2021-03-20］. https://baijiahao.baidu.com/s?id=1642035684405645809&wfr=spider&for=pc.

[3] 郭建宁. 社会主义核心价值观基本内容释义［M］. 北京：人民出版社，2014.

[4] 黄小聪. 老鼠仓又一案例！基金经理为女同学提供未公开信息，趋同交易5 652万，获利近308万［EB/OL］.（2020-05-14）［2021-03-20］. https://finance.ifeng.com/c/7wSzoRLnxJx.

自相关与营造风清气正的社会政治经济环境

孙秀丽

一、案例概况

（一）适用对象

本案例适用于计量经济学所有教学班，包括线下教学班级与线上慕课教学。

（二）教学目标

通过本案例的教学，达到以下三个层次目标：

（1）知识目标：让学生学习自相关的知识，了解自相关产生的根本原因。

（2）能力目标：使学生能够具备建立并使用简单的计量经济学模型的能力，在建立模型之前注意检验，补救自相关。

（3）价值目标：指明自相关是总体回归模型的随机误差项之间存在自相关，引导学生明白营造风清气正的经济社会环境对国家、社会和个人发展的重要性。

二、案例正文

自相关主要违背了回归模型的古典假定中随机误差项是无自相关的，即 u_i 在不同观测点之间是相关的，即：$\mathrm{Cov}(u_i, u_j)=E(u_i u_j)\neq 0(i\neq j)$。

自相关产生的原因主要包括：①经济系统的惯性；②经济活动的滞后性；③数据处理造成的相关；④蛛网现象；⑤模型设定偏误。自相关关系主要存在于时间序列数据中，但是在横截面数据中也可能会出现自相关，通常称为空间自相关。正如《计量经济学》（第四版）（庞皓，2019）上的案例关于 1990—2015 年中国农村居民人均收入和消费，这个是时间序列数据，一般时间序列数据容易产生自相关，主要因为消费不仅受当期收入影响也受过去收入的影响，所以需要检查是否存在自相关。

以下分别从自相关的后果、自相关的检验和自相关的补救进行简要阐述。

一是自相关的后果。模型中存在自相关，但是仍然用普通最小二乘法（OLS）估计参数，将会产生严重的后果，自相关产生的后果与异方差情形类似。当随机误差项 u_i 存在自相关时，系数估计值仍然是无偏的，但是会低估存在自相关时参数估计值的真实方差，普通最小二乘估计量不再是最佳线性无偏估计。而模型的 t 检验和 F 检验都是依赖于参数的方差，当参数估计值方差被低估时，会过高估计 t 统计量的值，会夸大所估计参数的显著性，使得本来不重要的解释变量因被误认为重要的解释变量而保留，因此 t 检验和 F 检验都是无效的，进而模型预测的置信区间也是不可靠的。

二是自相关的检验。检测回归模型是否存在自相关的常用方法主要有以下几种：①图示检验法，通过绘制 $et-1$ 和 et 的散点图或者 et 和 t 的散点图，看是否存在自相关。如图 1 所示，残差的变动有系统模式，连续为正和连续为负，初步判断存在一阶自相关。②DW 检验法。通过构建 DW 统计量，如果 DW 统计量离 2 越远则越可能存在自相关。③LM 检验。LM 检验是基于所分析模型普通最小二乘估计的残差对解释变量和一定数量滞后残差的辅助回归，如果滞后残差足以解释当前残差的变异，就拒绝误差项无自相关的原假设。

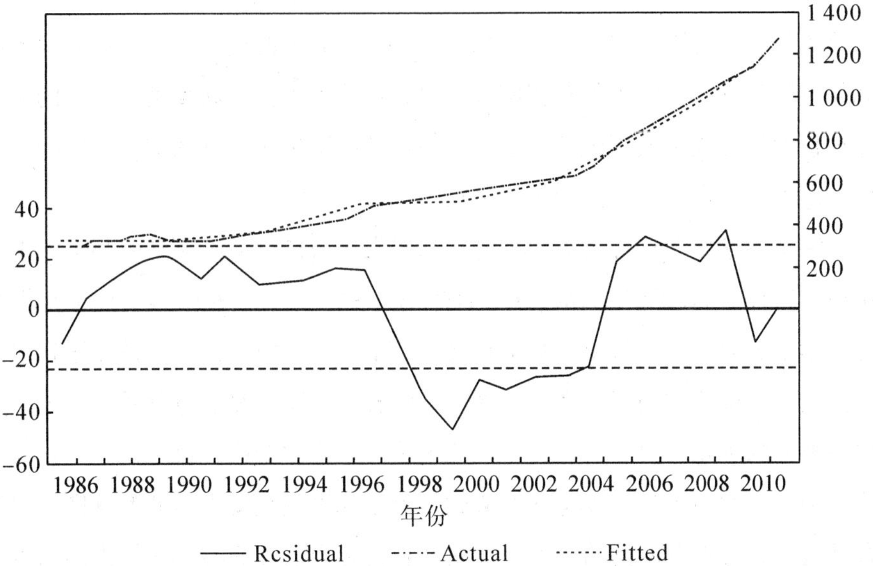

图 1　残差值、实际值与估计值图

三是自相关的补救。对于模型设定偏误造成的自相关，应该通过改变模型的设定去消除，对于设定正确的模型，如果随机误差项有自相关，则需采用广义差分法予以消除。广义差分法的关键是估计自相关系数，估计自相关的系数通常是依据 DW 统计量去估计，或者采用科克伦-奥科特迭代法和德宾两步法，而依据 DW 统计量估计的自相关系数 $\hat{\rho}$ 往往精度不高，所以往往采用科克伦-奥科特迭代法和德宾两步法。

模型中存在自相关很容易让我们联想到社会上关于风清气正的社会经济环境的讨论。社会上的“自相关”主要是指父母对子女的在社会上的不正当关照，还有上级对下级的特殊照顾或者下级对上级的不正当请求。在单位招聘中，很多单位往往会有“亲属回避”制度，亲属回避制度主要是指凡夫妻关系、直系血亲关系及同胞兄弟姐妹关系的，不得担任双方直接隶属于同一个领导的职务或者有上下级领导关系的职务；凡有儿女姻亲关系的，也不可以担任双方直接隶属于同一领导的职务或有上下级领导关系的职位，也不能够担任对方领导职务单位的人事工作或者相关的监察工作。这些可以说都是有“自相关”，如果不实行这个规定，必定会有人打着“举贤不避亲”的旗号，暗地里让自己的子女、亲属进入单位，这会剥夺很多人公平竞争得到工作的机会，也是一种社会不公正的表现。

前段时间有一则关于有个姓陈的小学生参加全国青少年科技创新大赛获得三等奖的新闻报道，而其研究的课题是关于结直肠癌基因敲除技术，只要有正常逻辑思维的人都知道，这个课题难度都可以直接作为硕博毕业课题了，一个小学生即使天赋再高，也无法做出这样的课题。而在这背后相关的正是陈的父母，陈的父母是中科院昆明动物研究所的研究员，他们两人的研究领域都与姓陈小学生的获奖领域一致，这很难不让人联想到这是陈的父母把他们的研究成果安到陈的身上，事后也证明这确实是陈的父母完成的，最后主办方把奖项收回，陈的父母进行了道歉。

除了小学生有这种凭借父母的学术成果进行造假的案例外，甚至大学生中也有这种“自相关”，西南交大就曝出一例，一个本科生其父母也是把自己的学术成果安到其身上，甚至直接篡改本科成绩单，该同学被保送到中国科技大学，最后被同学曝光，才受到了应有的惩罚。其实这背后揭示了一个比较普遍的现象，很多高校教授，为了子女在升学上或者自主招生上获得优势，便在各种中小学科技竞赛上造假。教授的子女其实本身就拥有良好的教育环境，其父母有渊博的学识，在教育和辅导自己方面有一定的优势。但是如果是搭便车，蹭资源徇私就是另一回事了，这本身就是损害他人的权益，损害了社会的公平公正，这更加会加剧社会贫富不均和社会不公，这肯定是不符合社会主义核心价值观的。所以我们要坚决抵制这种不正之风，以及自觉拒绝这种“自相关”。

此外，经济学中认为充分市场进行充分竞争，这样才能使社会福利最大化，即各市场主体要一视同仁，不能搞特殊化，在进行政府项目招标时，不能倾向于给那些“有关系”的，这样就会损害其他企业的利益，而应在公平竞争基础上获得政府项目等，这也是我们不断坚持依法治国，打造一个良好的市场竞争环境的意义之所在。继续深化依法治国实践是发挥好法治的经济发展助推器、社会运行调节器的作用，才能确保全面建成小康社会任务如期完成。实施创新驱动发展战略迫切要求建立健全加强产权保护、维护契约自由、保障交易安全、促进公平竞争的法律制度，发挥法治在稳定预期、激励创新上的重要功能。更好解决我国社会出现的各种问题，迫切要求运用法治思维和法治方式调节社会关系、化解社会矛盾，强化法治在维护公正、促进和谐上的权威地位。维护国家政权安全和制度安全，需要发挥法治在明晰权责、惩治犯罪、保障安全上的积极作用。不断满足人民日益增长的美好生活需要，迫切要求加大与人民群众生产生活关系密切领域的立法执法司法力度，拓展法治在保障民权、化解民忧、改善民生上的空间。

在政治领域也存在很多“自相关”（纵容自己亲属大肆贪污）案例，比如党的十八大之后的第一个“大老虎”苏荣。苏荣在江西省主政时期，破坏党的组织纪律，大肆卖官鬻爵，破坏当地的政治风气，严重阻碍了江西的经济发展，同时还大肆纵容自己的家人、亲戚在江西插手工程建设，插手干部人事，收受钱财的问题非常突出，导致了国有资产的大量流失。党的十八大以来落马的官员中有很多就是与商人、下属保持着不清不白的关系，不能做到清正廉洁，即用计量经济学的话来说是没有做到“无自相关”。党的十八大以来，习近平总书记提出了一系列关于反腐败斗争的新思想新观点新要求，强调以深化改革推进反腐败斗争，坚决把反腐败斗争进行到底。这些新思想新观点新要求，深刻阐述了新的历史条件下我国反腐败斗争的主要任务和基本思路，具有很强的思想性、针对性和指导性。深入学习贯彻习近平同志关于反腐败斗争的重要论述，就要深刻领会其科学内涵和精神实质，以对党对人民高度负责的政治责任感真抓实干，在新的历史起点上开创反腐败斗争新局面。腐败是社会毒瘤，如果任凭腐败问题愈演愈烈，最终必然亡党亡国；反腐败高压态势必须继续保持，坚持以零容忍态度惩治腐败；坚决把党风廉政建设和反腐败斗争进行到底；等等。这些重要论述，表明了以全心全意为人民服务为根本宗旨的中国共产党与腐败水火不容的坚定态度和坚强决心。牢固树立反腐败斗争的基本理念，就要坚持“抓早抓小，有病马上治”；严格纪律约束，使“纪律成为带电的高压线”；坚持有案必查、有腐必反，坚决查办和有效预防职务犯罪。官员的权力是用来为人民服务的，增进人民福祉的，而不是用来为人民“避福”的，不是用来为个人谋私利的。腐败分子把“权”和“钱”相关联，用手中的权力去与企业家勾连，在经济上形成“权钱交易”。官员在经济上和政治上就应该保持高度廉洁（“无自相关”）。一旦形成“自相关”，就会对当地的经济发展、政治生态产生极大的不良影响，会损害当地百姓的利益。

三、案例分析

（一）案例蕴含的思政元素

通过解释自相关出现的原因，以类比的方式引出自相关和风清气正的社会政治经济环境的相似之处，并从社会上几个重要的现象论述风清气正对社会政治经济环境的重要性。

（二）启发思考题及分析

我们每个人都要做到问心无愧，不损害他人的正当利益，共同维护社会公平公正的社会氛围，这样生活在这一片土地上的人民才能各自发挥各自的长处，幸福自由地生活，国家和民族复兴也会在这一过程中逐渐实现，也能更好地展示我们中国特色社会主义制度、道路的优越性。

四、教学反思

在进行思政内容的引入时，首先要在课本内将这个知识点讲清楚、讲明白，让学生对概念有一个清醒的认识。在引入思政知识时，应该首先将时事热点的例子引入话题，引起学生的兴趣，再不断深入。不能上来直接讲教条，这样学生就不会有兴趣继续听下去，那么思政内容就不能很好地灌输。

参考文献

[1] 庞皓. 计量经济学［M］. 4 版. 北京：科学出版社，2019.

[2] 邱学强. 坚决把反腐败斗争进行到底：深入学习贯彻习近平同志关于反腐败斗争的重要论述［N］. 人民日报，2014-05-06（7）.

[3] 马克思，恩格斯. 共产党宣言［M］. 成仿吾，徐冰，译. 北京：中国出版社，1949.

[4] 习近平. 谈治国理政［M］. 北京：外文出版社，2014.

社会主义核心价值观之“敬业”与多重共线性

张华节

一、案例概况

（一）适用对象

本案例适用于计量经济学所有教学班，包括线下教学班级与线上慕课教学。

（二）教学目标

通过本案例教学，达到以下三个层次的目标：

（1）知识目标：让学生学习多重共线性的知识，了解出现多重共线性的本质原因。

（2）能力目标：使学生能够基本具备建立并使用简单的计量经济学模型的能力，在建立模型之前注意检验、补救多重共线性。

（3）价值目标：指明产生多重共线性的原因是引入多余的解释变量，教导学生做事要专注，不要有多余的心思，知道敬业的重要性，敬业是我国的传统美德，也是实现中国梦的动力之源。

二、案例正文

在多元线性回归模型的古典假定中，其中有一条是无多重共线性假定，即假定解释变量之间不存在线性关系，或者说解释变量的观测值之间线性无关。但是在所获得的经济数据中，这一假定常常不满足。

对于模型

$$Y_i = \beta_0 + \beta_1 X_{1i} + \beta_2 X_{2i} + \cdots + \beta_k X_{ki} + \mu_i \quad (i = 1,\ 2,\ \cdots n)$$

其基本假设之一是解释变量是相互独立的，但是如果某两个或多个解释变量之间存在相关性，则称为多重共线性。

多重共线性可分为完全多重共线性和不完全多重共线性。其中不完全多重共线性，如果存在 $c_0 + c_1 X_{1i} + c_2 X_{2i} + \cdots + c_k X_{ki} = 0$，其中 c_i 不全为0，则称为解释变量间存在完全多重共线性，但是需要注意的是，完全多重共线性的情况在经济学中并不多见，一般出现的是在一定程度上的共线性，即不完全多重共线性，如果存在 $c_0 + c_1 X_{1i} + c_2 X_{2i} + \cdots + c_k X_{ki} + v_i = 0$，其中 c_i 不全为0，v_i 为随机误差项，则称不完全多重共线性或欠完全多重共线性。

（一）产生多重共线性的原因

1. 经济变量相关的共同趋势

间. 列样本：经济繁荣时期，各基本经济变量（收入、消费、投资、价格）都趋于增长；衰退时期，又同时趋于下降。

横截面数据：生产函数中，资本投入与劳动力投入往往出现高度相关情况。

2. 滞后变量的引入

在经济计量模型中，往往需要引出滞后变量来反映真实的经济关系。

3. 多项式项的引入

如研究企业成本与产业之间的关系时，往往在成本模型中引入产量的三次方，在这种模型中，解释变量之间可能存在一定程度的多重共线性。

4. 样本资料的限制

由于完全符合理论模型所要求的样本数据较难收集，特定范围内抽取样本可能存在某种程度的多重共线性。

（二）产生多重共线性的后果

1. 完全多重共线性的后果

（1）参数的估计值不确定。

$$Y = X\beta + \mu$$

的 OLS 估计量为

$$\hat{\beta} = (X'X)^{-1} X'Y$$

如果存在完全共线性，则 $(X'X)^{-1}$ 不存在，无法得到参数估计量。

（2）参数估计量方差无穷大。

对于模型：$Y_i = \beta_0 + \beta_1 X_{1i} + \beta_2 X_{2i} + \cdots + \beta_k X_{ki} + \mu_i$，其中 OLS 估计量的方差为

$$\mathrm{var}(\hat{\beta}_1) = \frac{\sigma^2}{(1 - r_{12}^2) \sum x_{1i}^2}$$

$$\mathrm{var}(\hat{\beta}_2)=\frac{\sigma^2}{(1-r_{21}^2)\sum x_{2i}^2}$$

在完全多重共线性下，$r_{21}^2=r_{12}^2=1$ 导致上面两式的分母都等于 0，因此 OLS 估计量的方差和标准误都是无穷大。

2. 不完全多重共线性的后果

如果模型中存在不完全的多重共线性，可以得到参数的估计值，但是对计量经济分析可能会产生一系列的影响。

（1）参数估计值的方差与协方差增大。

$$\mathrm{var}(\hat{\beta}_2)=\frac{\sigma^2}{(1-r_{21}^2)\sum x_{2i}^2}$$

当 r_{21} 增大时，$\mathrm{var}(\hat{\beta}_2)$ 也增大。

（2）对参数区间估计时，置信区间趋于变大。

$$P[\hat{\beta}_2-t_{\alpha/2}\widehat{\mathrm{SE}}(\hat{\beta}_2)<=\beta_2<=\hat{\beta}_2-t_{\alpha/2}\widehat{\mathrm{SE}}(\hat{\beta}_2)]=1-\alpha$$

（3）假设检验容易做出错误的判断。

（4）可能造成可决系数较高，但对各个参数单独的 t 检验却可能不显著，甚至可能使估计的回归系数符号相反，得出完全错误的结论。

（三）多重共线性的检验

1. 简单相关系数法

含义：简单相关系数检验法是利用解释变量之间的线性相关程度去判断是否存在严重多重共线性的一种简便方法。

判断规则：一般而言，如果每两个解释变量的简单相关系数（零阶相关系数）比较高，例如大于 0.8，则可认为存在较严重的多重共线性。

但是需要注意的是，较高的简单相关系数只是多重共线性存在的充分条件，而不是必要条件。特别是在多于两个解释变量的回归模型中，有时较低的简单相关系数也可能存在多重共线性。因此并不能简单地依据相关系数进行多重共线性的准确判断。

2. 方差扩大（膨胀）因子法

统计上可以证明，解释变量 X_j 的参数估计式 β_j 的方差可表示为

$$\mathrm{var}(\hat{\beta}_j)=\frac{\sigma^2}{\sum x_j^2}\frac{1}{1-R_j^2}=\frac{\sigma^2}{\sum x_j^2}\mathrm{VIF}_j$$

其中：VIF_j 是变量 X_j 的方差扩大因子，即 $\mathrm{VIF}_j=\frac{1}{1-R_j^2}$，$R_j^2$ 是多个解释变量辅助回归的可决系数。

一般来说，方差膨胀因子越大，表明解释变量之间的多重共性越严重。反过来，方差膨胀因子越接近于1，多重共线性越弱。

经验表明，方差膨胀因子 $\geqslant 10$ 时，说明解释变量与其余解释变量之间有严重的多重共线性，且这种多重共线性可能会过度地影响最小二乘估计。

3. 直观判断法

（1）当增加或剔除一个解释变量，或者改变一个观测值时，回归参数的估计值发生较大变化，回归方程可能存在严重的多重共线性。

（2）定性分析认为，一些重要的解释变量的回归系数的标准误差较大，在回归方程中没有通过显著性检验时，可初步判断可能存在严重的多重共线性。

（3）有些解释变量的回归系数所带正负号与定性分析结果违背时，很可能存在多重共线性。

（4）模型的可决系数较高，F 检验显著，但某些解释变量的偏回归系数 t 检验不显著，可能会存在多重共线性问题。

4. 逐步回归检测法

逐步回归的基本思想：

将变量逐个地引入模型，每引入一个解释变量后，都要进行 F 检验，并对已经选入的解释变量逐个进行 t 检验。

当原来引入的解释变量由于后面解释变量的引入而变得不再显著时，则将其剔除，以确保每次引入新的变量之前回归方程中只包含显著的变量。

在逐步回归中，高度相关的解释变量，在引入时会被剔除。因而这也是一种检测多重共线性的有效方法。

（四）多重共线性的补救措施

1. 修正多重贡献性的经验方法

（1）剔除变量法。

当回归方程中存在严重的多重共线性，可以删除引起多重共线性的不重要的变量。

可以将回归系数显著性检验、方差扩大因子 VIF 的多重共线性检验与解释变量经济含义综合考虑。

但是需要注意：若剔除了重要变量，可能引起模型的设定误差。

（2）增大样本容量。

如果样本容量增加，会减小回归参数的方差，标准误差也同样会减小。因此尽可能地收集足够多的样本数据可以改进模型参数的估计。

问题：增加样本数据在实际计量分析中常面临许多困难。

（3）变换模型形式。

一般而言，差分后变量之间的相关性要比差分前弱得多，所以差分后的模型可能降低出现共线性的可能性，此时可直接估计差分方程。

问题：差分会丢失一些信息，差分模型的误差项可能存在序列相关，可能会违背经典线性回归模型的相关假设，在具体运用时要慎重。

（4）利用非样本先验信息。

通过经济理论分析能够得到某些参数之间的关系，可以将这种关系作为约束条件，将此约束条件和样本信息结合起来进行约束最小二乘估计。

（5）横截面数据与时序数据并用。

首先利用横截面数据估计出部分参数，其次利用时序数据估计出另外的部分参数，最后得到整个方程参数的估计。

注意：这里包含着假设，即参数的横截面估计和从纯粹时间序列分析中得到的估计是一样的。

（6）变量变换。

变量变换的主要方法：计算相对指标 、将名义数据转换为实际数据、将小类指标合并成大类指标（如工业增加值、建筑业增加值）、将总量指标进行对数变换（一个神奇的处理方法）、变量数据的变换有时可得到较好的结果，但无法保证一定可以得到很好的结果。

2. 逐步回归

①用被解释变量对每一个所考虑的解释变量做简单回归。

②以对被解释变量贡献最大的解释变量所对应的回归方程为基础，按对被解释变量贡献大小的顺序逐个引入其余的解释变量。

若新变量的引入改进了 R^2 和 F 检验，且回归参数的 t 检验在统计上也是显著的，则在模型中保留该变量。

若新变量的引入未能改进 R^2 和 F 检验，且对其他回归参数估计值的 t 检验也未带来什么影响，则认为该变量是多余变量。

若新变量的引入未能改进 R^2 和 F 检验，且显著地影响了其他回归参数估计值的数值或符号，同时本身的回归参数也通不过 t 检验，说明出现了严重的多重共线性。

出现多重共线性的原因是引入了过多的变量。在工作中也是类似，工作中不要有过多的心思，我们只需专注于我们的本职工作，就能得到我们需要达成的目标。

社会主义核心价值观中的"敬业"是公民个人层面的价值准则，敬业是重要的价值追求，是兴邦和强国的前提。关于敬业，包括三个方面内容：个人敬业、社会敬业和国家敬业；个人敬业需先敬业后敬心，平凡的个人也可以做出不平凡的事业；社会敬业，目的在于和谐；国家敬业，在于发展，全国上下，团结一心，为21世纪中叶实现中华民族的伟大复兴而努力奋斗。古代圣贤对敬业的理解也有一定的相似之处，孔子认为敬业要"素其位而行，不愿乎其外"，是要求专心于自己的本职工作；庄子认为敬业要"用志不分，乃凝于神"，即用心专一；宋代理学大师朱熹提出"主一无适便是敬"，即做一件事情，要精神集中，心无旁骛。总而言之，敬业是用一种恭敬严肃的态度对待自己所从事的工作，无论是个人职业，还是社会主义事业，都应该专心致志，尽心尽力。

敬业是中国民族的传统美德，中国人一直秉承着敬业的思想并付出实际行动。

"最美奋斗者"——雷锋，一直立足于本职工作，日复一日地坚持，具有在平凡的工作中创造出不平凡业绩的"螺丝钉精神"；"抗洪英雄"——李向群，在1998年罕见的洪水灾害中，在千万个抗洪英雄中出现的一位家富不忘报效国家，舍生忘死为民献身的抗洪英雄；更有两次挺身而出的"抗疫英雄"——钟南山，从非典到新冠疫情，他一直站在抗疫一线，不顾自己的生命危险，坚守在自己的工作岗位上，救治病人。当然像这样的例子有很多，无论在什么岗位上，每个中国人都在坚守着敬业的精神，为自己的幸福、为社会的和谐、为国家的富强而奋斗。

敬业是实现中国梦的动力之源。把敬业作为社会主义核心价值观公民个人层面的基本要求，具有充分而深刻的实践依据。将中华民族伟大复兴的中国梦变为现实仍然是一个艰苦而漫长的过程，但是只要每个中国人敬业实干，在自己的岗位上奉献出自己的力量，相信在不久的将来我们的梦想一定会实现。因此，培育和践行敬业价值观是我们每个公民的应尽之义和应尽之责。

三、案例分析

（一）案例蕴含的思政元素

通过解释多重共线性出现的原因，引入社会主义核心价值观中的敬业的内容，并阐述了敬业对于我国实现中华民族伟大复兴的中国梦的重要性。

（二）启发思考题及分析

作为中国公民，我们如何做到敬业？分析：对于中国人来说，工作不在大小，不在于职位的高低，只要你做好自己的本职工作，做到专心致志，坚持下去，就是做到了敬业，就是实现了自己的价值，就是在为实现中国梦做出自己的贡献。

四、教学反思

在引入思政内容之前，首先要将课本内的知识点讲清楚、讲明白，让学生对概念有着清醒的认识。并且以学生感兴趣的话题或者时事引入思政内容，引导学生继续听下去，而不是一味地灌输，导致学生对其失去兴趣。

参考文献

[1] 庞皓. 计量经济学 [M]. 4版. 北京：科学出版社，2019.

[2] 吴宏. “敬业”乃国之幸也：践行社会主义核心价值观中敬业之我见 [J]. 雅安职业技术学院学报，2016 (2)：2-3.

[3] 孔子. 论语 [M]. 肖卫，译注. 北京：中国文联出版社，2016.

[4] 张有武. 对社会主义敬业价值观的思考 [J]. 白城师范学院学报，2016，30 (9)：18-21，54.

权重与法治——加权最小二乘法

张华节

一、案例概况

（一）适用对象

本案例适用于计量经济学所有教学班，包括线下教学班级和线上慕课教学。

（二）教学目标

通过本案例教学，达到以下三个层次目标：

（1）知识目标：让学生学习异方差性的相关知识，了解如何使用加权最小二乘法处理异方差问题。

（2）能力目标：使学生能够基本具备建立并使用简单的计量经济学模型的能力，在建立模型之前注意检验、补救异方差性。

（3）价值目标：指明“权重”与法治之间的相似之处，都是在于放大“重要变量”在模型中的作用，引导学生遵纪守法，做一个对社会和谐稳定有重要作用的人。全民守法是依法治国不可或缺的一部分。

二、案例正文

在简单线性回归中，对于建立的回归模型 $Y_i = \beta_1 + \beta_2 X_i + u_i$，我们一般要求 u_i 满足同方差假定，即对所有的 $i(i = 1,2,\cdots,n)$，都有 $\mathrm{Var}(u_i) = \sigma^2$。

设模型为

$$Y_i = \beta_1 + \beta_2 X_{2i} + \cdots + \beta_k X_{ki} + u_i \quad i = 1,\ 2,\ \cdots,\ n$$

如果其他假定均不变，但模型中随机误差项 u_i 的方差为

$$\mathrm{Var}(u_i) = \sigma_i^2 \quad (i = 1,\ 2,\ 3,\ \cdots,\ n)$$

则称 u_i 具有异方差性。

产生异方差的原因有很多，如：模型设定误差。首先，当模型中略去了重要解释变量常常会导致异方差，如研究影响粮食产量的因素，若忽略了地

域因素则必然会导致异方差。其次，测量误差的变化也会导致异方差。例如，生产函数模型，当用时间数据估计生产函数时，由于抽样技术和数据收集处理方法的问题，观测误差有可能会随着时间的推移而增大。另外，截面数据中总体各单位的差异也是产生异方差的重要原因。通常认为不同个体在相同时间内的差异性要比相同个体在不同时间内的差异性大，即截面数据较时间序列数据更容易产生异方差性。

如果模型中存在异方差，则会对模型产生以下后果：参数的 OLS 估计量仍然无偏，并且基于此的预测也是无偏的，但是由于参数的估计量不具有有效性，从而对于 Y 的预测也将不是有效的，Y 预测值的精确度将会下降。因此，异方差性的存在，会对回归模型的正确建立和统计推断带来严重后果，因此在计量经济分析中，有必要检验模型是否存在异方差。

当我们检验到模型中存在异方差时，我们需要采取措施对异方差性进行修正，基本思想是在确认异方差形式的基础上，采用适当的估计方法，减少或消除异方差对模型的影响。我们可以采用加权最小二乘的方法来消除模型的异方差性。

为了便于说明问题，以一元线性回归模型为例

$$Y_i = \beta_1 + \beta_2 X_i + u_i$$

且存在异方差形式为 $\mathrm{Var}(u_i) = \sigma_i^2 = \sigma^2 f(X_i)$，其中 σ^2 为常数，$f(X_i)$ 为 X_i 的某种函数。对模型按照最小二乘法的基本原则，是使残差平方和 $\sum e_i^2 = \sum (Y_i - \hat{\beta}_1 - \hat{\beta}_2 X_i)^2$ 为最小。在同方差性假定下，普通最小二乘法是把每个残差平方 $e_i^2 (i = 1, 2, \cdots, n)$ 都同等看待，都赋予相同的权数 1。但是，当存在异方差时，方差 σ_i^2 越小，其样本值偏离均值的程度越小，其观测值越应该受到重视，即方差越小，在确定回归线时的作用应当越大。相反，方差 σ_i^2 越大，其样本值偏离均值的程度越大，其观测值所起的作用应当越小。也就是说，在拟合存在异方差模型的回归线时，对不同的 σ_i^2 应区别对待。从样本的角度，对较小的 e_i^2 给予较大的权数，对较大的 e_i^2 给予较小的权数，从而使 $\sum e_i^2$ 更好地反映 σ_i^2 对残差平方和的影响。通常可将权数取为 $w_i = \frac{1}{\sigma_i^2} (i = 1, 2, \cdots, n)$，由此，当 σ_i^2 越小时，w_i 越大，当 σ_i^2 越大时，w_i 就越小。将权数与残差平方相乘以后再求和，得

$$\sum w_i e_i^2 = \sum w_i (Y_i - \hat{\beta}_1 - \hat{\beta}_2 X_i)^2$$

上式称为加权得残差平方和。根据最小二乘原理，若使得加权的残差平方和

最小，即

$$\min \sum w_i e_i^2 = \min \sum w_i \left(Y_i - \hat{\beta}_1 - \hat{\beta}_2 X_i \right)^2$$

可得

$$\hat{\beta}_1^* = \bar{Y}^* - \hat{\beta}_2^* \bar{X}^*$$

$$\hat{\beta}_2^* = \frac{\sum w_i(X_i - \bar{X}^*)(Y_i - \bar{Y}^*)}{\sum w_i(X_i - \bar{X}^*)^2}$$

式中，$\bar{X}^* = \frac{\sum w_i X_i}{\sum w_i}$，$\bar{Y}^* = \frac{\sum w_i Y_i}{\sum w_i}$。这样估计出的参数$\hat{\beta}_1^*$和$\hat{\beta}_2^*$称为加权最小二乘估计。这种求解参数估计式的方法称为加权最小二乘法（WLS）。

在现实中，我们同样会遇到一些需要加权的问题。如法律的制定，假设我们要回归的结果是社会和谐稳定，对不同犯罪行为的人所做的判决结果应该不同，如果不区分案例个体的差异性，对所有案例做同样的处罚判定，那么必将会导致不公平不公正的现象发生。因此，依法治国是必要的。这个“法”就是我们的“权重”。我们对犯罪行为极其恶劣的加以较小的权重，让他远离社会和谐的基本线，在对社会稳定中发挥较小作用，对没有犯罪行为的加以较大的权重，使其能够在社会稳定中发挥较大的作用。在我看来，不公平不公正现象的出现就是因为我们用整体代表个体，忽略了个体之间的差异性。若是忽略这种“异方差性”，把它们当作同方差处理，自然会得到错误的结果。

中国有法律的历史由来已久，战国初期魏国著名政治家、法学家李悝在魏国推行的《法经》已初具后世刑法大典雏形。经过两千多年的发展，到清朝时，其法律制度集历代封建王朝之大成，达到了封建社会法制完备的顶峰，建立了一套完善的封建法制体系。

在现代中国，我国的法律制度和法制体系与封建王朝时期有着本质的区别。党的十八大以来，以习近平同志为核心的党中央始终高度重视依法治国。2014 年党的十八届四中全会明确了“建设中国特色社会主义法治体系，建设社会主义法治国家”的总目标，不断统筹推进“科学立法、严格执法、公正司法、全民守法”的依法治国基本格局。

依法治国必须做到有法可依、有法必依、执法必严、违法必究。法的制定是重要的，不可小错重判，亦不可大错轻判。对于法律，我们不可以凭借经验进行制定，正如对于加权最小二乘法，我们不能凭借经验进行加权一样。

如前些年引起社会广泛关注的"彭宇案"，法官在判决过程中，大量使用"常理推定"，而未进行事实认定，运用"自由心证"的逻辑推理分析判定彭宇应承担责任。其中，法官的一句话"不是你撞的，你为什么要扶"引起了全社会的广泛讨论。甚至有人称此案的判决使中国道德倒退了 30 年。为什么"彭宇案"的影响如此之大呢？即使彭宇已经承认了与老人确实发生了碰撞，法官的判决并没有错误，但在以后发生类似事件时，"彭宇案"仍会被重提。原因是"彭宇案"使人看到了违法的成本极低。讹诈路人，如果被识破，轻则只是批评教育（尤其是老人或小孩），重则也只是拘留或罚款；而如果不被识破，讹诈成功，至少可以从路人身上获得少则几千元，多则几万元的赔偿，路人甚至会因此遭受牢狱之灾。对于这种讹诈而言，所付出的成本和收获是完全不对等的。而警方在处理这些事时，更偏袒"受害者"，因此，讹诈几乎都会成功，且不会付出成本。若路人想要自证清白，将会耗费大量的时间，因此，被碰瓷的大多数路人都会选择赔钱了事。正是基于这种心理，碰瓷者越来越明目张胆。

对于这类令人气愤的事，当时却没有法律可以依据从而做出令大众拍手称快的判决，最终导致遇到老人摔倒或他人需要帮助时，大家不再下意识地出手相助，而是冷漠旁观。如果我们对这类事件加以较小的权重，让犯罪成本加大，则会制止这类事件的增长。如我们对社会稳定和谐进行回归时，考虑案件结果所带来的社会影响等因素，对权重进行量化选择，不再以经验推断。

对于式 $Y_i = \beta_1 + \beta_2 X_i + u_i$，采用加权最小二乘法时，其权数为

$$w_i = \frac{1}{\sigma_i^2} = \frac{1}{\sigma^2 f(X_i)}(i = 1,\ 2,\ \cdots,\ n)$$

其残差平方和为

$$\sum \left(\frac{e_i^2}{\sigma_i^2}\right) = \sum \frac{1}{\sigma_i^2}(Y_i - \hat{\beta}_1 - \hat{\beta}_2 X_i)^2$$

$$= \sum \frac{1}{\sigma^2 f(X_i)}(Y_i - \hat{\beta}_1 - \hat{\beta}_2 X_i)^2$$

即我们可以根据模型量化选择权重，而不是凭借经验加权估计，从而消除异方差的影响。

习近平主席在中央全面依法治国工作会议上指出，要坚持在法治轨道上推进国家治理体系和治理能力现代化。法治是国家治理体系和治理能力的重要依托。只有全面依法治国才能有效保障国家治理体系的系统性、规范性、

协调性，才能最大限度地凝聚社会共识。习近平指出，要坚持全面推进科学立法、严格执法、公正司法、全民守法。要继续推进法治领域改革，解决好立法、执法、司法、守法等领域的突出矛盾和问题。习近平强调，要坚持依法治国、依法执政、依法行政共同推进，法治国家、法治政府、法治社会一体建设。全面依法治国是一个系统工程，要整体谋划，更加注重系统性、整体性、协同性。

只有科学立法才能保证“权重”合适，只有严格执法才能保证“权重”匹配，只有公正司法才能保证“权重”正确，只有全民守法才能保证社会和谐稳定。科学立法、严格执法、公正司法、全民守法是缺一不可的，若是有所缺失，就会造成极坏的社会影响，对社会和谐稳定造成冲击，就像模型若是遗漏了重要的解释变量，加权最小二乘法就不能解决模型中存在的异方差问题。

三、案例分析

（一）案例蕴含的思政元素

通过介绍加权最小二乘法是如何解决异方差问题的，以类比的方式引出“权重”和“法治”之间的相似之处，并通过现实案例的分析，说明法治中国的重要性。

（二）启发思考题及分析

对于一个犯罪行为，该如何进行判决呢？

分析：当然是要依法治国。科学立法是建设法治中国的前提，严格执法是建设法治中国的关键，公正司法是建设法治中国的防线，全民守法是建设法治中国的基础。作为建设中国特色社会主义法治中国的一分子，我们应该遵纪守法，为维护社会的和谐稳定做出贡献。

四、教学反思

思政内容的教学不同于传统课程的教学，不能按照传统教学方式进行灌输。进行思政知识的教学时，应该在学生理解掌握课本的知识点后，再以时事热点问题引起学生的兴趣，让学生在探讨中加深对知识点的理解，并学习到思政知识。这样，学生不仅能更好地掌握原有的课本知识，还能加深对思政的认识。

参考文献

[1] 庞皓. 计量经济学 [M]. 4 版. 北京：科学出版社，2019.

[2] 洪天豪. 浅谈我国历史文化与法律进化史 [J]. 法制与经济，2014（15）：76-77.

社会主义核心价值观之“和谐”与同方差性

张华节

一、案例概况

（一）适用对象

本案例适用于计量经济学所有教学班，包括线下教学班级与线上慕课教学。

（二）教学目标

通过本案例教学，达到以下三个层次的目标：

（1）知识目标：让学生深入理解关于同方差的知识，了解违背同方差假定时会导致的后果。

（2）能力目标：使学生能够基本具备建立并使用简单的计量经济学模型的能力，在建立模型之前注意检验异方差性。

（3）价值目标：指明异方差是由于某个解释变量的变化而引起的，这正如人类社会的基本特征——多样性，虽然它是世界文化充满活力的表现，但人类社会只有求同存异、和谐相处，才能实现共同繁荣。

二、案例正文

计量经济学中存在“和谐”的现象——同方差，这是我们所期望的符合古典假定的一种性质。同方差性是经典线性回归的重要假定之一，指总体回归函数中的随机误差项（干扰项）在解释变量条件下具有不变的方差。计量经济学中，一组随机变量具备同方差即指线性回归的最小二乘法（ordinary least squares，OLS）的残值服从均值为0、方差为σ^2的正态分布，即其干扰项必须服从随机分布。与之相对应的异方差性则说明干扰项不满足此均值为0、方差为σ^2的正态分布。即对于任何一个给定的X_i，随机扰动

项 μ_i 的条件方差都等于一个常数 σ^2，用公式表示为 $Var(\mu_i|X_i)=E[\mu_i-E(\mu_i|X_i)]^2=E(\mu_i{}^2)=\sigma^2$。方差用于度量相对于回归线被解释变量所有观测值的分散程度，因此若随机扰动项满足同方差假定，那么可以认为，相对于回归线来说，被解释变量的所有观测值分散程度相同（如图 1 所示）。

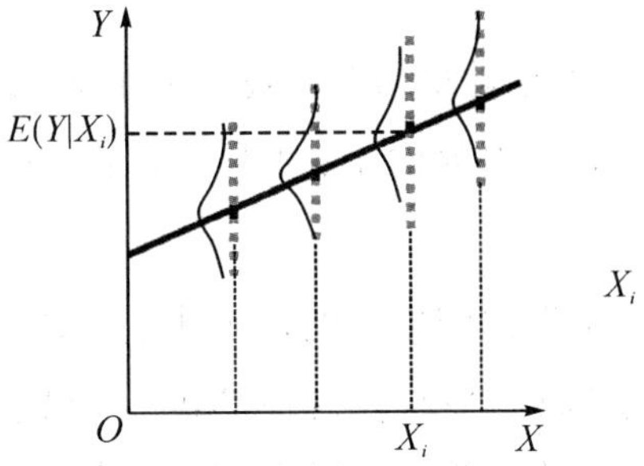

图 1　同方差图形

由于现实活动的错综复杂性，一些经济现象的变动与同方差的假定经常是相悖的——当同方差的假定不被满足，即模型中的随机误差项具有不同的方差时，即 $Var(\mu_i|X_i)=\sigma_i{}^2$，则称线性回归模型存在异方差性。由于异方差性指的是被解释变量观测值的分散程度是随解释变量的变化而变化的，如图 2 所示，因此可以把异方差看成由于某个解释变量的变化而引起的。

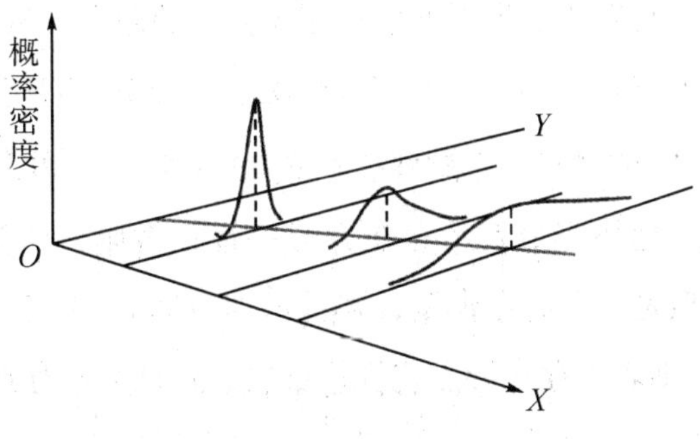

图 2　异方差图形

在计量经济分析中，如果模型里存在异方差，则对模型会产生以下后果：

（1）参数估计的无偏性仍然成立。参数估计的无偏性仅依赖于基本假定中的零均值假定，所以异方差的存在对无偏性的成立没有影响。

（2）参数估计的方差不再是最小的。同方差假定是 OLS 估计方差最小的前提条件，所以随机误差项是异方差时，将不能再保证最小二乘估计的方差最小。也就是说，在异方差存在时，虽然 OLS 估计仍然保持线性无偏性和一致性，但已失去了有效性。

（3）由于异方差的影响，使得无法正确估计参数的标准误差，导致参数估计的 t 统计量的值不能正确确定，所以，如果仍用 t 统计量进行参数的显著性检验将失去意义。同理，F 统计量也不再服从 F 分布。因此，一般情况下，只要模型存在异方差性，在古典假定下用于检验假设的统计量可能不再成立。

（4）尽管参数的 OLS 估计量仍然无偏，并且基于此的预测也是无偏的，但是由于置信区间的变化，参数估计量不是有效的，从而对 Y 的预测也将不是有效的。

异方差性的存在，会对回归模型的正确建立和统计推断带来严重影响，如同当社会的重要稳定因素“和谐”被破坏时，难以避免会产生动荡的局面，因此在计量分析中，检验模型是否存在异方差是很有必要的。异方差的检验，是计量经济学的一个重要课题，有各种各样的模型与检验方法。这些方法尽管各不相同，但存在一个共同的思路：检验异方差性，也就是检验随机误差项的方差与解释变量、观测值之间的相关性。各种检验方法就是在这一思路下发展起来的。这里介绍以下几种简单实用的检验方法。

（1）图示检验法。

图示检验法是一种非正式的检验方法，是对是否存在异方差性一无所知的情况下采用的。其做法是先不考虑存在异方差的假定下构造回归模型，然后对回归的残差平方 $e_i^2=(\hat{Y}_i-Y_i)^2$ 进行观察。如果回归模型是关于截面数据的，则看 e_i^2 对 $\hat{Y}_i$ 或对某一个解释变量 X_i 的散点图。如图 3 所示，若散点图呈现某种规律或趋势，则表示存在异方差性；否则，认为不存在异方差性。如果回归模型是一个时序模型，则看 e_t^2 对时间 t 的散点图，若 e_t^2 随时间 t 的增加而变化，则表示存在异方差性；反之，则认为不存在异方差性。

该检验法的优点是直观、简单、明了；缺点是检验的结论粗糙，是一种对残差的定性分析。它要求回归计算残差的平方 e_i^2 对真实关系中的随机扰动项的平方 $\mu_i{}^2$ 具有代表性，否则 e_i^2 对 $\hat{Y}_i$ 或某一个 X_i 存在明显趋势并不等价于 $\mu_i{}^2$ 对 $\hat{Y}_i$ 或某一个 X_i 也存在这种趋势。

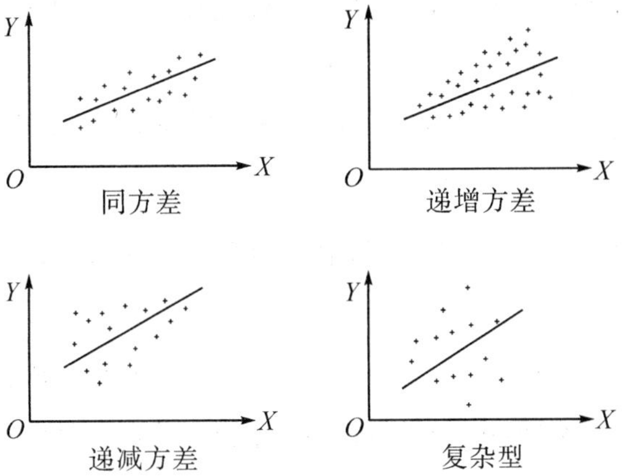

图 3　图示检验法

（2）G-Q 检验法。

7-Q 检验是以 F 检验为基础。此检验的零假设 $H_0:\mu_i$ 是同方差的；备择假设 $H_1:\mu_i$ 是异方差的。检验步骤为：第一步，按方差递增次序排定观测值；第二步，去掉中间的 r 个观测值（通常 $r=N/4$），对剩余前后两组观测值分别做单独回归，求得各自的残差平方和 S_1 和 S_2；第三步，计算统计量 $F=S_1/S_2$，并与显著水平为 α、自由度为 $(\frac{N-r}{2}-k,\ \frac{N-r}{2}-k)$ 的 F 分布临界值进行比较（ N 为样本数，k 为参数个数），判定是接受还是拒绝 H_0，即方差齐次性假设。

此检验的优点是简单、便于计算，在方法把握上没有难度。缺点是：①要求按递增方差排序观测值，但总体方差是未知的，若用样本递增方差排列替代，这种近似替代肯定会影响检验结果，若按解释变量的大小排序观测值，又隐含着一个假定即方差变化与 X 变化是同方向的，这一假定是否成立是模糊不定的；②要求样本容量足够大一般很难实现；③要求不能违背检验的前提条件，如 μ_i 服从正态分布，μ_i 不存在序列相关；④要求 r 取值要适应，因为检验结果直接受 r 大小的影响。

（3）White 检验。

该检验由怀特（White，1980）首次提出。以三个解释变量的多元回归模型 $Y_t=\beta_1+\beta_2X_{2t}+\beta_3X_{3t}+\beta_4X_{4t}+\mu_t$ 为例。设异方差与 X_{2t}、X_{3t}、X_{4t} 的一般关系为

$$\sigma_t^2=\alpha_1+\alpha_2X_{2t}+\alpha_3X_{3t}+\alpha_4X_{4t}+\alpha_5X_{2t}^2+\alpha_6X_{3t}^2+\alpha_7X_{4t}^2+\alpha_8X_{2t}X_{3t}+\alpha_9X_{2t}X_{4t}+\alpha_{10}X_{3t}X_{4t}$$

第一步，用 OLS 法估计模型，计算残差，并求残差的平方 e_t^2。

第二步，用残差平方 e_t^2 作为异方差 $\sigma_t{}^2$ 的估计，并作 e_t^2 对 X_{2t}、X_{3t}、X_{4t} 等的辅助回归

$$\hat{e}_t^2 = \hat{\alpha}_1 + \hat{\alpha}_2 X_{2t} + \hat{\alpha}_3 X_{3t} + \hat{\alpha}_4 X_{4t} + \hat{\alpha}_5 X_{2t}^2 + \hat{\alpha}_6 X_{3t}^2 + \hat{\alpha}_7 X_{4t}^2 + \hat{\alpha}_8 X_{2t} X_{3t} + \hat{\alpha}_9 X_{2t} X_{4t} + \hat{\alpha}_{10} X_{3t} X_{4t}$$

第三步，计算统计量 nR^2，其中 n 为样本容量，R^2 为辅助回归的可决系数。

第四步，在 $H_0: \alpha_2 = \cdots = \alpha_{10} = 0$ 的条件下，可证明，nR^2 渐进服从自由度为 p 的 χ^2 分布，p 为辅助回归式中斜率的个数。给定显著性水平 α，查表得临界值 $\chi_\alpha^2(p)$。如果 $nR^2 > \chi_\alpha^2(p)$，则拒绝原假设，表明模型中随机误差存在异方差。

怀特检验的优点是不需要排序，也不依赖正态性假设，易于实施。但也存在一些需要注意的问题：一是辅助方程引进回归元的平方（或更高次方）以及它们的交叉乘积项，损失许多自由度。于是又有怀特检验的第三种形式，它形似于第一种形式，但辅助方程中去掉了交叉项。二是该检验对于小样本特性尚不清楚，因此不宜在小样本情况下使用。

（4）ARCH 检验。

实施 ARCH 检验需要计算以下辅助方程：$\sigma_t^2 = \alpha_0 + \alpha_1 \sigma_{t-1}^2 + \cdots + \alpha_p \sigma_{t-p}^2$，其中 p 为 ARCH 过程的阶数。第一步，提出零假设备择假设 $H_0: \alpha_1 = \alpha_2 = \cdots = \alpha_p = 0$；$H_1: \alpha_j (j = 1, 2, \cdots, p)$ 中至少有一个不为零。第二步，对原模型做 OLS 估计，求出残差，并计算残差平方序列 e_t^2、$e_{t-1}^2 \cdots e_{t-p}^2$，以分别作为对 σ_t^2、$\sigma_{t-1}^2 \cdots \sigma_{t-p}^2$。第三步，作辅助回归 $\hat{e}_t^2 = \hat{\alpha}_0 + \hat{\alpha}_1 e_{t-1}^2 + \cdots + \hat{\alpha}_p e_{t-p}^2$，其中 $\hat{e}_t^2$ 表示 e_t^2 的估计。第四步，计算可决系数 R^2，可以证明，在 H_0 成立的条件下，基于大样本，有 $(n-p)R^2$ 渐进服从自由度为 p 的 χ^2 分布。给定显著性水平 α，查表得临界值 $\chi_\alpha^2(p)$。如果 $(n-p)R^2 > \chi_\alpha^2(p)$，则拒绝原假设，表明模型中随机误差存在异方差。

ARCH 检验的特点是，要求变量的观测值为大样本，并且仅针对时间序列数据；它只能判断模型中是否存在异方差，而不能诊断出是哪一个变量引起的异方差。

（5）Glesjer 检验。

Glesjer 检验的基本思想是，由 OLS 法得到残差 e_i，取其绝对值 $|e_i|$，将绝对值对某个解释变量 X_i 回归，根据回归模型的显著性和拟合优度来判断是否存在异方差。

该检验的特点是要求变量的观测值为大样本，其不仅能对异方差的存在进行判断，而且还能对异方差随某个解释变量变化的函数形式进行诊断。

“和谐”同样也存在于实际生活中。“和谐”是中国传统文化的基本理念，集中体现了学有所教、劳有所得、病有所医、老有所养、住有所居的生动局面。它是社会主义现代化国家在社会建设领域的价值诉求，是经济社会和谐稳定、持续健康发展的重要保证。党的十八大把“和谐”作为培育和践行社会主义核心价值观国家层面的基本范畴，有其具体的现实背景，即构建社会主义和谐社会需要价值观的和谐。作为社会主义核心价值观的和谐，其既是中国传统文化中“和而不同”“和实生物”的继承，也是关注民生、注重公平的和谐，是发展中的和谐，更是民主法制保障下的和谐。和谐是对立事物之间在一定的条件下具体、动态、相对、辩证的统一，是不同事物之间相同相成、相辅相成、相反相成、互助合作、互利互惠、互促互补、共同发展的关系。这是辩证唯物主义和谐观的基本观点。

社会学家费孝通先生提出过：“各美其美，美人之美，美美与共，天下大同。”各自保持自身的美感，还能欣赏他人的美，彼此的美一起和谐共处，就是社会理想的大同境界。和而不同、周而不比，这些准则都承认了个体的可贵精神，而又尊重他人的差异、保持恰当的距离，怀揣和善之心、生发和睦之情、维持和谐交往、促进和美之态。

社会主义和谐观的具体内容包括：一是人与人的和谐，即社会关系的和谐。二是人与自然的和谐。人是自然的一部分，自然是人类生存和发展的基础。社会主义和谐观要求我们与自然和解，不再以自然界征服者的身份出现，为追求个体利益的最大化对自然界无限索取，而是要和自然和谐相处。三是国际关系的和谐。和谐作为中国特色社会主义的本质属性，不仅体现为对内提出构建和谐社会，对外也主张共建和谐世界。

和谐是国家层面价值观中特别富有中华文化基因特色的。中华文化历经几千年繁盛不衰，崇尚“和谐”价值观是其重要原因。社会主义和谐价值观集中反映了人们面对和处理“人与人”“人与社会”“人与自然”“人与自身”四对关系时的主张、态度和取向。随着生产力水平的不断提高和社会竞争的日益加剧，人与人、人与社会、人与自然、人与自身之间的关系日益复杂交错，矛盾冲突也日益纠结缠绕。当前，在培育践行和谐价值观的过程中，就要注意化解它们之间的矛盾并维系其相互之间的和谐关系。

马克思主义认为“和谐”是“和而不同”、事物的对立统一，即具有差异性的不同事物的结合、统一共存。我们倡导的和谐，是人与人、人与社会、人与自然的有机统一。和谐的中国，是民主与法治相统一、公平与效率相统一、活力与秩序相统一、人与自然相统一的社会主义国家。不同国家之间，只有用“和谐”理念作为具体的指导思想，平等共处，实现国家关系民主化，才是建设和谐世界、促进人类持久和平、共同繁荣的关键和前提。

三、案例分析

（一）案例蕴含的思政元素

通过解释异方差出现的原因，以类比的方式引出同方差和社会主义核心价值观“和谐”之间的相同之处，并从社会、国家的角度阐述和谐相处的重要性。

（二）启发思考题及分析

不同的国家、地区之间应该如何和谐相处？分析：国家之间要和谐相处，首先必须正确认识各种不同文明。利用正确的价值观，通过正确的价值判断，进行正确的价值选择。其次，需要坚持真理，走社会历史发展必由之路。不同文明之间和谐相处要自觉站在最广大人民的立场上，要尊重多样性是人类文明进步的重要动力的事实。最后，不同国家、地区之间和谐相处要以践行社会主义核心价值观为前提。

四、教学反思

在进行思政内容的引入时，首先要在课堂知识串讲的时候将这个知识点讲清楚、讲明白，让学生对基本概念有清醒的认识。在引入思政知识时，应该首先由时事热点的例子引入话题，引起学生的兴趣，再不断深入。不能上来直接讲教条，这样学生就不会有兴趣继续听下去，那么思政内容就不能很好地灌输。

参考文献

[1] 庞皓. 计量经济学 [M]. 4 版. 北京：科学出版社，2019.

[2] 恩格斯. 共产主义原理 [M]. 林若，译. 上海：民间出版社，1949.

[3] 周笑梅，侯金婷，汤楚瑶. 社会主义核心价值观融入《马克思主义基本原理概论》课教学研究 [C] //中共沈阳市委、沈阳市人民政府. 第十七届沈阳科学学术年会论文集. 中共沈阳市委沈阳市人民政府：沈阳市科

学技术协会，2020：3.

［4］李娅琳. 全球治理背景下费孝通“十六字箴言”的现实意义［C］//海归智库（武汉）战略投资管理有限公司. 荆楚学术 2018 年 7 月（总第二十一期）. 海归智库（武汉）战略投资管理有限公司，2018：3.

［5］斯力. 中国和西方如何和谐相处［J］. 党政论坛（干部文摘），2010（6）：40-41.

［6］社会主义核心价值观丨和谐篇［EB/OL］.（2019-05-27）［2021-03-20］. https://www.sohu.com/a/316918587_100020369.

FDI 对我国经济增长影响的实证分析
——检验改革开放的成效

范国斌

一、案例概况

（一）适用对象

本案例适用于计量经济学所有教学班，包括线下教学班级与线上慕课教学。

（二）教学目标

通过本案例教学，达到以下三个层次的目标：

（1）知识目标：通过引入案例——外商直接投资对我国经济增长影响的实证分析，帮助学生学习计量经济学模型在实证分析中的具体应用。

（2）能力目标：使学生能够基本具备通过使用简单的计量经济学模型来做实证分析的能力。

（3）价值目标：通过实证分析来说明经济政策的效果，使学生认识到改革开放的重要性，同时理解并支持我国的改革开放政策，也帮助学生体会到制度自信和道路自信的信心来源。

二、案例正文

运用计量经济学的基本理论和方法对实际问题做具体的计量分析，是计量经济学的重要教学环节之一。在学习完计量经济学的基本理论和方法之后，开展实证项目的计量经济研究，有助于加强学生对计量经济方法的理解和运用，为学生的课程论文设计拓展思路，并有效提高学生的综合能力。本文将探讨“外商直接投资对我国经济增长究竟有怎样的影响”这个问题，通过实证分析，来检验改革开放政策的实施效果。

1978 年，以党的十一届三中全会为起点，中国人民进入了改革开放和社会主义现代化建设的新时期。中国的对内改革先从农村开始，1978 年 11 月，安徽省凤阳县小岗村开始实行家庭联产承包责任制，拉开了中国对内改革的大幕。1979 年，中央正式批准广东、福建两省在对外经济活动中实行特殊政策、灵活措施，迈开了改革开放的历史性脚步，对外开放成为中国的一项基本国策。20 世纪 80 年代中期，中国开始启动科技、文化、教育等各个领域的改革。从 1985 年起，我国又相继在长江三角洲，珠江三角洲、闽东南地区和环渤海地区开辟经济开放区。

随着相关政策的逐步实施，改革开放后的中国经济得到了迅猛发展。1970—1978 年，我国 GDP 年均增长仅 5.2%，从 1978 年改革开放至 2019 年，我国 GDP 年均增长率达到 14.6%，短短四十多年间，按 GDP 衡量的经济总量增长了将近 270 倍。由此看来，外商直接投资在我国经济增长的过程中，起到了相当重要的作用。

本案例期望通过数据资料，分析我国外商直接投资的现状，并通过回归分析，对外商直接投资与我国经济增长的关系进行实证研究，以检验改革开放政策的成效，致力于使学生更加直观体会到改革开放这一基本国策的伟大意义。

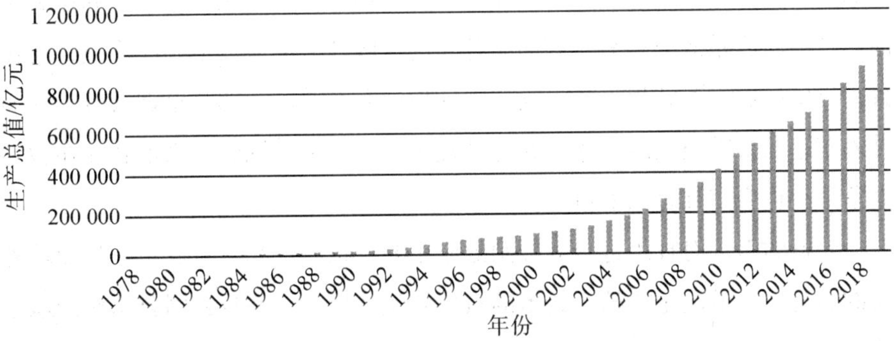

图 1　1978—2019 年我国国内生产总值

（一）相关概念

外商直接投资（foreign direct investment，简称 FDI）是指按照中国的法律法规，外商通过现汇、实物、技术等在中国大陆进行直接投资的行为。这里的外商，不仅包括外国企业和经济组织或个人，也包括来自我国台湾、香港、澳门地区对大陆进行直接投资的企业。

经济增长是指在一定时期内，一个国家或地区总产出的持续增长，总产出通常用国内生产总值（GDP）来衡量，GDP 可以衡量一个国家或地区的总体经济状况。本案例采用 GDP 来衡量经济增长。

（二）外商直接投资对东道国经济发展的影响——理论分析

1. 资本形成效应

外商直接投资对东道国资本的形成不仅有直接效应，也有间接效应。东道国引进外商直接投资的目的是弥补国内经济发展资本的不足。首先，外商直接为东道国带来了大量资金，并分别投资于各个行业中，通过引进新投资从而促进国内的经济增长。其次，与外商相联系的一些上下游企业，如供应商和销售商，往往通过投资来促进自身发展，提高自身竞争力，以更好地适应外资企业的发展需要。因此，外商的引进能够带动上下游辅助企业的相关投资，从而促进经济增长。

2. 技术进步效应

外商直接投资对东道国的技术发展存在促进效应和抑制效应。

正向的技术进步效应主要包括以下几种途径：一是模仿效应。外商直接投资为东道国带来先进的技术、管理经验和经营方式。对当地企业有一定的示范作用，当地企业通过模仿外资企业以提高自身技术水平，从而获得外溢性。二是竞争效应。外商的引进会使东道国市场的竞争加剧，当地企业就必须注重缩小与外资企业的差距，努力提高自身的竞争力。三是联系效应。一方面，外商为实现自身利益最大化，往往会为销售商提供技术支持和相关培训，即前向联系效应；另一方面，外商为保障产品的低成本和高质量，往往会指导供应商生产并提供技术支持，即后向联系效应。四是培训效应。外商进入东道国会聘请当地人才，并为其提供相关培训，同时，当地企业在激烈竞争下，也会培训自己的员工。

外资的引进对技术进步的抑制效应主要包括以下几个方面：一是随着外商的引进，东道国企业核心技术的对外依赖性增大，并且跨国公司对当地企业实行技术垄断，从而限制了本国企业的技术创新。二是外企的高薪与福利吸引了当地企业的人才，使当地企业的技能知识随着人力资本的流动而转移。

3. 就业效应

外商的引进对东道国的就业也有直接效应和间接效应。首先，外商的引进会直接给东道国带来更多的就业机会，增加就业岗位，但是跨国公司以并购重组方式进入东道国可能会造成裁员。其次，从间接效应上来看，外商进入东道国，能够促进前后向联系的企业的进步，带来引致就业，同时示范与竞争也能带动一些相关企业的投资，促进其发展，从而增加当地就业水平，但是外资企业还可能挤垮部分当地企业，从而导致一些失业现象。

（三）我国吸引外商直接投资的现状分析

1. FDI 规模

我国实际利用 FDI 金额自 1992 年以来总体上呈稳步增长。1992 年邓小平南方谈话表明了中央深化改革的决心，FDI 由此开始实现飞跃。2019 年，我国实际利用外商直接投资金额已达到 1 381. 35 亿美元，自 1985 年以来，短短三十多年间，我国吸引 FDI 规模增长了将近 70 倍，年均增长率达到 13. 3%。

改革开放以来，特别是加入世界贸易组织（WTO）以来，随着我国经济对外开放格局的形成和发展以及利用外资的相关政策的不断完善，进入我国的外商直接投资不断增加，我国成为最吸引外商直接投资的发展中国家。2017 年，中国吸引外商直接投资达到 1 310 亿美元，位居世界第二，仅次于美国（如图 2 所示）。我国吸引外资的成效显著，FDI 对我国经济的发展起着越来越重要的作用，外资经济已成为我国经济发展的主要推动力量。

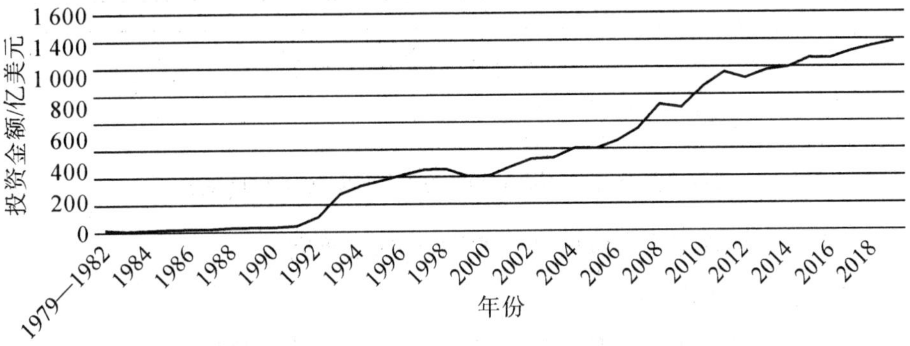

图 2　1979—2019 年我国实际利用外商直接投资金额

2. 投资来源地结构

我国吸引外商直接投资主要来源于亚洲的国家和地区，其次是欧洲、拉丁美洲、北美洲等（如图 3 所示）；从地区或国别来看，2018 年来自我国香港地区的 FDI 为 899. 17 亿美元，占我国实际利用外商直接投资的 66. 62%，其次是新加坡、维尔京群岛、韩国、开曼群岛、日本等（如图 4 所示）。因此，我国吸引 FDI 主要来自亚洲，尤其是我国香港地区。

外商主要来自我国香港地区，主要原因包括：一是中国香港与大陆有着紧密的联系和深厚的历史渊源；二是中国香港是重要的国际金融中心和航运中心，并且作为“一国两制”的试验田和面对中国大陆的一个窗口，常常成为国际资本的中转站；三是外商自身不熟悉中国境内的经济体制，常常通过香港投资于中国大陆；四是部分内资企业为了税收优惠和谋求境外上市等原因，会选择在中国香港注册企业，再投资于中国大陆。因此，来自香港的外商直接投资的占比最大。

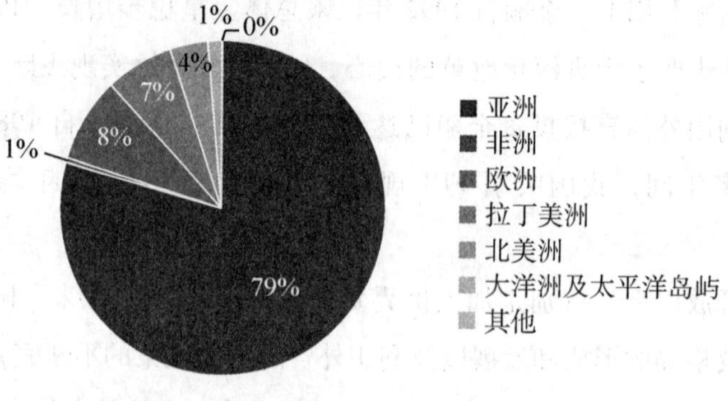

图 3　2018 年我国吸引 FDI 的来源地（按洲分布）

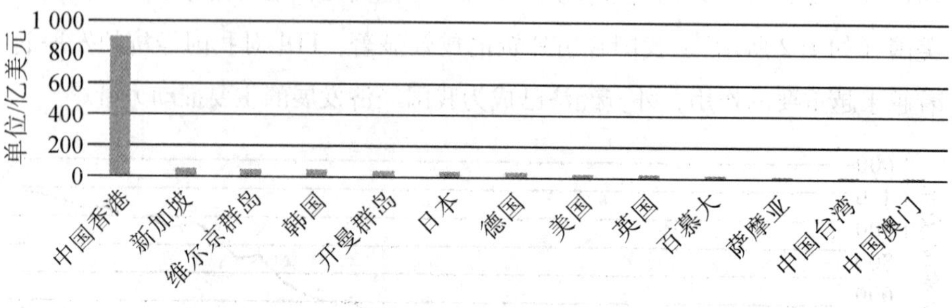

图 4　2018 年我国吸引 FDI 的主要来源地（前 13 名）

（四）外商直接投资与我国经济增长的实证研究

1. 变量及数据说明

在改革开放的早期阶段，我国吸引外商直接投资的规模并不大，1979—1983 年，我国实际利用外商直接投资金额仅 17.69 亿美元。1984 年，在国家外资优惠政策的鼓励下，我国吸引外商直接投资的规模稍微有所上升，达到 14.19 亿美元，相比上一年的 FDI 规模增长约 55%。1985 年开始，外商直接投资在我国开始初具规模，因此本案例以 1985 年到 2019 年的年度数据作为研究外商直接投资与我国经济增长水平的数据基础。

本案例涉及的变量有 GDP、FDI、LNGDP、LNFDI，其中 GDP 为各年度的国内生产总值，用来衡量国家的经济水平。FDI 为各年度我国实际利用外商直接投资金额。本案例所用的 1985—2019 年的年度数据，是根据国家统计局的公示数据整理得到的。为了保证计量单位的统一，根据各年的人民币对美元的年平均汇率，将 GDP 和 FDI 的单位统一为亿元。本案例的所有检验结果均为运用计量软件 Eviews10 分析得到，具体数据如表 1 所示。

表 1　1985—2019 年 GDP 与 FDI

年份	国内生产总值/亿元	实际利用FDI/亿美元	年均汇率/RMB/ $	实际利用 FDI/亿元
1985	9 098.9	19.56	2.936 7	57.44
1986	10 376.2	22.44	3.452 8	77.48
1987	12 174.6	23.14	3.722 1	86.13
1988	15 180.4	31.94	3.722 1	118.88
1989	17 179.7	33.92	3.765 1	127.71
1990	18 872.9	34.87	4.783 2	166.79
1991	22 005.6	43.66	5.323 3	232.42
1992	27 194.5	110.08	5.514 6	607.05
1993	35 673.2	275.15	5.762	1 585.41
1994	48 637.5	337.67	8.618 7	2 910.28
1995	61 339.9	375.21	8.351	3 133.38
1996	71 813.6	417.26	8.314 2	3 469.18
1997	79 715	452.57	8.289 8	3 751.71
1998	85 195.5	454.63	8.279 1	3 763.93
1999	90 564.4	403.19	8.278 3	3 337.73
2000	100 280.1	407.15	8.278 4	3 370.55
2001	110 863.1	468.78	8.277	3 880.09
2002	121 717.4	527.43	8.277	4 365.54
2003	137 422	535.05	8.277	4 428.61
2004	161 840.2	606.30	8.276 8	5 018.22
2005	187 318.9	603.25	8.191 7	4 941.64
2006	219 438.5	658.21	7.971 8	5 247.12
2007	270 092.3	747.68	7.604	5 685.36
2008	319 244.6	923.95	6.945 1	6 416.93
2009	348 517.7	900.33	6.831	6 150.15
2010	412 119.3	1 057.35	6.769 5	7 157.73
2011	487 940.2	1 160.11	6.458 8	7 492.92
2012	538 580	1 117.16	6.312 5	7 052.07
2013	592 963.2	1 175.86	6.193 2	7 282.34
2014	643 563.1	1 195.62	6.142 8	7 344.45
2015	688 858.2	1 262.67	6.228 4	7 864.41
2016	746 395.1	1 260.01	6.642 3	8 369.36
2017	832 035.9	1 310.35	6.751 8	8 847.22
2018	919 281.1	1 349.66	6.617 4	8 931.23
2019	990 865.1	1 381.35	6.898 5	9 529.24

LNGDP、LNFDI 分别为 GDP 和 FDI 的对数形式，取对数的主要目的是在不改变两组数据协整性的同时并且能够消除可能存在的异方差，而 GDP 与 FDI 之间的关系就能以 LNGDP 与 LNFDI 之间的关系体现。利用计量分析软件 Eviews10 对 LNGDP 和 LNFDI 两者的趋势进行描述，如图 5 所示。由线图可以看出，LNGDP 和 LNFDI 都存在上升态势，并且两者可能存在共同趋势。因此 LNGDP 和 LNFDI 可能都是非平稳的，为保证检验的规范性，需要进一步做平稳性检验。

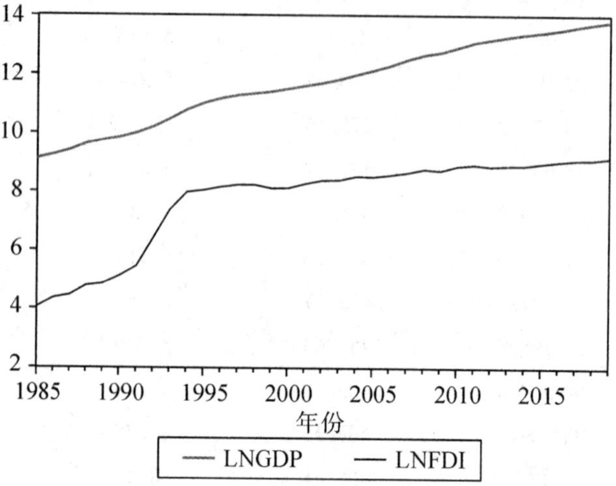

图 5　重庆市地区生产总值和 FDI 的对数趋势图

2. 单位根检验

非平稳时间序列由于具有共同的变化趋势，可能会得到拟合得很好但毫无道理的回归结果，产生“伪回归”问题。为了有效地减少虚假回归，我们需要对时间序列数据的平稳性进行检验。本案例采用 ADF 法进行单位根检验，运用计量分析软件 Eviews10 对 LNGDP 和 LNFDI 两个时间序列数据做 ADF 单位根检验，结果见表 2 所示。

表 2　各变量的单位根检验结果

变量	检验形式(C,T,K)	ADF 统计量	5%临界值	P 值	检验结论
LNGDP	(C,0,4)	-2.981 198	-2.963 972	0.048 2	平稳
LNFDI	(C,0,5)	-5.158 984	-2.967 767	0.000 2	平稳

表 2 中检验形式的 C、T、K 分别表示常数项、时间趋势项、滞后阶数。通过检验发现，ADF 检验值在 5%的水平下是显著的，故 LNGDP 和 LNFDI 时间序列是平稳的。因此，时间序列 LNGDP 和 LNFDI 之间存在长期均衡关系，则可以直接用普通最小二乘法进行回归分析。

3. OLS 回归分析（Newey-West 稳健估计）

通过上述分析，进一步探讨 LNGDP 与 LNFDI 直接的具体关系，假设对数模型为

$$LNGDP = \beta_1 + \beta_2 LNFDI + \mu_t$$

根据上述分析和模型的假定，运用软件 Eviews10 对 LNGDP 和 LNFDI 做 OLS 估计方差的 Newey-West 稳健估计，解决模型中的自相关和异方差问题，从而获得检验统计量的真实值，做出正确判断。具体结果见图 6，根据图中数据，模型估计结果为

$$\widehat{LNGDP} = 5.458\,387 + 0.809\,425 LNFDI$$

$$(p) \qquad (0.000\,0) \qquad (0.000\,0)$$

$$\bar{R}^2 = 0.818\,786 \qquad DW = 0.071\,510$$

$$\text{Wald } F = 94.465\,58 \qquad (p = 0.000\,000)$$

模型中，回归系数 $\hat{\beta}_2 = 0.809\,425$，说明其他变量不变时，我国实际利用外商直接投资金额每增长 1%，则国内生产总值会平均增长 0.809 425%。

根据图中数据可知，通过回归得到修正的可决系数为 0.818 786，说明模型对样本有较好的拟合效果。在 5%的显著性水平下，Wald F 统计量对应的 P 值远小于显著性水平，则应拒绝原假设，说明整个回归方程是显著的。或者，对 β_2 进行显著性检验得到的伴随概率远小于 5%的显性水平，故 β_2 显著不为零。因此，LNFDI 对 LNGDP 的影响是显著的。

Sample: 1985 2019
Included observations: 35
HAC standard errors & covariance (Bartlett kernel, Newey-West fixed bandwidth = 4.0000)

Variable	Coefficient	Std. Error	t-Statistic	Prob.
C	5.458387	0.569320	9.587561	0.0000
LNFDI	0.809425	0.083280	9.719341	0.0000

R-squared	0.824116	Mean dependent var	11.70891
Adjusted R-squared	0.818786	S.D. dependent var	1.446296
S.E. of regression	0.615677	Akaike info criterion	1.923256
Sum squared resid	12.50891	Schwarz criterion	2.012133
Log likelihood	-31.65698	Hannan-Quinn criter.	1.953936
F-statistic	154.6238	Durbin-Watson stat	0.071510
Prob(F-statistic)	0.000000	Wald F-statistic	94.46558
Prob(Wald F-statistic)	0.000000		

图 6　Newey-West 稳健估计结果

4. 格兰杰因果关系检验

上述模型没有揭示 GDP 与 FDI 之间的直接因果关系，故在此通过格兰杰因果关系来检验我国经济发展水平与 FDI 之间的因果关系。Granger 因果

检验，是检验某个变量的滞后值（过去的信息）对解释变量的信息是否有预测能力，并可以说明模型建立的合理性。根据单位根检验可知，时间序列LNGDP和LNFDI都是平稳的，但是LNGDP与LNFDI之间的因果关系并不明确，因此本文运用Eviews10对时间序列LNGDP与LNFDI之间的因果关系进行检验，结果如表3所示。

表3　LNGDP和LNFDI的格兰杰因果关系检验结果

零假设	F统计值	概率	滞后期	结论
LNFDI不是LNGDP的格兰杰原因	1.197 91	0.282 2	1	不拒绝
LNGDP不是LNFDI的格兰杰原因	0.470 84	0.497 7		不拒绝
LNFDI不是LNGDP的格兰杰原因	3.861 60	0.033 0	2	拒绝
LNGDP不是LNFDI的格兰杰原因	1.338 84	0.278 4		不拒绝
LNFDI不是LNGDP的格兰杰原因	2.077 62	0.128 7	3	不拒绝
LNGDP不是LNFDI的格兰杰原因	0.921 55	0.444 8		不拒绝
LNFDI不是LNGDP的格兰杰原因	2.305 08	0.090 4	4	不拒绝
LNGDP不是LNFDI的格兰杰原因	0.337 60	0.849 6		不拒绝
LNFDI不是LNGDP的格兰杰原因	1.080 52	0.402 4	5	不拒绝
LNGDP不是LNFDI的格兰杰原因	0.736 99	0.605 0		不拒绝
LNFDI不是LNGDP的格兰杰原因	1.661 50	0.194 7	6	不拒绝
LNGDP不是LNFDI的格兰杰原因	0.463 94	0.824 9		不拒绝

在因果性关系检验中，分别选取1~6期的滞后期数来分析LNGDP和LNFDI之间的因果关系。根据表3可以看出，在5%的显著性水平下，滞后期数为1或3~6时，LNGDP和LNFDI之间相互独立，说明我国经济增长与外商直接投资之间没有格兰杰因果关系。滞后期数为2时，LNFDI是LNGDP的单向格兰杰原因，也就是说，滞后期数为2时外商直接投资在某种程度上可以解释国家经济增长。

滞后期不同，LNGDP与LNFDI之间存在不同的格兰杰因果关系。总体来看，当滞后期为2时，LNFDI是LNGDP的单向格兰杰原因，因此说明了FDI在一定程度上能促进国内经济增长。

5. 小结

通过外商直接投资与我国经济增长的实证研究，我们可以知道，FDI对我国GDP有积极的促进作用，FDI每增长1%，则我国GDP会平均增长0.809 425%，并且当滞后期数为2时，这种单向的积极作用可以得到体现。因此，我们应充分意识到FDI与GDP之间的特定关系，既要看到FDI的当期效应，又要考虑到滞后期的影响，避免急于求成。由此可见，通过改革开放的相关政策带来的外商直接投资，对国家经济增长有着积极的促进作用。

（五）改革开放这一伟大实践

纵观中华上下五千年历史，古有商鞅变法，历经 20 载，为秦朝成为中国历史上第一个大统一王朝奠定基础；现有改革开放，历经 40 余年，推动中国经济快速发展，使中国一跃成为世界第二大经济体。

1. 深圳——改革开放试验田的累累硕果

《春天的故事》中写道："1979 年，那是一个春天，有一位老人在中国的南海边画了一个圈，神话般地崛起座座城，奇迹般地聚起座座金山。"正如歌词一样，深圳成了改革开放试验田，历经四十载，深圳从一个籍籍无名的小渔村，迅速崛起成为国际化创新之城，创造了一个又一个"深圳奇迹"。

改革开放，是深圳实现跨越式发展的秘诀。鉴往知来，深圳经济特区跨越四十载的沧桑巨变烛照来者——惟改革者进，惟创新者强。经过 40 年建设，深圳的地区生产总值从 1979 年的 1.79 亿元增长到了 2019 年的 2.69 万亿元，增长 15 000 多倍，创造了世界经济发展史上的奇迹，经济总量超过了香港。目前深圳已成为中国改革开放的窗口和新兴移民城市，创造了举世瞩目的"深圳速度"，被誉为"中国硅谷"。

"世界上没有哪个城市能够赶上深圳的发展速度，这是中国通往世界的一个南大门。"美国著名中国问题专家傅高义在《向深圳学习》的序言中如此写道。深圳的发展并不是一场注定胜利的轻松远征，而是"杀出一条血路"的破釜沉舟，是"摸着石头过河"的实事求是，是"敢为天下先"的勇敢突围，是一条在无路中走出的新路、好路。

现如今，中国经济已由高速增长阶段转向高质量发展阶段，深圳也以标志性的创新驱动，成为中国经济转型升级宏大叙事中的最新注脚。

2. 改革开放是道路自信的动力

改革开放使中国的面貌焕然一新，随着人民生活水平显著提高，老百姓充分感受到了中国特色社会主义道路的优越性。改革开放是实现中华民族伟大复兴的必由之路。认识来源于客观实践，中国特色社会主义道路自信来源于改革开放的伟大实践，增强道路自信的关键之举在于不断坚持改革开放。坚持改革开放，必须在实事求是的思想指导下，将发挥主观能动性与尊重客观规律相结合。

中国的改革开放没有完成时，只有进行时。只有不断全面深化改革，总结过往有益经验，不断推进国家治理体系和治理能力现代化，完善中国特色社会主义制度，发挥社会主义制度的优越性，把对内改革与对外开放有机结合起来，才能更好地发展中国特色社会主义。将全面深化改革进行到底，中国开放的大门会越开越大，在开放中推动人类历史发展。

通过稳定的政府、良好的营商环境及高速发展的经济，我国吸引了愈来愈多的外商直接投资，又进而积极促进我国经济增长，形成互利双赢的局面。随着改革开放的相关政策不断完善及我国的综合国力不断增强，外国投资者对于在中国进行投资愈加有信心，我们也应对中国经济的持续发展抱有坚定信心，坚定中国特色社会主义道路自信、理论自信、制度自信、文化自信，让我们满怀信心地投入新时代中国特色社会主义伟大事业中去，为实现中华民族伟大复兴中国梦接续奋斗。

三、案例分析

（一）案例蕴含的思政元素

将外商直接投资对我国经济增长影响的实证研究作为案例，引出改革开放这个话题。随着改革开放相关政策的实施，越来越多的外商直接投资流入中国，对我国经济增长有着积极的促进作用。通过实证研究，使学生不仅学习到实证研究的具体应用，还帮助学生体会到改革开放的伟大成效，增强实现伟大复兴中国梦的信心。

（二）启发思考题及分析

在中国特色社会主义新时代如何弘扬改革开放精神呢？分析：改革开放铸就的伟大改革开放精神，是激励当代中国人们勇于担当责任，坚定“四个自信”的精神力量。弘扬改革开放精神，要坚持解放思想和实事求是的有机统一，突破观念的禁锢，用新思维和新办法解决前进道路上的新问题；要坚持不懈开拓创新，创新是改革开放的生命，是引领发展的第一动力。

四、教学反思

通过实证分析引入思政内容，要注重实证研究与思政内容的联系，切勿生搬硬套，切忌假大空。通过教学使学生既认识到实证研究的实际应用，又学习思政内容的相关知识点，从而起到良好的课堂思政效果。

参考文献

［1］邓利华. 我国外商直接投资发展历程、特征及评价分析［J］. 现代商贸工业，2010，22（3）：7-8.

［2］郝洁，何丹. FDI 对我国经济贡献的实证分析［J］. 中国商论，2017（31）：170-176.

［3］谢斯钿. 外商直接投资与我国经济增长的实证研究［D］. 广州：暨南大学，2002.

［4］蔡恩泽. 深圳特区 40 周年，改革开放试验田硕果累累［J］. 产权导刊，2020（10）：5-7.

［5］黄华宁，张玉琴. 改革开放与中国特色社会主义［J］. 党史博采（下），2020（9）：49-50.

［6］康涛. 新时代坚定道路自信的路径探析［J］. 财富时代，2020（9）：49-50，53.

多重共线性与资源节约

范国斌

一、案例概况

（一）适用对象

本案例适用于计量经济学所有教学班，包括线下教学班级与线上慕课教学。

（二）教学目标

通过本案例教学，达到以下三个层次的目标：

（1）知识目标：让学生学习多重共线性的知识，了解出现多重共线性的本质原因。

（2）能力目标：使学生能够基本具备建立并使用简单的计量经济学模型的能力，在建立模型之前注意检验、补救多重共线性。

（3）价值目标：指明多重共线性的本质是引入了过多冗余的变量，引导学生明白冗余的资源总是浪费的，要懂得节约资源，资源节约既是个人美德也是国家策略。

二、案例正文

简单线性回归模型主要讨论一个被解释变量和一个解释变量之间的线性关系，但是在实际问题中，被研究的经济变量可能受多个变量的影响，因此我们将简单线性回归模型推广到多元线性模型。相比于简单线性回归模型，多元线性回归模型的古典假定增加了特殊的一条：无多重共线性假定，即假定各解释变量之间不存在线性关系，或者说各解释变量的观测值之间线性无关，用数学语言表达就是说样本协方差矩阵满秩（可逆）。建立多元线性回归模型时，检验模型是否存在多重共线性是首先要进行的工作。如果不去检验模型是否存在多重共线性，就会产生教材第四章开篇提到的问题。在研究国内生产总值增加是否会减少财政收入问题时，由于忽视了多重共线性，我们在假设检验结果中几乎找不到任何问题，最后判断回归系数才发现了问题所在。但是，当处理实证经济问题时，我们通常对某个变量的影响未必有清醒的认识，我们可能根本不清楚该变量对被解释变量的影响是正向的还是反向的，有多大影响更是没有任何的先验知识。这时，如果我们忽视多重共线性而建立了一个检验结果看似不错的多元线性回归模型，就会产生致命的错误。需要注意的是，我们说的多重共线性并不一定指完全的线性关系，如图 1 所示也是多重共线性的一种表现。

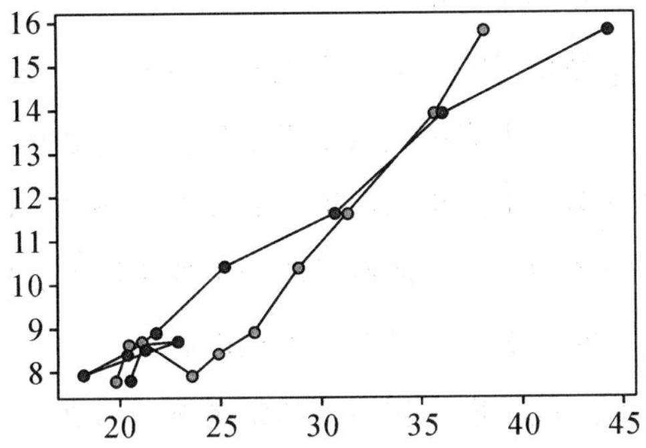

图 1　多重共线性的一种表现

多重共线性产生的原因主要是解释变量之间存在相关关系。首先，研究实证问题本身就要定格于一个固定的经济周期，经济本身就是一个大的整体，在这个周期内经济的各个指标之间存在相关性是显而易见的，例如在经济上升的时期，收入、消费、就业都有着增长的趋势，而在经济收缩的时期，又都各有一定的下降。其次，在统计经济指标时，由于指标收集的部门不同，极有可能将统一数据纳入不同指标统计，这样变量之间当然也会产生一定的相关性，例如既可以将餐饮行业税收单独作为一个指标，也可以将其纳入总税收内统计，这时总税收就是餐饮行业税收及其他行业税收指标的线性组合，产生了完全的多重共线性。还有，经济研究中通常要研究时间序列，滞后项的引入会带来严重的变量相关性。哪怕是在处理横截面数据时，某些变量的影响其实已经通过其他变量间接反映出来，此时再引入这些变量就会产生多重共线性。

补救多重共线性最常用、最有效的方法是逐步回归法。顾名思义，我们先用被解释变量对每一个所考虑的解释变量做简单线性回归，然后以对解释变量贡献最大的解释变量所对应的回归方程为基础，再逐个引入其余的解释变量。逐步回归法看似复杂，但是其体现的思想是很直接的：多重共线性是因为变量之间存在相关性，本来一个变量就可以解释清楚的事情偏偏引入了冗余的变量，也就是说，我们引入的变量太多了。逐步回归就是帮我们寻找，在这广阔的变量中，到底哪些是我们真正需要的变量，我们只需用到这些关键的变量就可以完成分析的目的，而其他变量对于结局问题来说都是多余的，我们收集到了这么多的信息，其实最后还是浪费了。

多重共线性本质上就是因为我们引入了过多的变量。我们本可以用关键的变量完成分析的目的，而由于我们不够“节约”，拿进来太多没用的东西反而适得其反。正是这种“浪费”从而引发了多重共线性，如果能够“节约”一些，其实就会得到很好的结果。

科学和生活其实是相通的。从个人来看，我们从小接受的教育也是提倡节约，反对浪费。个人之于集体虽然是渺小的，但是如果人人浪费，那么造成的危害积少成多就会带来严重的后果。而随着经济的发展，人们的生活条件不断改善，城市中各类娱乐、商业场所带来的生活垃圾已经超出了人们的想象。以学校周边商圈为例，每当晚上十点以后，垃圾随处可见，尤其以各类餐饮垃圾为主，而这些垃圾中相当一部分是浪费的食物。当今时代，超前消费与拜金主义对人们的生活理念产生了巨大的冲击，在利益的诱惑下，很多人买来许多根本用不着的商品，以今年“双 11”购物节为例，微博上很多人都在评论受到直播带货的影响，买了许多根本用不上的东西。这些用不上的东西只能在若干年后被丢入垃圾堆，也就失去了其本身的使用价值。另外，在学习、工作中，占用资源却不使用的例子也并不少见。每年考研时节，图书馆占座都要成为讨论热点，很多同学占着位子却不去自习，有需要的同学又没有地方学习，这就产生了资源的浪费。当然，资源的浪费已经不仅仅是个人的问题，资源浪费的现象在各行各业均可见到，这个资源既指看得见、摸得着的自然资源，也指人文资源。由于技术或者管理问题，资源浪费已经成为普遍现象。

中国地大物博，能源资源总量虽然较多，但人均占有量少。人均淡水资源量仅为世界人均占有量的四分之一，人均耕地不到世界平均水平的 40%，人均森林面积仅为世界人均占有量的五分之一；45 种主要矿产资源人均占有量不到世界平均水平的一半。

近几年，随着经济快速增长，对煤电油运和重要资源的需求量明显增加，其价格大幅度上涨，一些重要能源资源对外依存度大幅度上升，我国重要能源资源短缺对经济发展的制约进一步加剧。随着我国工业化和城镇化的推进，能源资源需求总量还会增加，经济发展面临的资源约束矛盾将长期存在。我国能源生产和消费以煤为主，燃煤造成的二氧化硫和烟尘排放量均占其排放总量的80%~90%。目前我国环境形势严峻的状况仍然没有改变。主要污染物排放量已经超过环境承载能力，流经城市的河段普遍受到污染，许多城市空气污染严重。生态破坏呈加剧之势，水土流失量大面广，草原退化，生物多样性减少。

共产主义提出一种人们共同占有社会资源、共同劳动、共同分享劳动成果的公有制形式，从而达到人民当家做主的目标。当然，共产主义并未完全实现，我国也在为此付出巨大努力。但是，共产主义提出的共同占有社会资源，对我国目前的国策制定起到了极为关键的指导作用。“十三五”时期，我国生态文明建设取得显著成效，资源节约型、环境友好型社会建设取得突破性进展。这一时期，我国先后颁布实施了“大气十条”“水十条”“土十条”和新环保法，加快淘汰高能耗、高污染落后产能。我国本身是钢材大国，但是科技、经济以及环境都要求我国的钢材产业结构转型。2016—2018年，我国累计压减粗钢产能1.5亿吨以上，实现1.4亿吨“地条钢”产能全面出清，提前两年完成“十三五”去产能目标任务。能源结构调整积极有效。2019年，我国国内煤炭消费占能源消费总量的比重下降到57.7%，超额完成了“十三五”国家能源规划目标任务；非化石能源增量占一次能源消费增量的40%，较“十二五”期间上升14个百分点，为保障国家能源安全和加快推动能源革命做出了重要贡献。经过多年努力，我国森林覆盖率由新中国成立初期的8.6%提高到21.66%，森林面积达到2.08亿公顷，人工林保存面积达6 933万公顷。与此同时，2016年至今，通过绿色出行、包裹回收、拒绝一次性餐具等碳减排行为，我国累计实现碳减排1 200万吨。截至2019年年底，我国单位GDP二氧化碳排放较2005年降低48.1%，已提前完成2020年下降40%至45%的目标。可以看出，自“十三五”确定国际能源规划目标任务后，我国在节约资源上做出了巨大努力，并取得了卓越效果。

水资源匮乏仍是限制我国发展的一大阻碍。宋建军等指出，2020年全国供水量可以基本满足发展需要，但由于水资源地区分布极不平衡，资源性缺水地区缺水问题仍不同程度地存在。2020年华北地区人均综合用水量为310立方米，通过南水北调、控制深层地下水开采，适当减少引黄河水量的情况下，供水量仍存在少量缺口。北方地区的水资源在正常年份可以基本实现水资源供需平衡，但是如果连续干旱仍会出现水资源危机。有关研究文章利用数学模型估算，如果供水量出现问题，而需求量达到峰值，我国将缺水400亿立方米。

作为资源节约中最重要的一环，粮食节约问题是一个老生常谈的问题，我国虽是农业大国，但是由于多方面原因，耕地面积也在不断减少。《全国土地整治规划（2016—2020年）》指出，“十三五”期间因生态退耕、农业结构调整、建设占用等预计耕地面积将减少7 000多万亩。同时，我国耕地后备资源总面积约8 000万亩，其中集中连片的耕地后备资源仅2 800多万亩，中低等耕地比例达70%，有灌溉条件的耕地只占51.5%，耕地数量质量现状与推进农业现代化的要求存在较大差距。从规划我们可以得出结论，目前我国耕地数量大规模减少，且不具备农业全部现代化的条件。由于储备粮的存在，虽不至于引发粮食危机，但是粮食数量绝对达不到可供挥霍的程度。

2020年7月13日，联合国粮食及农业组织、国际农业发展基金、世界粮食计划署等机构联合发布的《2020年世界粮食安全和营养状况》显示，新冠肺炎疫情可能导致全球新增1.3亿名饥饿人口，总共有6.9亿人处于饥饿状态。我们也可以明显发现，以前节约粮食更多是美德上的倡导，而最近几个月已经成为防疫以外的第一大宣传对象。我国是产粮大国，同时也是农产品进口大国，自2010年起更稳居全球农产品进口量第一。由于受疫情影响，一些粮食出口国出于本国安全考虑，开始限制粮食出口。越南、俄罗斯、泰国、塞尔维亚等国一度宣布禁止或减缓粮食出口。而且，尽管我国存粮充足，但是我国并非所有农产品存量都够。例如，我们熟知的大豆，自给率不足20%，为国内需求增长最快、供求缺口最大的一个品种，主要依赖进口。2009—2018年的10年中，大豆净进口量呈现上升趋势，2015年之后净进口更是突破了8 000万吨，是国内大豆产量的4倍多，2019年国产大豆产量1 810万吨，同比增加215万吨。从进口来源，2019年我国大豆进口8 851万吨，主要来源分别是巴西、美国、阿根廷。由于疫情影响，大豆的产量势必减少，我国本来就依赖于进口大豆，这样一来进口也必然受到影响。当然，不仅是大豆，很多农作物都依赖于进口，在疫情的影响下也多少受到了影响。

这也就是国家近期广泛宣传节约粮食的原因。联合国粮农组织统计显示，全球每年约有1/3的粮食被损耗和浪费，总量约为每年13亿吨，相当于每年有14亿公顷土地、2 500亿立方米的淡水被白白浪费。在我国，浪费粮食的现象仍然不容忽视。从2012年起，中国科学院地理科学与资源研究所和世界自然基金会组成的课题组在北京、上海、成都、拉萨4个代表性城市的366家餐馆进行了大量实地调研后，发布了《中国城市餐饮食物浪费报告》。该报告显示，我国餐饮业人均食物浪费量为每人每餐浪费率为11.7%，大型聚会浪费率为38%。经测算，我国一年浪费仅餐桌食物浪费量相当于3 000万到5 000万人一年的食物量。

资源节约的重要意义并不仅仅在于节约本身，它对整个国家建设的影响是深远的。资源节约并非是忆苦思甜，过紧日子，资源节约的重点在于调整现存的落后的、不合理的产业结构，运用科学技术制定新的生产方式与规章制度。就如同我们在补救多重共线性时，并非粗暴地将多元线性回归模型改为简单线性模型，而是运用逐步回归的方法来筛选重要的变量，这就相当于合理地节约资源。而在选修材料中提到的岭回归方法，则是从另一个角度缓解多重共线性，相当于调整结构。科学、合理的调整方式是节约资源的重中之重，举例来说，如果食物太多不能一次吃完，那么随意丢掉就是最浪费的做法，硬逼着自己一口气吃完虽然做到了节约但是对身体有害，分几次慢慢吃完仍有危害，但是如果用冰箱保存，就会大大延长保存时间。合理地调整资源结构，将以前需要大量劳动力的工作消除或者用机器代替，这就将大量廉价人工解放。同时，新的结构产生新的岗位，促进新技术的发展，被解放的劳动力又投入新的行业，这本身就是一种良性循环。

勤俭节约是中华民族的传统美德，几千年来祖祖辈辈言传身教至今。小到个人、一个家庭，大到一个民族、一个国家，要想长远发展，都离不开勤俭节约这四个字。《左传·庄公二十四年》中说“俭，德之共也；侈，恶之大也。”步入20世纪以后，国家的各项生态国策都是围绕促成节约资源和保护环境的空间格局、产业结构、生产方式、生活方式而制定的。总而言之，节约资源不仅是一种个人美德，更是国家发展、强大的必要国策，个人要将资源节约作为终身遵守的规则好好执行，国家发展时刻也不能忘记资源节约的重要性，要在各个时期对资源结构做出合理调整。

三、案例分析

（一）案例蕴含的思政元素

通过解释多重共线性出现的原因，以类比的方式引出多重共线性和资源浪费之间的相同之处，并从个人、国家的角度阐述资源节约的重要性。

（二）启发思考题及分析

作为个人，我们如何合理的节约资源？分析：对于个人来说，资源即指那些看得见、摸得着的物质资源、物质商品，也指看不见的人文资源、权利。作为个人，我们应该从日常做起，不浪费食物、水，少购买或不购买对自己没有用处的东西，避免冲动消费。另外，在自己有享受权利的机会时，只获取自己应得的、该得的权利，不去靠自己的特权、地位谋求不正当的人力资源，也不可以浪费这些权利。

四、教学反思

在进行思政内容的引入时，首先要在课本内将这个知识点讲清楚、讲明白，让学生对概念有一个清醒的认识。在引入思政知识时，应该首先由时事热点的例子引入话题，引起学生的兴趣，再不断深入。不能上来直接讲教条，这样学生就不会有兴趣继续听下去，那么思政内容就不能很好地灌输。

参考文献

[1] 庞皓. 计量经济学 [M]. 4 版. 北京：科学出版社，2019.

[2] 恩格斯. 共产主义原理 [M]. 林若，译. 上海：民间出版社，1949.

[3] 宋建军，张庆杰，刘颖秋. 2020 年我国水资源保障程度分析及对策建议 [J]. 中国水利，2004 (9)：14-17.

[3] 刘慧. 我国大豆不存在供应短缺问题 [N]. 经济日报，2020-04-12 (4).

[4] 蒋建科. 食物浪费惊人 中国食物浪费量每年 1 700 万至 1 800 万吨 [N]. 发展导报，2018-08-07 (8).

非球形扰动与自然辩证法

范国斌

一、案例概况

（一）适用对象

本案例适用于计量经济学所有教学班，包括线下教学班级与线上慕课教学。

（二）教学目标

通过本案例教学，达到以下三个层次的目标：

（1）知识目标：让学生理解宏观和微观之间的对立统一思想，学习计量经济学当中的非球形扰动和相关检验方法，总结对比各检验方法的优劣。

（2）能力目标：使学生能够基本具备鉴别计量经济模型当中的古典假定是否满足的能力，当模型中出现非球形扰动的时候，能够进行相应的处理。

（3）价值目标：帮助学生理解辩证思想在计量经济学中的应用，培养学生的辩证思维方式，凡事不能够以绝对的眼光去看待，教育和帮助学生塑造理想人格。

二、案例正文

萨缪尔森在他的教科书上曾打过一个精辟的比方。在一个电影院看电影，有人被前面的人挡住了视线，如果他站起来的话，他看电影的效果将会改善。因此，站起来就微观而言是合理的。但是，如果大家都站起来的话，则大家看电影的效果都不能得到真正的改善，站着和坐着的效果是一样的，不过是增加了一份“折腾”的成本而已。这个例子足以说明，在微观上合理的事情在宏观上未必合理，在个体是理性的事情在总量上未必理性。另一个例证是金融危机。当有人发现银行不稳，他的最佳办法就是将存款取出，以保全自己。但这是否会导致全体的安全呢？恰恰相反，如果所有人都这么做的话，金融危机就会发生，个人也将受损。亚洲金融危机就是这样，有人看到本币不稳，纷纷抛售本币，购买外币，其结果是本币一落千丈，而且引发金融危机，全国人民都受损。

因此，我们无法从微观现象简单推导出宏观结论。在宏观经济学方面，所谓“观一叶而知秋”的说法是靠不住的。尽管微观经济学与宏观经济学之间存在固有的关系，但这两个领域仍然是不同的。微观经济学是以单个经济单位为研究对象，着重考察和说明消费者和生产者的最大化行为。宏观经济学是以国民经济总过程的活动为研究对象，着重考察和说明国民收入、就业水平、价格水平等经济总量是如何决定的、如何波动的，故又被称为总量分析或总量经济学。在经济学中，也和在生物学中一样，从最小的单位开始并向上发展看来是自然而然的，但这并不总是最好的方法。从某种意义上说，进化生物学和分子生物学是不同的领域，各有自己的问题和方法。同样，由于微观经济学和宏观经济学探讨的是不同的问题，所以，它们有时采用相当不同的方法，并通常分设微观经济学和宏观经济学两门课程。按照辩证思维的实质，我们应当在联系和发展中把握认识对象，在对立统一中认识事物。

微观经济学和宏观经济学联系密切，但两者的方法并不能共用，在计量经济学中也存在辩证思维，对待问题不能只看一个方面，我们应从多个角度去认识本质，具体问题具体分析。估计线性回归模型中参数的方法有若干种，这些估计方法都是以某些假定条件为前提的，只有具备这些条件，所做出的估计才具有良好的统计性质。在经典线性回归模型的古典假定中关于球形扰动的假定即 $\mathrm{Var}(\mu \mid X)=\sigma^2 I_n$，当违背该项假定时，就会出现异方差、自相关的现象。

在计量经济学中，经典线性回归模型可以比较好地解决参数估计的问题，但都是以古典假定成立为条件的。当古典假定被违背，矛盾就体现出来了。科学的认识在于研究客观对象所固有的矛盾。否认矛盾，就谈不到有真正科学的认识。我们坚持矛盾普遍性原理，用对立统一观点观察一切问题，是一切科学认识的基本前提，是唯物辩证法宇宙观的根本要求之一。我们要正确认识非球形扰动这一矛盾的检验方法。

计量中常用的异方差、自相关的检验方法分别如下：

（1）异方差的检验方法。

进行异方差检验方法主要有图示检验法，使数据可视化，简单直观明了；G-Q 检验法最大特点是将样本分为两部分来对比这两个部分做回归的残差是否存在较大差异，最大的缺点是仅适用于有增减性的异方差结构的数据；White 检验法通过构建原模型残差平方项与各个解释变量以及其交叉项的回归，不仅能判断异方差存在与否，还能通过模型的变量系数得显著性大小，判断引起异方差的是哪个变量；ARCH 检验法适用于检验时间序列数据存在异方差与否；Glejser 检验法由 OLS 法得到残差的绝对值，将绝对值对某个解释变量 X_i 回归，根据回归模型的显著性和拟合优度来判断是否存在异方差。众多检验方法均要求大样本，且只有 White 检验与 Glejser 检验可以诊断出是由哪个变量引起的异方差（见图 1）。

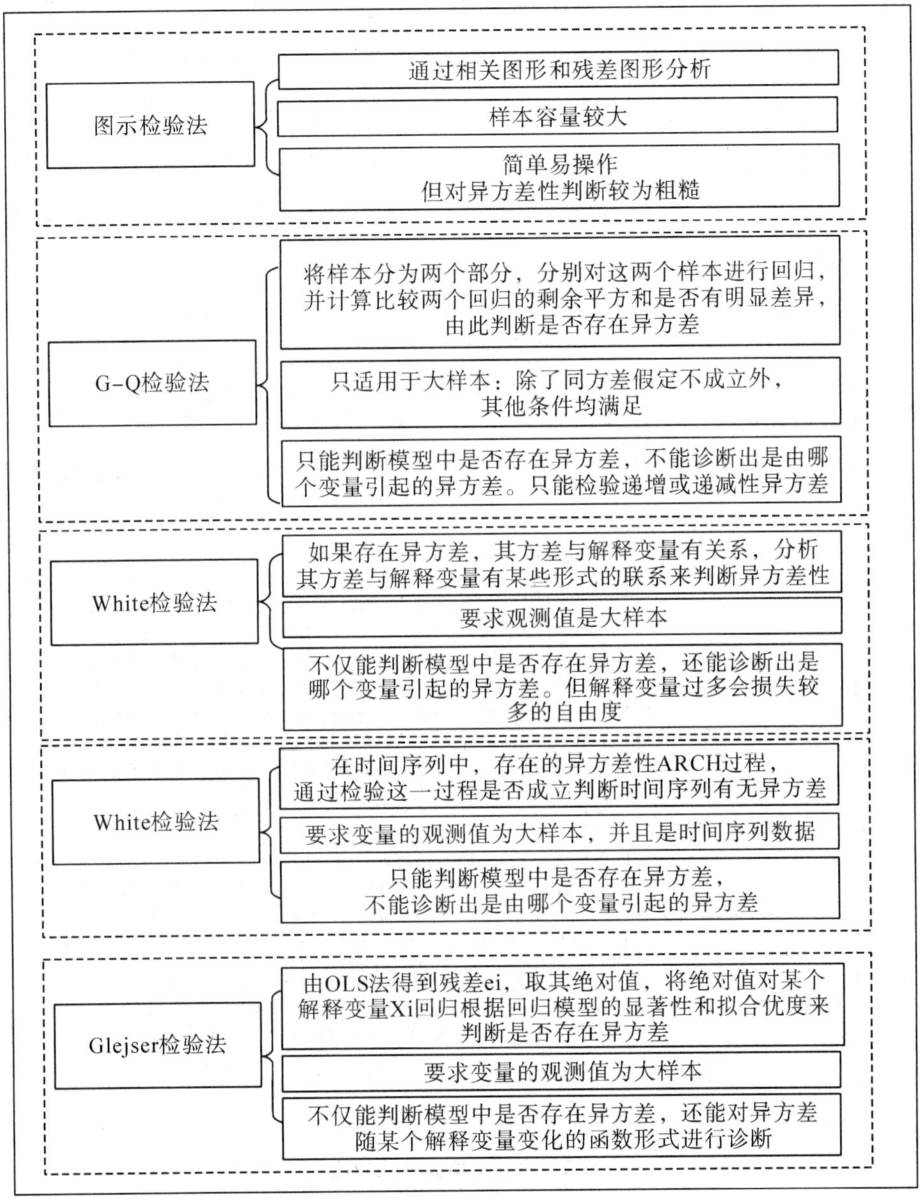

图 1　异方差检验方法对比

（2）自相关的检验方法。

进行自相关检验方法主要有三种：一是图示检验法。图示检验法通过散点图的分布简单直观粗略判断模型是否存在自相关。二是 DW 检验法。DW 检验法的最大特点就是计算简单，但有很多局限，比如只能用于检验一阶自相关的判断，即当 DW 检验统计量接近于 2 时，只能说明不存在一阶自相关，但并不同时意味着模型不存在更高阶自相关性；再者 DW 检验存在两个无法判断的区域，同时 DW 检验不能用于含有滞后内生变量的模型，因为当解释变量含滞后内生变量时，即使模型存在较强的自相关性，DW 统计量的值也常常接近于 2，从而使 DW 检验失效，故在使用 DW 检验法时一定要注意是否满足其使用条件。三是 BG（LM）检验法基于所分析模型普通最小二乘估计的残差对解释变量和一定数量滞后残差的辅助回归，如果滞后残差足以解释当前残差的变异，就拒绝误差项无自相关的原假设，该种方法不只限于一阶自相关，还适用于高阶自相关的检验，适合检验模型的解释变量中有滞后被解释变量的情况，但滞后长度 p 不能先验确定。

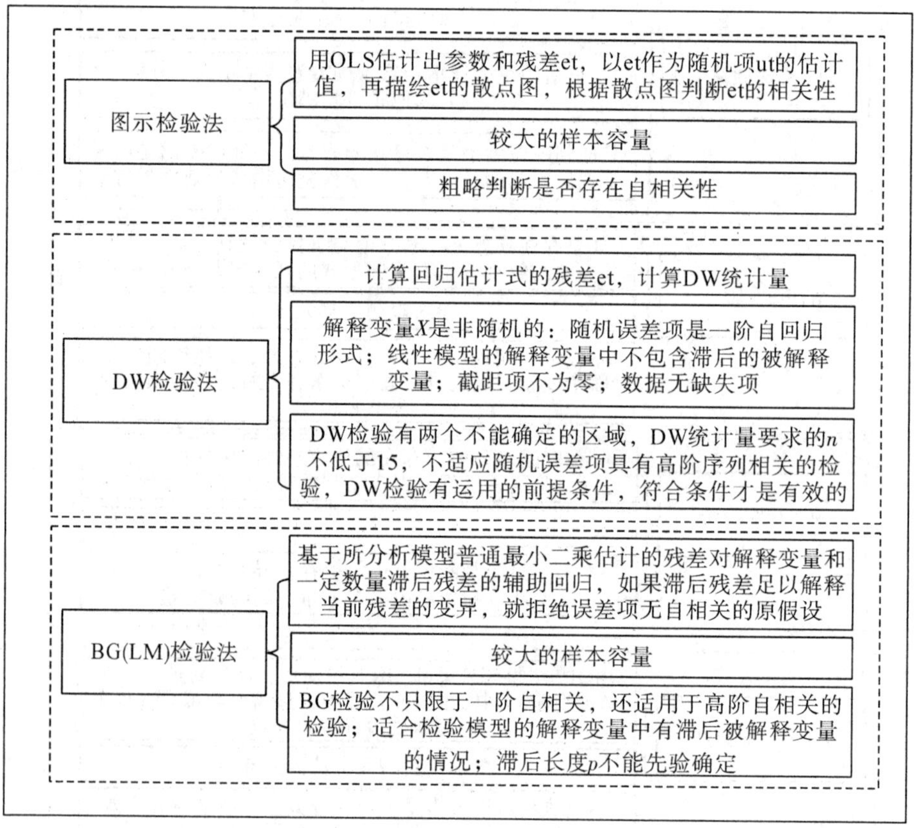

图 2　自相关检验方法对比

讲解了以上五花八门的各种检验方法，你认为在实际运用过程中检验模型是否有异方差、自相关时，是否有一种通用之法呢？答案是否定的，每种方法都有其适用的条件，每种方法都有其局限性，没有任何一种方法是能够通用的。每一种方法既存在其优势，也有其不足之处。我们要辩证地看待每一种检验方法。具体问题具体分析，针对不同的数据选择合适的方法进行检验，抓住主要矛盾和矛盾的主要方面，对症下药。

其实计量经济课程中很多方法、统计量都是有其局限性的。比如评价一个模型的好坏：常用的有若模型的可决系数 R^2 大，我们可以认为整个模型的解释程度是不错的，但是是不是可决系数不高，就表明该模型不显著，解释力不行呢？

其实我们会发现对于宏观经济问题模型结果，一般而言可决系数的值都会比较高，甚至很多的结果能达到 0.98，而微观问题的可决系数会很小，这个时候很可能并不是模型不好，而是与研究问题本身有关，同时我们不应以这一个指标来评判模型的优劣。

切勿因 R^2 的高低轻易地肯定或否定一个模型，我们要视数据类型和样本容量、研究目的不同而决定。只有在样本相同和被解释变量相同时才可以比较 R^2。

其实这样的现象在计量经济学中还有很多。比如我们常用的皮尔森相关系数，$r=0$，并不能代表两个变量之间没有相关关系，它只能反映两者之间线性相关的程度，不适用曲线相关等更复杂的情形。X 和 Y 完全相关的含义是在概率为 1 的意义下存在线性关系，于是 r 是一个可以表征 X 和 Y 之间线性关系紧密程度的量。当较大时，通常说 X 和 Y 相关程度较好；当较小时，通常说 X 和 Y 相关程度较差；当 X 和 Y 不相关，通常认为 X 和 Y 之间不存在线性关系，但并不能排除 X 和 Y 之间可能存在其他关系。比如一个确定抛物线的 $y=x^2$，它的相关系数为 0，但是 y 与 x 是一个确定的函数关系，不但相关，而且相关性很强。在图 3 中，左右两侧的图形都显示 X 与 Y 之间存在一定的线性相关，即 X 与 Y 之间的相关系数不为 0，而图 3 中间的图形当中 X 与 Y 并没有明显的线性相关关系，其皮尔森相关系数可能会为 0，但这并不代表 X 与 Y 之间没有非线性相关关系。相关系数可反映仅为两个变量之间的相互关系及其相关方向，不同于回归分析无法确切地表明两个变量之间的变化规律。若 X 和 Y 独立，则必有 $r=0$，因而 X 和 Y 不相关。

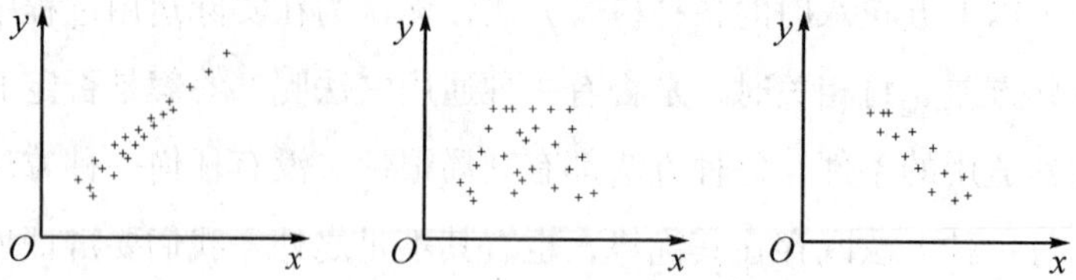

图 3　线性相关与非线性相关

没有一把尺子能够衡量所有的长度，一个方法的好坏是相对的，因此应以辩证的眼光看待每一件事物。在我们的日常思维中，对一个概念的理解往往是固定不变的。比如 1 就是 1，2 就是 2，好就是好，坏就是坏，非黑即白，这种观点就很不辩证。

塞翁失马是我们耳熟能详的成语故事，它讲的是战国时期有一位老人，名叫塞翁。他养了许多马，一天马群中忽然有一匹走失了。邻居们听到这事都安慰他不必太着急，年龄大了，多注意身体。塞翁见有人劝慰，笑笑说："丢了一匹马损失不大，没准还会带来福气。"邻居听了塞翁的话，心里觉得好笑。马丢了，明明是件坏事，他却认为也许是好事，显然是自我安慰而已。可是过了没几天，丢失的马不仅自动回家，还带回一匹骏马。邻居听说马自己回来了，非常佩服塞翁的预见，向塞翁道贺说："还是您老有远见，马不仅没有丢，还带回一匹好马，真是好福气呀。"塞翁听了邻居的祝贺，反而忧虑地说："白白得了一匹好马，不一定是什么福气，也许会惹出什么麻烦来。"邻居们以为他故作姿态，纯属老年人的狡猾。心里明明高兴，有意不说出来。塞翁有个独生子，非常喜欢骑马。他发现带回来的那匹马身长蹄大，嘶鸣嘹亮，一看就知道是匹好马。他每天都骑马出游，心中洋洋得意。一天，他高兴得有些过火，打马飞奔，没想到马一脚踩空，一个趔趄，他从马背上跌下来，摔断了腿。邻居听说，纷纷来慰问。塞翁说："没什么，腿摔断了却保住性命，或许是福气呢。"邻居们觉得他又在胡言乱语。他们想不出，摔断腿会带来什么福气。不久，匈奴兵大举入侵，青年人被迫应征入伍，塞翁的儿子因为摔断了腿，不能去当兵。入伍的青年都战死了，唯有塞翁的儿子保全了性命。

这个故事非常具有戏剧性，每当我们或者是塞翁的邻居认为塞翁遇到的是一个完完全全的好事或者坏事的时候，塞翁总是会看到这件事情的另一面：好事不一定是完全的好事，坏事不一定是完全的坏事。所谓"祸兮福所倚，福兮祸所伏""福祸相依"就是这样的一个道理。我们不能只看到事情的一个方面，需要辩证地去看待它，看到事情的另一面。有时候，我们也需要把时间线拉长，将目光放长远，自然会发现事物辩证的另一面。

有一个问题询问大家，学生觉得，牙齿和舌头，哪一个更坚硬，哪一个更柔软呢？大部分的同学应该都会觉得牙齿更坚硬，而舌头更柔软，牙齿可以帮助我们嚼碎更多坚硬的食物，甚至也会咬伤舌头，可是，当我们将时间线拉长，当我们白发苍苍，垂垂老矣的时候，牙齿会随着我们年龄的增大一颗颗地掉落，但舌头会一直伴随着我们直到生命的尽头。从两者的存在性这个角度来看，我们也可以认为舌头会更加坚固。这也是两者相对比较辩证的关系，并没有绝对上的强于或者弱于的关系。

同理，对于任何一个概念和与之对立的概念，我们都可以做这样的理解，比如一般我们都讲“水火不相容”，但我们都知道，水和火在本质上都不过是一种物质，所以在“物质”这个层面上，水火就不再是对立了，而是它们本质上都是物质的不同表现形态。

辩证思维还可以从另一个角度给我们带来生活的愉悦。当我们总是觉得生活充满了不如意的时候，不妨换一个角度去看看自己的生活，或许会发现更灿烂的一面。比如，有一个老婆婆，她每天都不开心，于是她找到禅师说：“我每天都很忧愁，因为我有两个女儿，大女儿嫁给了卖帽子的，小女儿嫁给了卖雨伞的。如果是晴天，我就会很担心小女儿家没有生意；如果是阴天，我就很担心大女儿家没有生意，所以我每天都不开心。”禅师听了后说：“你应该每天都很开心才对啊！如果是晴天，大女儿家生意就很好；如果是雨天，小女儿家生意就很好。这样看来，每天都是好天气，每天都应该很开心呀。”老婆婆之所以每天都很忧愁，就是因为她只看到了事情不利的一面，并且长期都只看到了不利这一面，没有辩证地去看这个事情。当我们一直只看到一个方面时，长此以往，很容易钻牛角尖，使自己走入死胡同当中。

大家想象一个场景：当你晒着炽热的太阳走在一望无际的沙漠里时，你的手里有一瓶水，但你因为太累了，不小心把水打翻了，你再拿到水瓶的时候，还有一半的水，这时候你会有什么反应呢？是会觉得好倒霉啊，打翻了水之后，只剩一半的水了，还是觉得太幸运了，把水打翻了之后还能有一半的水剩下来呢？面对同样的一个事情，同样的一个结果，却有这样截然不同的两种反应，这也是辩证思维的生动反映，事情从来都不是绝对的。

马克思主义哲学所讲的物质世界的统一性、联系与发展、唯物辩证法等都具有现实意义。我们以这些理论做前提，来进行日常的学习和工作可以避免走弯路、犯错误，同时还培养我们思维创新的能力。在理论思考和创新的过程中不能主观臆断、想当然，而要从物质第一性出发，做到一切从实际出发，实事求是。

三、案例分析

（一）案例蕴含的思政元素

通过对比异方差和自相关不同的检验方法，以学生熟悉的案例作为切入点，结合自然辩证法，以案例分析的方法让学生切身体会辩证思维在计量学科的应用，对知识点与辩证法进行同步强化加深理解，以此培育学生的辩证性思维。

（二）启发思考题及分析

如何在生活当中坚持使用辩证思维观察和处理问题？分析：在日常生活当中，我们应该始终将辩证的思想贯穿到我们思考问题的始终，用普遍联系的观点看问题，明白事物之间的普遍联系是动态的，其实质是相互作用；事物之间的相互作用必然导致事物的运动变化发展，促使与时俱进、推陈出新。同时也要树立谋全局谋长远的思维，将我们思考问题、处理问题的时间线拉得更长远，看到更加长远的结果。

四、教学反思

在进行思政内容的引入之后，不仅要用生动具体的案例进行强化，让学生对思政的知识点与专业知识点同样记忆深刻，还要适当加入生活当中可运用可操作的部分，使得引入的内容不是虚无的，而是实实在在可以感知到的。可以让学生进行具体的案例分析，同时加强专业知识点和思政知识点的记忆与应用。

参考文献

[1] 庞皓. 计量经济学 [M]. 4版. 北京：科学出版社，2019.

[2] 米什金. 货币金融学 [M]. 郑艳文，译. 北京：中国人民大学出版社，2006.

[3] 刘文典. 淮南鸿烈集解 [M]. 北京：中华书局，1989.

[4] 赵培. 向马克思学习唯物辩证法和辩证思维 [N]. 淄博日报，2019-08-18 (3).

[5] 张岱年. 中国哲学大纲 [M]. 北京：中国社会科学出版社，1982.

[6] 陈世清. 经济学的形而上学 [M]. 北京：中国时代经济出版社，2011.

计量经济学发展史与科学精神

范国斌

一、案例概况

（一）适用对象

本案例适用于计量经济学所有教学班，包括线下教学班级与线上慕课教学。

（二）教学目标

通过本案例教学，达到以下三个层次的目标：

（1）知识目标：让学生对计量经济学的发展历史有一个正确客观的认识。

（2）能力目标：通过讲授计量经济学家们对这一学科发展所做的贡献，使学生在明晰学科发史展的基础上，自发地去思考未来以及自身可以做出的贡献。

（3）价值目标：培育学生求真务实、开拓创新的科学精神，帮助学生树立为实现中华民族伟大复兴梦奉献自身、不断奋斗的崇高理想。

二、案例正文

“为天地立心，为生民立命，为往圣继绝学，为万世开太平”，是出自北宋大家张载的一句名言，意为为社会构建精神价值观，继承发扬先贤即将消失的学问，为万世开辟永久太平的基业。自古以来，我国的知识分子就拥有的这一志向和传统，启示着在任意领域的社会科学工作者都应该担负起历史赋予的这一光荣使命，批判地继承前人的学术研究成果，发展新的科学理论和实用技术，并通过宣传、教育来推动人类文明不断延续、不断前进、不断发展。

（一）计量经济学发展史的回顾

1930 年 12 月 29 日，世界计量经济学学会的成立及其会刊的创刊，标志着计量经济学这一学科的正式诞生。相较于一些学科，如数学、物理学、天文学等，计量经济学作为一门创立不到百年的学科，其年轻却又成果斐然、发展蓬勃。纵观过去几十年，我们不难发现，计量经济学的应用日趋广泛，也日益为政府、企业所接受，这样一个“年轻”的学科能有今日之成就，离不开众多学者在发展、推动计量经济学理论研究与实际应用上做出的巨大贡献。图 1 为获诺贝尔经济学奖的计量经济学家。

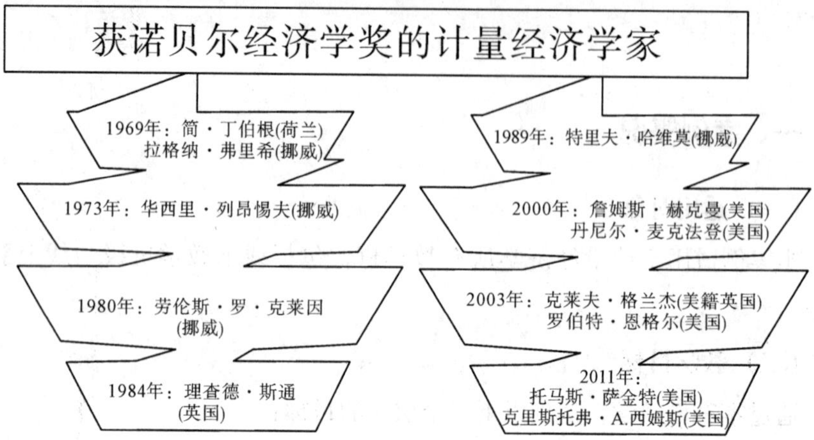

图 1　获诺贝尔经济学奖的计量经济学家

计量经济学作为经济学的分支学科之一，其创立不到百年，取得的成就却举世瞩目。1969 年诺贝尔经济学奖设立以来，因在计量经济学方面的杰出贡献而获奖的大家人数在经济学各分支学科中名列榜首，足见其生机蓬勃、发展迅速。接下来，让我们顺延时间轴，去看看这些伟大的学者做出的卓越贡献，去思考他们是如何推动现代计量经济学的发展的。

▼ 1969 年

1969 年，也是首届诺贝尔经济学奖，由荷兰经济学家简・丁伯根和挪威经济学家拉格纳・弗里希共同获得。

简・丁伯根是将经济学研究与数学结合起来的先驱者，他主要专注于宏观经济学和计量经济学的研究。简・丁伯根创立了国家宏观经济模型，并提出了现代动态经济分析和“蛛网理论”。同时，著名的丁伯根法则也是由他提出的，该法则告诉我们，如果试图用一种政策工具实现多个经济目标，则会因为目标之间的冲突而降低政策效率。这一思想为凯恩斯主义提供了理论支持，也为后来布雷顿森林体系的解体提供了解释。

拉格纳・弗里希是现代经济计量学的奠基人，他提出了一系列新术语，例如，“计量经济学”和“宏观经济学”是他首先提出的。弗里希首先在经济计量学中建立了“三合一”理论，即将经济理论、数理方法和统计学应用到实际经济问题的分析中，这也为他后来的深入研究奠定了基础。弗里希也首先建立了宏观经济的动态分析模型，同时，他对生产理论和效用理论的研究与发展也做出了杰出贡献。弗里希的学术成果涵盖宏观和微观经济学，其中以动态经济学研究著称。

简·丁伯根和拉格纳·弗里希研究并发展了动态模型来分析经济进程，并且在经济学的研究方法上和经济学的计量分析技术上，在把经济理论运用于经济政策的制定等实际应用领域做出了突出贡献。

▼ 1973 年

1973 年的诺贝尔经济学奖由挪威经济学家华西里·列昂惕夫获得，他发展了投入产出方法，该方法在许多重要的经济问题中得到了运用。

华西里·列昂惕夫的学术成果主要集中在两个方面：其一，列昂惕夫创建了投入产出分析法，该法以数量关系联系经济系统中不同部门要素的变化，它最主要的应用是进行经济预测，但也可应用于研究环境污染、人口、世界经济贸易等社会问题。其二，列昂惕夫在国际贸易领域的研究对后来学者有重要启发。根据李嘉图的比较优势理论和赫克歇尔-俄林的资源禀赋理论，美国的出口并不符合比较优势。美国拥有世界上最昂贵的劳动力和最密集的资本，所以美国应出口资本密集型产品，进口劳动密集型产品。但列昂惕夫利用投入产出法研究战后美国对外贸易发展状况后发现，美国进口的是资本密集型产品，出口的是劳动密集型产品，这与理论相悖，也被经济学界称为“列昂惕夫之谜”。该谜题引发了经济学界的广泛讨论和研究，产生了劳动熟练说、人力资本说、技术差距说、产品周期说等一系列解释和讨论。

▼ 1980 年

挪威经济学家劳伦斯·罗·克莱因因其对宏观计量经济学开创性的研究与发展获得 1980 年的诺贝尔经济学奖。克莱因作为新凯恩斯学派的重要代表，其主要成就在于以凯恩斯宏观经济学为基础，结合数量方法，将凯恩斯理论转化为数学公式，并根据现实经济中实际数据建立宏观计量模型。

克莱因的主要贡献在于对经济政策评估、经济数据波动测量与预测的计量模型，在结构、规模、预测和先进的估算方法论方面均做出了开创性的研究。在他的卓越贡献之下，经济计量模型获得了广泛应用。现如今，计量经济模型不仅存在于科学研究机构，也存在于政府部门、政治组织和大型企业。在经济领域中，很少有人像劳伦斯·罗·克莱因那样拥有如此多的后继者和这么大的影响力。

▼ 1984 年

1984 年，瑞典皇家科学院诺贝尔奖金评选委员会决定将诺贝尔经济学奖授于英国经济学家理查德· 斯通 。瑞典皇家科学院在公报中指出，授予斯通教授这一荣誉是为了表彰他对“发展国民收入核算体系所做出的重大贡献”。

斯通的开创性研究工作始于 20 世纪 40 年代，他致力于把不同经济部门的核算结合为一个模型 ，在投入一产出和支出的基础上，对国民收入进行核算。他的体系把一个国家在某一 时期内的无数次交易结合起来，平衡其收入、支出及生产，并通过基本的复式薄记对它们进行反复核对。斯通创立的国民收入核算体系，为政策制订 者提供了具体的数据，也为检验所有理论经济学家提出的理论和观点正确与否提供了经验的基础。

▼ 1989 年

1989 年的诺贝尔经济学奖授予了挪威的经济学家特里夫·哈维莫，用于表彰他对现代经济计量学的基础性指导原则的建立做出的杰出贡献。

特里夫·哈维默重视经济分析中常被忽略的随机因素，他把随机因素看成是经济计量学的基础，而他对经济计量学的最重要的贡献也正是在经济计量学中引入了概率方法。在他 1941 年的博士论文《经济计量学概率方法》中，哈维默首次把统计学引入经济预测，得出从随机抽样的调查中推演经济理论的方法，以及如何利用统计数字来验证经济理论并进行经济预测的方法。这对经济计量学的建立和发展具有重大影响，使经济学理论更符合科学性。在今天，概率模型已然成为计量经济学学习所不可缺少的一个环节，这恰恰反映了将概率方法引入计量经济学给这一学科带来了多么大的革命。

▼ 2000 年

2000 年的诺贝尔经济学奖授予了两位美国经济学家詹姆斯·赫克曼和丹尼尔·麦克法登，以奖励他们发展广泛应用在经济学以及其他社会科学中对个人和住户的行为进行统计分析的理论和方法。

詹姆斯·赫克曼的主要贡献是提出对统计数据的选择偏差进行纠正的简单可行的理论和方法。例如，考虑受教育程度与个人收入之间的统计关系问题。一般来说，这类问题的数据来源总是有偏差的，因为教育程度高的人群的数据容易得到，而教育程度低的人群因为他们的工作可能不固定甚至常常失业所以不容易得到。因此，如果只以收集到的数据来进行统计分析，那么受教育程度对个人收入的影响就会被低估。赫克曼为此提出著名的赫克曼修正法。对上述例子而言，这种方法分为两个步骤，首先，构造一个基于经济理论的工作概率模型，并预测每个个人工作的概率，然后把这些预测的概率加入原来的模型中作为新的解释变量，由此可以得到一个更准确的受教育程度与个人收入之间的统计模型（见图2）。

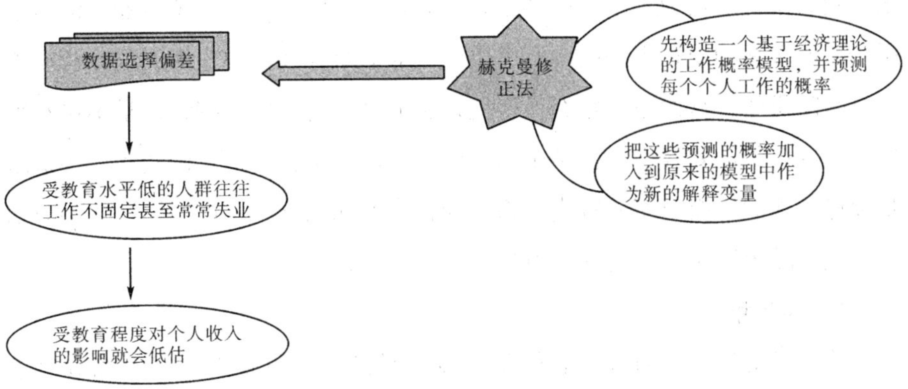

图2　赫克曼修正法

麦克法登则是奖励他对分析离散抉择的理论和方法的发展，麦克法登的所谓离散抉择分析是指个人在有限个可能中做出抉择的行为分析。例如，个人对职业、住地、交通工具等的选择，都是有限的离散抉择（见图3）。

图3　麦克法登的离散抉择分析

在麦克法登以前，对这种抉择的研究都缺乏经济理论基础。麦克法登的理论从经典的微观经济学出发，即个人都有一个以备选物为自变量的效用函数，每个人抉择的原则就是使其效用函数达到最大。他从离散选择新理论入手所发展的统计方法，改变了传统的经验研究，并且很快得到了应用，如被应用于运输模型之中，经常被用来对交通系统改造进行评估。

这两位经济学家所从事的学科领域可称为微观计量经济学。众所周知，早年计量经济学主要都用在宏观经济学上，即主要研究以国民经济为主体的经济行为。在他们之前，微观经济学问题，即个人、住户和企业的经济行为问题（比如，决定个人在教育、就业、住房等方面选择的经济因素是什么，不同的劳动市场和教育计划对个人收入和就业有什么激励影响等）很少有人研究。其最大的原因是微观经济学方面的统计数据不容易找到。近30年来，随着微观统计数据越来越丰富，微观计量经济学研究有了可能。但是这里仍有许多新的统计上的问题要解决。例如，个人或住户行为的统计样本不一定是随机的，从而不一定有代表性；影响个人行为的某些特征是不可观察的等。这些都需要我们当代学子以问题为驱动，结合当下具体实际，实事求是地思考琢磨，提出新的解决思路，为解决实际问题以及推动学科的不断前进发展贡献出属于我们的一分力量。

▼ 2003年

美国经济学家罗伯特·恩格尔和英国经济学家克莱夫·格兰杰分享了2003年度的诺贝尔经济学奖。这是继2000年赫克曼和麦克法登获奖之后，瑞典皇家科学院又一次将这一荣誉授予计量经济学领域。

恩格尔提供的对随时间变化而波动的经济时间序列的分析工具——条件异方差自回归模型（ARCH），不仅为研究人员提供了不可或缺的工具，还为分析家们在资产定价和投资组合风险评估方面找到了现实的途径。

格兰杰则建立了对非平稳经济时间序列的分析方法——协整理论。这一理论在宏观经济学中有广泛的应用，特别是在涉及长期波动与短期波动相互影响的经济模型分析中。举一个财富与消费的关系的例子进行说明：传统的观点认为财富的增加必然会提高人们的消费水平。如果是这样，那么股票和房地产的波动将对消费有很大的影响，因为股市和房地产市场的波动直接影响了人们的财富水平。但是传统观点没有区分财富的长期变动和短期变动，而最新的研究表明，财富的短期波动并不会对人们的消费水平产生影响，即股市和房地产市场这种对人们财富具有短期影响的因素并不会影响人们的消费行为。协整理论在宏观经济学中改变了好多传统的思想观点，成为许多领域进行经验分析普遍应用的计量工具。

在1987年，恩格尔和格兰杰合作的《协整和误差修正：表现、估计与检验》一文中，他们对协整关系的检验、误差修正模型的估计做了进一步的深入考察，现已成为时间序列经济计量学中的标准方法。对于那些在短期内受随机干扰的影响，而在长期则同其他变量保持某种均衡关系的经济变量来说，协整分析和误差修正模型是非常有用的方法，它能够很好地揭示经济变量的长期均衡关系、短期偏离程度和向均衡位置调整的速度。以汇率和相对价格水平为例，它们之间既存在某种均衡关系（如购买力平价），各自又受到大量复杂的因素的影响。由于汇率和相对价格都是非稳定的时间序列，传统计量检验方法不再有效。通常的做法是对汇率和相对价格取差分形式，从而使得对汇率和相对价格关系的考察转变为对货币贬值率和相对通货膨胀率之间关系的检验。不过，这种检验存在着两方面的缺陷：其一，我们希望了解的是汇率和相对价格的关系，而不是两者增长率之间的关系，差分形式的检验并不能使我们得到充分反映两者关系的信息；其二，当我们把注意力集中在两者的差分形式后，关于两者之间长期均衡关系的信息就丧失了，因为我们根本无法判断两者的关系是源于长期均衡关系还是受短期干扰的影响。按照恩格尔和格兰杰的方法，上述问题就变得简单多了。我们首先可以根据格兰杰的协整检验，判断两者是否存在协整关系。如果协整检验表明两者之间确实存在协整关系（多数经济时间序列存在这种关系），即它们的某种线性组合是平稳的时间序列，那么我们就可以通过“恩格尔-格兰杰两步法”（即 EG 两步法）建立误差修正模型，得到汇率和相对价格之间的长期关系和短期关系。其具体的做法是，首先，利用最小二乘法进行估计，得到两者的长期均衡关系；其次，根据第一步估计求得残差值，并把它作为误差修正项加入误差修正模型，从而得到两者之间的短期关系和调整速度。实际上，格兰杰的协整检验和 EG 两步法中的第一步是对传统经济计量方法的补充，它表明能够用 OLS 等传统方法进行检验的前提条件。EG 两步法的第二步，则是通过误差修正模型揭示了传统方法不能利用的信息（短期关系和调整速度）。恩格尔和格兰杰对非稳定时间序列的分析方法的创新极大地改变了人们对经济变量之间关系的传统看法，提供了对非平稳时间序列进行分析的有力工具，并且他们的方法都在经济理论与实务工作中得到了广泛的应用和发展。由他们的理论引致出更多的理论研究，不断发展出更多的理论分支，甚至有些分支已经成为独立的计量经济学学科。

▼ 2011 年

2011 年的诺贝尔经济奖授予了美国经济学家托马斯·萨金特和克里斯托弗·A. 西姆斯，用以表彰他们在宏观经济学中对成因及其影响的实证研究。

托马斯·萨金特对解释宏观经济学当中的数据有着非常重大的贡献，我们可以从他的研究中发现并学习到如何解释宏观经济学当中发生的问题及它们对于其他事件所带来的影响。托马斯·萨金特带来的计量工具，对全世界的经济学研究都有着极其重大的意义。

克里斯托弗·A. 西姆斯则创立了名为向量自回归（VAR）的方法来分

析经济如何受到经济政策的临时性改变和其他因素的影响。这一方法被广泛应用于央行加息对经济的影响之类的重要问题。

这两位教授带给我们的研究是十分经典的，在此之前，要说明经济学如何对国家政策施加影响，且这种影响有多大，其持续时间有多长是很难的，因为我们必须将经济发展中的具体问题分离出来。在这个研究过程中，重要的是研究人们的行为，即研究人们对未来的预期。我们很难预计经济数据的起因和结果，比如说中央银行决定更改汇率，人们对它的一种解释就是价格的变化是由汇率的变化影响而来的，而人们就会预期中央银行也会带来其他经济因素变量的变化。这表明，为了能很好地解释经济发展中的数据，我们必须从经济发展的事实之中寻求解释。

托马斯·萨金特和克里斯托弗·A. 西姆斯为我们提供了研究经济发展的工具，称为目前以及不能预期的变化。托马斯·萨金特主要研究的是结构性变化，其主要贡献在于提供了研究一个长期的变化，即系统的政策改变所带来的影响。克里斯托弗·A·西姆斯则提供了分析经济发展中的一个因素变量是否是根本性变化的方法。仍以央行更改汇率为例，我们可以通过西姆斯教授的研究去判断汇率变化这一事实是政府自发做出的，还是为了应对其他经济现象而做出的。

这两位教授一个是研究目前短期的改变，一个是研究长期的改变，在任何一种情况下，这些方法对于现代宏观经济学来说，都有着十分重大的影响，可见其贡献之卓越。

（二）发展与科学精神

什么是科学精神？科学精神即批判和怀疑精神、创造和探索的精神、实践和探索的精神、平权和团队的精神、奉献和人文的精神，概括而言，科学精神就是实事求是、求真务实、开拓创新的理性精神。

从上述的名人大家们的事例中，不难看出，正是在一代又一代的计量经济学家的努力之下，计量经济学才能够有今日之成就，才能够持续地稳健发展。先辈创立学科，后辈则在先辈研究成果的基础上开拓创新、发扬光大，正所谓“合抱之木始于毫末，万丈高楼起于垒土”，没有哪个学科是一蹴而就的，有的只是一代代人的挥洒汗水与奋勇拼搏。计量经济学如是，其他学科如是，国家发展亦如是。

观今日中国之盛世，与新中国成立初期内有物资匮乏纷扰，外有帝国列强虎视眈眈之窘境相比，谁人不感到热血澎湃！发展并非一蹴而就，在“站起来、富起来、强起来”的过程中，是无数先辈的热血与汗水。我们的中国特色社会主义理论体系亦是一代又一代人不断对我国发展中的问题与解决方法的思考的结果。

1949 年，此时我国尚处于新民主主义社会阶段，在这一时期，中央正确分析了我国国情，即一方面，我国经济、文化落后，要求一个相当长的时期来创造为保证社会主义完全胜利所必要的经济上的和文化上的前提；另一方面，我国有极其广大的个体农业和手工业及在国民经济中占很大一部分比重的资本主义工商业，要求一个相当长的时期来改造它们。因此，党中央制定了过渡时期总路线，即“一化三改造”。而在 1956 年三大改造基本完成后，社会主义基本制度在我国初步确立，毛泽东又结合新的国情，撰写了《论十大关系》，确定了基本方针，即努力把党内党外、国内国外的一切积极的因素，直接的、间接的积极因素全部调动起来，为社会主义建设服务。到了 1957 年，此时无产阶级与资产阶级的矛盾已基本解决，但社会主义社会同样充满了矛盾，毛泽东又撰文《关于正确处理人民内部矛盾的问题》，指出社会主义社会的主要矛盾是人民对于建立先进工业国的要求同落后的农业国的现实的矛盾，以及人民对于经济文化迅速发展的需要同当前的经济文化不能满足人民需要的状况的矛盾。1956 年至 1966 年这一时期又可称为社会主义建设道路的探索阶段，在这一阶段，党中央巩固和发展了我国的社会主义制度，丰富了科学社会主义的理论和实践，也为开创中国特色社会主义提供了宝贵经验、理论准备、物质基础。

到了 1978 年，此时，经济停滞不前，人民饱受物资匮乏之苦，且我国经济实力、科技实力与国际先进水平的差距日益扩大，邓小平指出，如果现在再不实行改革，我们的现代化事业和社会主义事业就会被葬送。结合当时的国际形势，要和平、求发展逐步成为世界潮流，这使得我国争取一个长期和平发展的环境是可能的，在这种背景下，1978 年党的十一届三中全会上，党做出了改革开放的重大决策。而在改革开放开始后的很长一段时期内，我国经济体制改革的核心问题是如何正确认识和处理计划与市场的关系。邓小平则提出了社会主义市场经济理论，指出计划经济与市场经济不是划分社会制度的标志，且两者都只是经济手段，对经济活动的调节各有优势与长处，社会主义实行市场经济则要把两者结合起来。邓小平结合国内外形势推动改革开放和社会主义市场经济建设的举措，有力地推动了我国经济的蓬勃发展，提高了人民的物质生活水平。邓小平理论是对马克思列宁主义和毛泽东思想的继承与发展，是改革开放和社会主义现代化建设的科学指南，也是中国特色社会主义理论体系的开篇之作。

在邓小平之后，江泽民和胡锦涛在马克思列宁主义、毛泽东思想和邓小平理论的基础上，分别提出了“三个代表”重要思想和科学发展观，有力地推动了中国特色社会主义理论体系的发展。

经过改革开放40余年的发展，我国社会生产力水平总体上显著提高，人民生活水平显著提高，对美好生活的向往更加强烈。我国社会的主要矛盾已变成人民日益增长的美好生活需要和不平衡不充分的发展之间的矛盾。在这一背景之下，党发展了习近平新时代中国特色社会主义思想，不断明确新时代“坚持和发展什么样的中国特色社会主义”，也回答了新时代“怎样坚持和发展中国特色社会主义”，党的十九大将此概括为“十四个坚持”，这也是新时代中国特色社会主义的基本方略。习近平新时代中国特色社会主义思想与马克思列宁主义、毛泽东思想、邓小平理论、“三个代表”重要思想、科学发展观一脉相承又与时俱进，是马克思主义中国化的新飞跃，是当代中国的马克思主义，它开辟了马克思主义的新境界，开辟了中国特色社会主义的新境界。

万丈高楼平地起。我国的发展与开拓创新、不断进取的精神紧密相关。我国能有今日之成就，是建立在先辈们对我国国情、发展问题以及解决方法的不断思考与理论探索的基础上的。在这条充满崎岖的道路上，毛泽东回答了“什么是马克思主义？怎样对待马克思主义”，邓小平回答了“什么是社会主义？怎样建设社会主义”，江泽民回答了“建设什么样的党？怎样建设党?”，胡锦涛则回答了“实现什么样的发展？怎样发展?”，而现在，习近平也就“新时代坚持和发展什么样的中国特色社会主义？怎样坚持和发展中国特色社会主义?”这一问题提交了他的答卷。他们站在前人思考成果的基础上，根据他们所面临的实际，脚踏实地，实事求是，不断地思考、探索我国的出路与发展方向。什么是科学精神？这就是科学精神！

与国家发展一样，学科的发展同样需要科学精神。计量经济学这一学科的蓬勃生机是建立在一代又一代计量经济学家的贡献上的。在这些伟大的计量经济学者的努力下，计量经济学理论不断发展，其应用范围也不断扩大。但是，优秀的理论并非绝对真理，正如开头引出的“为天地立心，为生民立命，为往圣继绝学，为万世开太平”所言，随着时代与我们面临的实际的变化，传统优秀理论得到的结果可能与现实不符，已有的科学成果也可能解决不了新的问题，这就需要我们不断去研究当下的问题，不断地去发展已有的优秀理论、创造新的理论。正所谓薪火相传，随着社会的不断进步，新的问题也必然会不断涌现，这更需要我们当代学子自发主动地去传承先辈之知识，开拓未来之道路，为社会发展做出属于我们的贡献。

三、案例分析

（一）案例蕴含的思政元素

讲解计量经济学发展历史和计量经济学学者们在这一发展过程中做出的贡献，并从微观的学科发展与宏观的国家发展出发，引出发展离不开科学精神这一论点，再通过讲授我国历代领导者根据不同时期的国情，根据自身思考提出解决方案的具体事例，论证了科学精神的重要性。

（二）启发思考题及分析

理解了科学精神及其重要性，作为当代学子，我们应如何做到树立科学精神，并以此指导我们日常的工作学习？分析：科学精神即实事求是、开拓创新的精神。在我们的学习过程中，实事求是即好好学习理论知识，夯实理论功底；开拓创新则是要求我们要有自己的思考，不能做“书呆子”，在遇到问题时，应学会用学到的理论去解决它，而当解决遇到挫折时，也不应放弃，而是以问题为驱动，吸纳新的理论知识的同时，学会独立思考并获得属于自己的见解。

四、教学反思

在进行思政内容的讲解时，使用的案例应侧重于学生的熟知领域，并在这个过程里应结合案例细节讲解思政内容，这样做能使得思政知识点具体化、生动化，有利于加深学生对思政内容的印象，并强化他们对思政内容的理解。

参考文献

[1] 庞皓. 计量经济学 [M]. 4 版. 北京：科学出版社，2019.

[2] 辜堪生. 毛泽东思想和中国特色社会主义理论体系概论 [M]. 成都：西南财经大学出版社，2015.

[3] 卢翰，周荣居，张爱华. 中国近代史纲要 [M]. 成都：电子科技大学出版社，2017.

计量研究范式与唯物主义

范国斌

一、案例概况

（一）适用对象

本案例适用于计量经济学所有教学班，包括线下教学班级与线上慕课教学。

（二）教学目标

通过本案例教学，达到以下三个层次的目标：

（1）知识目标：学习计量研究范式，帮助学生理解唯物主义哲学的思想。

（2）能力目标：培养学生对计量经济学科原理的理解能力以及合理的计量思维方式。

（3）价值目标：教育和帮助学生塑造求实务实的科学精神，重视学术道德。

二、案例正文

在现实世界里，我们面临着许许多多的经济问题，有一些问题可以利用经济学理论进行定性分析，而更多的问题，需要我们用数据定量地去解决，特别是一些政策分析、经济预测相关的问题，这就需要计量的研究方法了。那么计量的研究范式到底是什么？它又是如何解决问题的呢？

从原理上来说，计量研究范式可以简述为建立经济模型，通过历史数据拟合或插值生成统计曲线以刻画现实世界中事物内部各部分的关系，进而根据统计曲线预测未来，从而探求事物的内在机制的一种方法（见图 1）。

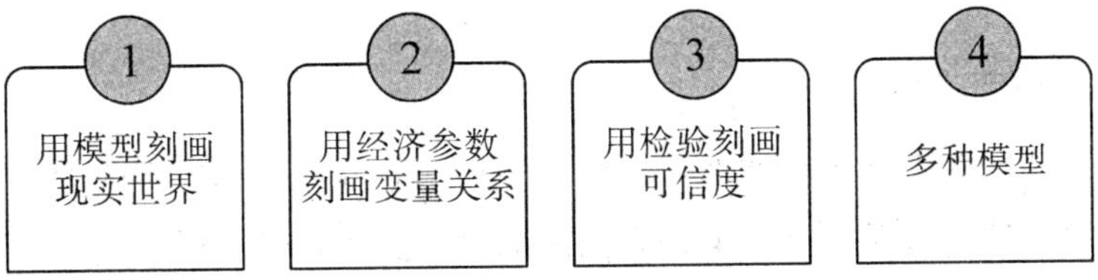

图 1　计量经济学研究范式

我们可以举几个例子来详细说明此种范式的应用：

（1）教育投入问题之争。

在各类社交媒体上，教育屡屡被公众热议。从数据上来看，各地人均财政教育支出差异较大（见图 2），这是否是教育不公呢？如何来促进教育投入呢？1985 年起，国家就做出了教育体制改革的决定，其后一系列的法律与政策相继颁布。这些法律政策是否对我国高等教育的投入产生了促进作用？

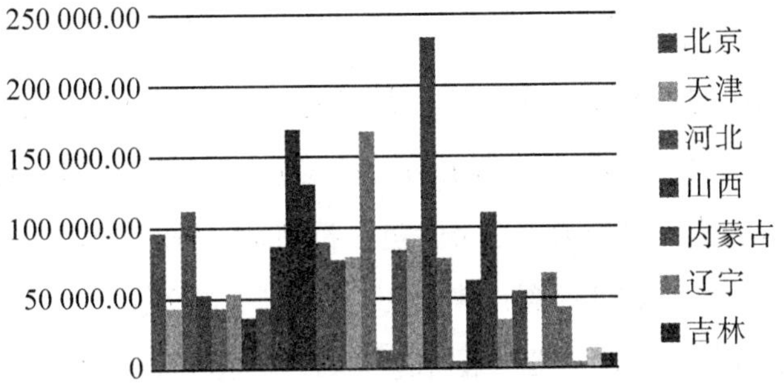

图 2　2017 年各地财政教育支出

要解决这个问题，计量经济学学者会建立关于高等教育经费投入的模型，刻画政策对我国高等教育投入的影响。经过分析可知，高等教育投入总水平随着宏观经济发展水平的提高和高校在校生规模的扩大而进一步提高。并且，教育政策对高等教育投入起着很大的促进作用。

（2）工资之议。

在宏观经济中，工资与经济增长之间的关系可以是正向的，也可以是负向的。支持正向的人认为工资增长会使消费者拥有更强的消费实力，消费的增加能促使经济增长。支持负向的人认为工资增长会使企业运作成本上升，进而降低企业的生产积极性从而导致经济下滑。工资的增长到底如何影响我们的经济呢？

有学者基于 1991—2009 年的时间序列数据检验了中国建筑业经济增长与建筑业工资水平的关系。研究结果表明，建筑业工资水平对行业增长具有促进作用。

（3）地产之热。

随着国内经济的一路向前，房产价格也高歌猛进。地产和经济仿佛一对孪生兄弟，彼此携手向前，但是它们间的关系到底是怎么样的呢？目前学者们对房地产资金投入和经济发展的关系有三种观点：一是房地产资金投入的增加会促进经济发展；二是经济发展会增加房地产的资金投入；三是两者之间互相影响。这三种观点的差异是否是因为各自条件不同呢？是否是因为两者之间的增长关系在长期中和短期中有区别呢？

基于 2000 年到 2015 年的数据和相关计量经济模型，一些研究发现房地产投资与国民经济之间两者之间存在长期稳定的均衡关系，但房地产投资对国民经济的影响力在长期和短期中是不一样的。同时研究还发现，当国民经济偏离系统的均衡状态时，误差修正项将会在下一期以一定系数所表达的调整力度将其调整回到系统均衡水平。

（4）真伪回归。

在以上问题的研究中，我们往往都是对问题有个预先的主观推断（可能是基于经济理论，也可能是基于历史经验），再用实验的方式去验证它。可是对于那些无法预先推测的经济变量，特别是一些时间序列变量，我们又该如何构建模型呢？这就要探讨典型的“伪回归”问题。

假如得到了这样两个变量：图书总印数（亿册）和工业总产值（亿元），基于两个指标在我国 1949—2004 年的样本数据，学者田立法做出了它们的时间序列折线图如图 3 所示。

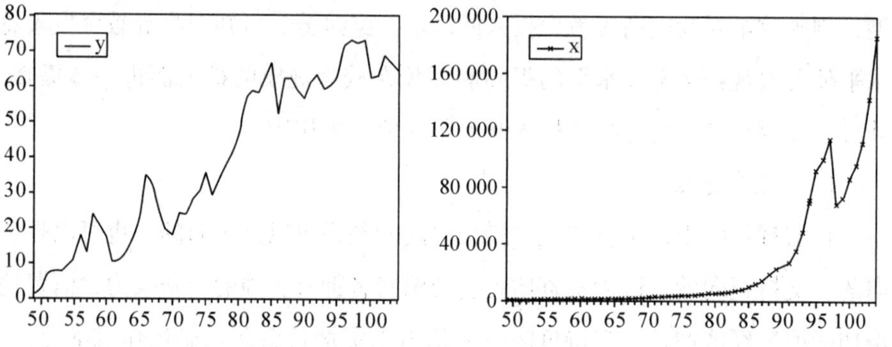

图 3　时间序列折线图

1949—2004 年，图书总印数和工业总产值均存在上升趋势，那么是否可以认为图书总印数和工业总产值之间一方影响了另一方呢？

学者田立法对两个指标的时间序列进行了 ADF（单位根）检验，发现两者均为一阶单整序列，即两者的差分项为平稳序列；再对残差项进行ADF检验，发现 u_t 非平稳，即两者之间不存在长期稳定的均衡关系，即一方并不能影响另一方，它们只是因为别的因素产生了相同的时间趋势（可能是1949—2004年内GDP的增长）。这种因为时间趋势而产生相似的变化，但实际上并不存在回归关系的情况，我们称之为计量中的伪回归。举一个更通俗的例子，两头一起出生的小猪的体重都会随时间而增长，那么就可以认为一头猪的体重影响了另一头猪的体重吗？显然是错误的。故在建立计量模型时，对于时间序列数据，我们更应该谨慎处理，必须通过单位根检验、协整分析等一系列操作，在剔除时间趋势的情况下，再去分析问题，才能准确地用模型描述问题，从而解决问题。

对于以上介绍的计量研究范式，可以观察到，这其实就是一个对现实客观世界的“类比”过程，无论是模型还是参数，都具有一定的现实意义，用来刻画某些真实的数量结构。这让我们不禁想起马克思主义哲学中最为经典的思想，辩证唯物主义论。这两者之间是否存在一种联系呢？

首先，我们已知的唯物主义知识框架如图4所示。

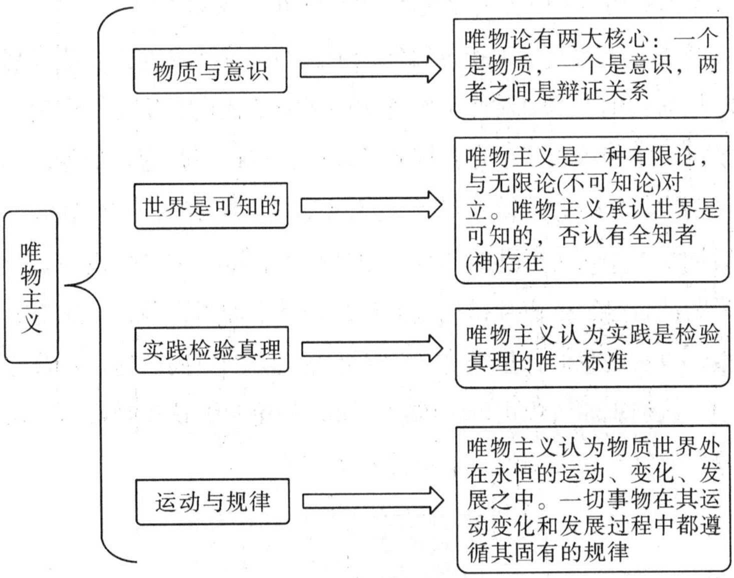

图4　唯物主义的知识框架

其次，从图5可以得知，计量的研究范式和唯物主义的很多观点是一致的。

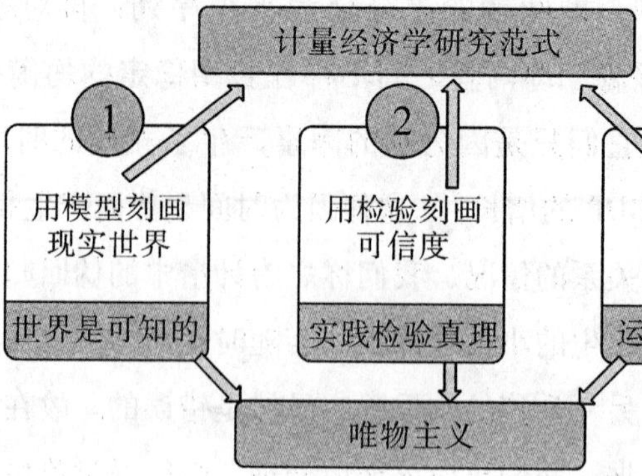

图 5　计量经济学研究范式与唯物主义的关系

在计量研究范式中，我们最基本的就是用模型刻画现实，探索现实中的经济关系，这正是基于唯物主义中世界是可知的这一观点产生的；同样，唯物主义论强调实践才能检验真理，故计量研究通过现实样本构建检验统计量，来检测结果的可信度；唯物主义论强调事物处于不断的运动中，故计量研究通过不同的模型刻画不同空间、时间下的经济现实。可见，计量的研究范式与辩证唯物主义论息息相关、一脉相承。

从计量研究范式的发展中对这种联系也可见一斑。

随着经济问题的复杂化和时代化，主流的传统计量经济学范式越来越无法适应时代的变化，需要对计量经济学的研究范式进行反思性批判。譬如传统计量经济学的分析程序中存在固有的软肋：统计拟合存在陷阱，其主要在于对变量期望的拟合，而缺乏对异常点的关注，忽视对内在机制的寻找。而在计量经济学发展较为成熟的如今，数据挖掘和基于主体建模相结合的研究范式也不断冲击单纯依靠数据挖掘的计量经济学的研究范式，这都需要进一步地探索，也正是我们计量经济学学者正在努力的方向，这恰好符合辩证唯物主义中的认识观原理。由辩证唯物主义认识论中的认识观可知，认识具有三大性质：反复性、无限性、前进性（见图 6）。

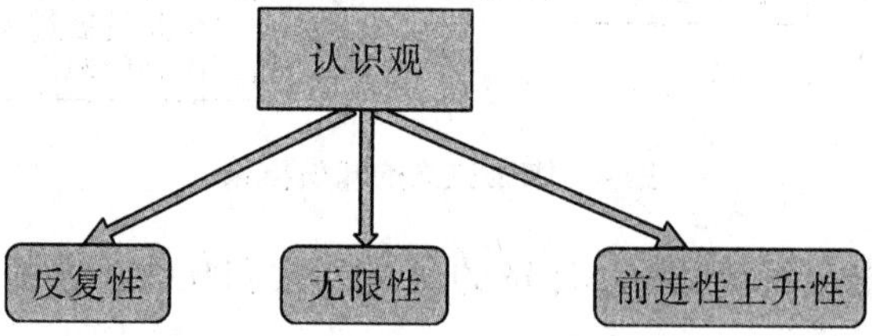

图 6　认识观

这指的是，对一个客观事物的认识需要经历一个无限反复的过程，而这个过程是无限趋近于真理的，故被认为是一个前进的过程。而我们计量研究范式的发展，仍然依照这样的哲学观进行不断的推陈出新、与时俱进。

其实计量研究范式中，最大的唯物主义观点体现在我们对数据的使用上。可以说，没有数据，不成计量，数据是现实世界和计量模型之间唯一的桥梁，是“类比”的基础。正确对待数据，已经成了学术道德和学术精神的一部分。

古人的智慧早就告诉了我们这一点。楚庄王执政三年，从未发布过什么命令，也没有什么政治改革。有一天右司马悄悄问楚庄王：“大王啊，我听说有一只大鸟栖息在南山之上，三年不飞不叫，不理羽毛，默默无声，这是什么道理呢?”庄王说：“三年不动翅膀，是为了让羽翼更加丰满；三年不飞不叫，是为了窥探民间的情况。虽然不飞，一飞就冲天，虽然不鸣，一鸣就惊人。”又过了半年，楚庄王临朝听政，一下子废除了十项弊政，兴办了九项新政；杀掉了五个民愤极大的大臣，提拔了六个有才能的人担任要职。于是，楚国大治。这就是历史上有名的“一鸣惊人”的故事。它告诉我们，在认识事物本质之前，需要不断地创造条件，多听多看多分析。楚庄王并不是无所作为的人，而是注重调查研究，了解国情，体察民意，掌握了大量资料后才确定方针政策。这和我们计量经济学的研究过程不谋而合。我们习惯的研究通常是从数据出发，以模型为基础，以估计为核心，以检验为保证，来解释现实经济现象的。可见，在下结论之前，必须经过严密的数据收集、模型估计及不断的检验甚至修正模型重头来过，绝非是仅凭主观下的定论。这就是计量经济学中的唯物主义。

在生活中，我们往往会认为富人的体型更加偏胖，譬如用“富态”形容一个人的身材丰满，譬如影视文艺作品中的“财主”“地主”往往都是膀大腰圆、白白胖胖的形象。那么，事实上，是否真的富人就会比普通人偏胖呢？有相关数据统计为我们做出了解答。

美国的 BRFSS 机构通过走访调查美国 50 个州的 40 万个成年人的各项（2018 有 200 多项）健康相关指标对该问题进行了研究。

研究通过提取两个数据指标：BMI 指数和 Income 收入等级，其中 BMI 指数代表身体的胖瘦程度，BMI 指数越高，身体越胖；Income 指标分为 8 级，其中第 8 级代表年家庭收入超过 7. 5 万美元的富人群体，其他 7 级为普通人组。最终得出以下统计指标（见图 7)：

	富人组	普通人组
人数	110 259	232 833
BMI 平均值	27.45	28.54
BMI 标准差	5.90	6.97
BMI 最小值	12.05	12.02
BMI 最大值	97.65	97.65
BMI 中位数	26.57	27.37
BMI 众数	26.63	26.63

图 7　富人组与普通人组 BMI 指数

由数据结果可知，富人组的 BMI 无论是均值还是标准差都低于普通人组，证明其 BMI 值更为集中稳定地低于普通人组。也就是说，富人不一定比普通人肥胖，甚至可能在大样本下，更瘦一点。这大概是因为富人拥有更多的时间和金钱去培养科学的饮食习惯以及进行系统的锻炼，譬如聘请私人营养师和健身教练等。

对待数据需要一定的严谨性，最好的方法之一是实地抽样。譬如来自西南财经大学的中国家庭金融调查（China Household Finance Survey，CHFS），这是该校中国家庭金融调查与研究中心在全国范围内开展的一项抽样调查项目。

目前已经分别在 2011 年、2013 年、2015 年和 2017 年成功实施了 4 次调查。2011 年第一轮调查的样本分布在全国 25 个省（区、市），80 个县，320 个村（居）委会，有效样本共 8 438 户，数据具有全国代表性。2013 年第二轮调查样本分布在全国 29 个省（区、市），262 个县，1 048 个村（居）委会，有效样本共 28 000 户，数据具有全国和省级代表性。2015 年第三轮调查样本分布在全国 29 个省（区、市），363 个县，1 439 个村（居）委会，有效样本共 40 000 户。新一轮调查在保证全国和省级代表性的前提下，增加了数据的副省级城市代表性，以更全面详细地反映中国家庭金融的状况。2017 年第四轮调查共采集有效样本 40 000 余户。

家庭金融调查之所以花费这么多的人力、物力，走访这么多的地点、家庭，都是为了确保数据的真实性、可靠性、科学性。确保每一个利用这份数据的学者都能不为数据所累，得到可靠的科学结果。这也反映出对待数据的态度，就是对待学术的态度、对待科学的态度。唯有尊重数据，才能反映学术理想的耀眼光辉。

讲完了数据中体现的学术诚信，接着来讲讲学术不端。近来讨论得最多的当属翟天临事件。2019 年 2 月，翟天临因在直播中回答网友提问时，不知知网为何物。之后网友发现他的多篇论文均涉嫌抄袭，接着北京电影学院和教育部联合进行调查，确认了抄袭嫌疑，剥夺了翟天临本人和其博士导师的学位和职位。翟天临事件说明，抄袭、造假等学术不端行为可能会得到暂时的利益，但科学界的审判目光永远不会消失。哲学中也说真实终将取代谬论，只有真实的科学结果才能经受得起考验和反复求证。一切学术不端的失诚行为最终都将得到严厉的惩戒。

国外也有类似的学术不端现象，比如说著名的舍恩事件。舍恩，一名年轻的德国物理学家，在 1998 年到 2001 年，发表了 100 多篇论文，绝大多数发表在《自然》《科学》等这样的权威杂志上，而他发表的一些实验成果，还被学术界称之为“奇迹之作”，当时的学术界对他寄予了希望，并称他为“爱因斯坦二世”，可谓红得不得了。一直到了 2002 年，美国几十家实验室，前后投入了数百万美元的资金，去重复舍恩的实验，让人们惊讶的是，没有任何一个实验室能重复舍恩的实验。最先露出马脚的是舍恩在《自然》杂志中的三篇论文。普林斯顿大学的一位教授发现，舍恩这三篇论文中，不同的实验却使用了同一张图，类似的矛盾逐步被人们发现，于是在 2002 年，贝尔实验室成立了调查委员会，针对舍恩的论文进行了纠察。调查委员会在为期三个月的调查后，确认了舍恩造假为实，并公布了 24 处确认造假的证据。此事件一出，学术界一片哗然，“科学天才”一夜之间成了臭名昭著的造假者，舍恩事件成了科学界最大的丑闻。后来人们发现，在舍恩的论文中，大多数数据都是伪造的。这一事件对科学界的影响极其恶劣，甚至一度让科学界蒙羞。在任何学术研究中，包括计量经济学科，最忌讳的就是通过伪造数据，通过“制作”一些“花架子”的数据研究来达成某个我们想要的结果，这是彻彻底底的学术造假行为。尊重事实、尊重数据带给我们的真理才是每个科学研究者应秉承的学术理想和信念。

三、案例分析

（一）案例蕴含的思政元素

用计量研究范式作为切入点进行整个教学的引入，同时契合唯物主义的讲解，用多个实际问题的分析说明两者的很多观点是一致的。计量研究范式讲究对客观世界的真实刻画，这恰好符合唯物主义。而其中最大的客观性体现在对现实信息的尊重，即我们所用的数据。通过引入古今的例子，体现自古以来，我们的传统文化便推崇以事实为主的科学精神，同样地，在现代社会的发展中，计量经济学最大的优势就是充分从数据中提取有用信息，所以在数据面前我们必须保证严谨、真实、细致的态度。由众多案例得知，辩证唯物主义不仅和计量研究范式紧密相连，并且对生活、工作、学习与科研有着重大的指导意义，对于一些暧昧难明的事件，我们不应该仅仅停留在基于事物表面的主观臆断，而应该尊重客观事实，以数据为支撑、以深入观察学习为保证，尽可能做出更为全面的、辩证的、客观的结论。

（二）启发思考题及分析

由数据得出的计量研究范式结果一定是客观正确的吗？分析：虽然我们一直强调一切从数据出发，但是并非说数据得出的计量研究范式结果一定正确。我们采纳模型结果与否还要考虑对模型的各种检验，特别是当模型参数估计值与我们认为的事实或经济规律不符时，比如符号相反，更应提起我们的警惕，对模型进行下一步的检验工作。当检验不通过时，则不应该采纳此次模型的估计结果。因为虽然模型和样本是对客观世界的拟合，但由于数据的各种不确定因素，例如缺失值、错值、样本量过小等问题，并不能保证拟合的质量。因此，虽然我们认为计量经济范式和哲学中的辩证唯物主义息息相关，但它并不能代表绝对的真理，正是因为需要不断检验、修正模型，才更能体现唯物主义中的求实精神。

四、教学反思

在进行思政内容的讲解时，可以联系时代的发展，多讲一些学生会感兴趣的案例，使学生更能感同身受。一些枯燥的哲学思想用更为生活化的案例引入可能效果会更好。也可以增强形式的多样性，多利用多媒体设备进行案例展示，使其辐射范围更加广泛，同时增加教学的内容丰富性及可学性。

参考文献

[1] 庞皓. 计量经济学 [M]. 4版. 北京：科学出版社，2019.

[2] 田立法. 关于非平稳数据“伪回归”的解析 [J]. 统计与决策，2014（3）：17-21.

[3] 马克思主义基本原理概论 [M]. 北京：高等教育出版社，2010.

[4] 韩非. 韩非子寓言故事赏析 [M]. 北京：语文出版社，2018.

[5] 干得好，真的不如嫁得好吗？[J/QL]. 网易数读，2019-03-24.

[6] 教育部回应翟天临事件：绝不允许出现无视学术规矩行为 [N]. 扬子晚报，2019-02-16（6）.

[7] 阎康年. 科学界的诚信：舍恩事件始末综述 [J]. 国外科技动态，2002（11）：14-17.

交互效应：1+1>2

范国斌

一、案例概况

（一）适用对象

本案例适用于计量经济学所有教学班，包括线下教学班级与线上慕课教学。

（二）教学目标

通过本案例教学，达到以下三个层次的目标：

（1）知识目标：让学生对虚拟变量有更加深刻与正确的认识，对虚拟变量的含义有更深层次的理解。

（2）能力目标：使学生能够基本具备使用虚拟变量建立计量经济学模型的能力，并且能够区分不同的情况应该使用不同的虚拟变量引入方式，对模型的含义能够正确解读。

（3）价值目标：引导学生明白没有人是一座孤岛，一个人的力量是十分有限的，只有举众人之力，才能形成强大的合力，发挥出更大的作用。并且当众人之力相合的时候，往往会有意想不到的效果，比单个人的力量简单相加更加能够带来所谓的奇迹。

二、案例正文

通过对虚拟变量的系列学习，我们已经认识到了虚拟变量是一个能处理一系列有趣问题的灵活工具。在此基础上，我们再对虚拟变量模型的应用进行学习。它的应用具体有以下几个方面：

（一）结构变化的检验

模型：$Y_i = \alpha_0 + \alpha_1 D_i + \beta_1 X_i + \beta_2(D_i X_i) + u_i$

基础类型：$E(Y_i \mid X_i, D=0) = \alpha_0 + \beta_1 X_i$

对比类型：$E(Y_i \mid X_i, D=1) = (\alpha_0 + \alpha_1) + (\beta_1 + \beta_2) X_i$

可看出：以加法引入虚拟变量 D 的系数是截距的差异系数；

以乘法引入虚拟变量 D 的系数是斜率的差异系数。

用 t 检验分别检验 α_1 和 β_2 的显著性：可检验此定性变量对截距和斜率是否有显著影响，即检验两个回归的结构是否有差异。

（二）分段线性回归

基本思想：有的社会经济现象的变动，会在解释变量达到某个临界值时发生突变，为了区分不同阶段的截距和斜率可利用虚拟变量进行分段回归。

第一段回归：当 $X_i < X^*$ 时有 $Y_i = \alpha_0 + \beta_1 X_i + u_i$，（$X^*$ 是临界值）

第二段回归：当 $X_i \geqslant X^*$ 时有 $Y_i = \alpha_0 + \beta_1 X^* + (\beta_1 + \beta_2)(X_i - X^*) + u_i$

整理可得：$Y_i = \alpha_0 + \beta_2 X^* + (\beta_1 + \beta_2) X_i + u_i$

（三）时间序列数据中的季节调整

时间序列数据可分解为四个因素：长期趋势、季节变动、循环变动和随机（不规则）变动。我们常用修匀方法消除季节变动影响。为预测某季度变量又需加入季节因素。也可利用虚拟变量方法区分季节因素。

（四）虚拟变量的交互效应

基本思想：分析两个定性变量对被解释变量影响的虚拟变量模型，暗含着假定：两个定性变量是分别独立影响被解释变量的。但在实际经济活动中，两个定性变量对被解释变量的影响可能存在交互作用。为描述这种交互作用，可把代表两个定性因素的虚拟变量的乘积以加法形式引入模型。

模型：$Y_i = \alpha_0 + \alpha_1 D_{1i} + \alpha_2 D_{2i} + \alpha_3(D_{1i} D_{2i}) + \beta X_i + u_i$

其中：D_{1i} ——代表第一个定性变量的虚拟变量；

D_{2i} ——代表第二个定性变量的虚拟变量；

$D_{1i} D_{2i}$ ——描述两者交互效应的虚拟变量。

因为 $E(Y_i \mid X_i, D_1 = 1, D_2 = 1) = (\alpha_0 + \alpha_1 + \alpha_2 + \alpha_3) + \beta X_i$

α_3 是交互效应的截距差异系数，可以通过对 α_3 的显著性的检验，判断是否存在交互效应。

例如：$Y_i = \alpha_0 + \alpha_1 D_{1i} + \alpha_2 D_{2i} + \alpha_3(D_{1i} D_{2i}) + \beta X_i + u_i$

其中：Y_i —— 种油菜籽和养蜂的收入；

X_i—— 投入资金；

D_{1i}—— 代表是否种油菜籽的虚拟变量；

$D_{1i} = 1$—— 种油菜籽；

$D_{1i} = 0$—— 不种油菜籽；

D_{2i}—— 代表是否养蜂的虚拟变量；

$D_{2i}=1$—— 养蜂；

$D_{2i}=0$—— 不养蜂；

$D_{1i}D_{2i}$——描述种油菜籽与养蜂的交互效应。

通常而言，种油菜籽与养蜂的交互效应是显著的，即它们对对方的产业是有互相促进的作用的。

在经济学上，这样的现象我们称之为协同效应。一般而言，协同效应可分外部和内部两种情况：外部协同是指一个集群中的企业由于相互协作共享业务行为和特定资源，因而将此作为一个单独运作的企业取得更高的赢利能力；内部协同则指企业生产、营销、管理的不同环节、不同阶段、不同方面共同利用同一资源而产生的整体效应。协同效应原本为一种物理化学现象，又称增效作用，是指两种或两种以上的组分相加或调配在一起，所产生的作用大于各种组分单独应用时作用的总和。在企业生产经营中协同效应的来源通常是节约资本支出、强化收入和节约成本。简单而言，协同效应就是“1+1>2”或者说“2+2＝5”的这样一种效应。

其实这样的协同效应不只存在于企业生产经营中，回首以往，有无数的“1+1>2”的案例浮现在我们眼前。就像马克思与恩格斯一样。马克思和恩格斯是马克思主义的创始人，他们是全世界无产阶级和劳动人民的革命导师、无产阶级的精神领袖、国际共产主义运动的开创者。这两位革命巨人之间的团结与友谊，堪比世界最出名的团结与友谊了。1848 年大革命失败后，恩格斯不得不从事商务活动。而恩格斯十分厌恶从商，他曾不止一次地把它称作“该死的生意经”。他一次次地想要永远摆脱这些事，去干他喜爱的政治活动和科学研究。而当恩格斯想到被迫流亡英国伦敦的马克思一家经常以面包和土豆充饥，过着贫困的生活时，他就抛开了弃商念头，咬紧牙关，坚持下去。这样做，为的是能在物质上帮助马克思，从而使朋友，也使共产主义运动最优秀的思想家得到保存。于是，每个月，有时甚至是每个星期，都有一张张一英镑、二英镑、五英镑或十英镑的汇票从曼彻斯特寄往伦敦，从恩格斯手里寄往马克思手里。从 1883 年马克思逝世时起，整整十年，恩格斯放下自己的工作，尽力从事《资本论》后两卷手稿的整理、出版，补充了许多材料，重新撰写了一些篇章，使《资本论》得以在 1885 年和 1894 年问世。马克思对恩格斯的才能十分敬佩，说自己总是踏着恩格斯的脚印走，而恩格斯总是认为马克思的才能要超过自己，在他们的共同事业中，马克思是第一提琴手而自己是第二提琴手。他们一起合作，亲密无间，《资本论》

这部经典著作的写作及出版，就是他们团结合作一起努力的结晶。马克思与恩格斯之间的团结合作，就是历史长河中最为瑰丽的“1+1>2”效应。

不光是有名人给我们展示“1+1>2”的效应，这样的一种团结合作更多地会成为很多动物的一种本能。每年的9月至11月，加拿大境内的大雁都要成群结队地往南飞行，到美国东海岸过冬。第二年的春天再飞回原地繁殖。在长达万里的航程中，它们要遭遇猎人的枪口，历经狂风暴雨、电闪雷鸣及寒流与缺水的威胁，但每一年它们都能成功往返。雁群一字排开成“V”字形时比孤雁单飞提升了71%的飞行能量。当每只雁振翅高飞，也为后面的队友提供了“向上之风”，这种省力的飞行模式，让每只雁得以最大限度地节省能量。当某只雁偏离队伍时它会立刻发现单独飞行的辛苦及阻力，便会立即飞回团队，善用前面伙伴提供的“向上之风”。当前导的雁疲倦时，它会退到队伍的后方，而另一只雁则飞到它的位置上来填补。当某只雁生病或受伤时，会有其他两只雁飞出队伍跟在后面，协助并保护它，直到它康复，然后它们自己组成“V”字形，再开始飞行追赶团队。大雁尚且会向着共同的目标前进，彼此相互依存，分享团队的力量，我们为什么不能够在接受他人协助的同时也协助他人呢？其实不难看出来，再艰难的任务只要轮流付出，相互尊重、共享资源，发挥所有人的潜力，又有什么是完全不可能做的呢？

刘义庆《世说新语·任诞》中有：“元裒如北厦门，拉攞自欲坏，非一木所能支。”隋王通的《文中子·事君》中也有类似的观点：“大厦将颠，非一木所支也。”意思是说，当大厦将要坍塌的时候，只靠一根木头是无法挽回大厦坍塌的趋势的，比喻一个人的力量单薄。一根木头的力量难以扭转局面，但若是成千上万的木头一起对其支撑呢？不仅可以阻止大厦坍塌的趋势，还可以使大厦更加牢固，可以经受日后更多的风吹雨打，一棵树难以支撑起巨石的重量，但一片树林可以。在我们平常的生活当中，还有很多与独木难支类似的事情。

相信绝大多数的同学都还记得发生于2008年5月12日14时28分的汶川地震。汶川的那一日，山崩地裂，山河变色，一瞬之间，十万多平方千米山河破碎，满目疮痍，许多人的家园变成废墟，更是有许许多多鲜活的生命消失在了那个时刻。地震发生之后，当地的信号断了，受灾民众被困在灾区，救援的人们进不去，受灾民众出不来，他们的基本生活需要也无法满足，吃的喝的要从哪里来？而在废墟下还掩埋着一个个等待着被救援的生命，时间就是生命。而在这样的情况下，仅仅只靠受灾民众与当地的力量是远远不够的，是没办法做到自救与救助他人的。这时候，需要的是更多力量，一片片森林一般的力量。地震发生当日晚19:30，成都市区上千辆出租车自发地奔赴都江堰灾区，20:00，武警四川总队阿坝支队向汶川灾区出发，20:02，空军两架伊尔76军用运输机从北京南苑机场起飞，运送国家地震救援队175人飞往灾区，5月13日凌晨，第三军医大学紧急抽调联合应急医疗队赶赴四川灾区。医疗队于13日凌晨到达四川德阳灾区一线后，迅即开展救灾工作。而后公安部消防局调派重庆等10个消防总队1 060名消防官兵和30条消防搜救犬赶赴四川地震灾区，开展救援工作。3:00公安部紧急从公安边防部队抽调200名、从公安消防部队抽调100名医务人员组成医疗救援队，连夜飞赴四川地震灾区救治伤员。3:24武警部队已出动13 000余名官兵急赴灾区抗震救灾。4:00云南边防总队连夜抽调医疗救护队，紧急调运价值15万元医疗药品，迅速赶赴四川灾区现场。5:40原成都军区两支救援部队的800多名官兵抵达地震灾情严重的绵竹市，随后分赴灾区各乡镇展开救援工作。6:00重庆的医疗救援队到达德阳，负责协助德阳市和绵竹市的医疗救援工作。6:30驻灾区的解放军和武警部队已投入16 760人。7:00河南省消防总队抗震救灾应急救援队紧急启程，奔赴四川地震灾区开展救援工作。7:00武警部队已向地震灾区投入兵力13 820人，救出受伤人员1 800余人。7:00总指挥温家宝再次召开国务院抗震救灾指挥部会议。他强调，务必要在5月13日晚上12点以前打通通往震中灾区的道路，全面开展抗震、抢险、救人工作。8:00原济南军区援助汶川地震灾区先遣人员160人从济南乘专机奔赴灾区，包括原济南军区和所属两个集团军的先遣指挥组25人以及5支医疗队135人。原成都军区空军2 000余名官兵分别奔赴都江堰、彭州灾区，投入抗震救灾。12:00救治1 000多名伤病员，还有两三百人在临时救治中心接受治疗。这仅仅是灾后不到24小时，我国所采取的迅速行动，以每一分钟为计，不浪费一秒钟，试图突破重重阻碍到达灾区，对灾民实施救助，而全国各地的救助也在持续加强，一直到灾后好几天，我国的救助力量始终都在源源不断地去往灾区，不放弃每一个生命。不仅仅是源源不断地运送救援力量到灾区，全国人民都在为灾区祈祷，为逝去的生命默哀，为受灾民众捐款捐物，尽可能让受灾民众能过得更加温暖一点。而我国各地对灾区的援助还不止于此，灾后，全国各地19个省市一省帮一重灾县，举全国之力，加快恢复重建。在汶川地震当中，北川县16 000余人遇难，4 000余人失踪，是受灾最重、伤亡人数最多的县。山东省援助北川县建设项目369个，建设各类房屋建筑面积100多万平方米，教育、文化、卫生等公共服务设施110处，补助农户重建5万户，新建县乡公路180千米，城镇道路桥涵100万平方米，绿化120万平方米，整治河道20千米。这仅仅是各省市救助的一个缩影。截至2010年9月底，各省市的援助项目基本完成，受灾群众住进了新房，公共服务设施全面上档升级，重建城镇初展新姿，基础设施得到根本性改善，产业发展优化升级，防灾减灾能力显著提高。据统计，截至2008年9月25日12时，汶川地震已确认有69 227人遇难，374 644人受伤，17 923人失踪，造成直接经济损失8 452亿元人民币。而我们国家在灾难发生时迅速开展救援，灾后大力支持重建，这才使得汶川地震的伤亡与损失降到了最低。举全国之力支持救灾，这就是我们国家所带来的协同效应，全国上下紧紧扭成一股绳，所带来的力量是可以称之为奇迹的。中国力量，中国奇迹，都是在全国上下紧紧团结在一起时所发生的。

同学们更加有感受、有体会的应该是2020年年初的疫情，我们每一个人都亲身经历了这一次的抗疫战斗。2020年1月底，突如其来的疫情在中华大地上蔓延开来，原本是合家团圆欢乐的春节，我们每个人都自觉地隔离在家，对抗击疫情贡献自己的一点绵薄之力。但还有一群伟大的逆行者，他们自愿奔赴疫情最严重的地区，以自己的血肉之躯，筑起一道抵御病毒的围墙。疫情初期，传播速度十分迅速，迅猛的疫情使得武汉的医疗资源捉襟见肘，从1月23日起，全国各地数以万计的医疗工作者放弃新年的团聚机会，放弃在家安稳的日子，集体奔赴抗疫最艰苦卓绝的战场——武汉。截至3月1日，29个省（区、市）和新疆生产建设兵团工30 197名医护人员驰援武汉，人民军队也派出4 000多名医护人员赴武汉支援。与汶川地震灾后重建一省支援一地的政策类似，在新冠疫情期间，我国也提出了19个省市对口支援湖北省除武汉市以外地市。2月11日20时左右，重庆市赴孝感市新冠肺炎防治工作对口支援队158名队员、其中医护人员142人，2月12日，重庆市对口支援队再派159人出征，驰援湖北孝感。2月12日，黑龙江省首批支援孝感的医疗队出发前往支援，此次对口医疗队共316人，医护人员310人。从1月25日到2月11日，湖南先后向黄冈市派出三批医疗队，医务工作者共计474人。2月13日下午，山东省对口支援湖北省黄冈市疫情防控前方指挥部暨第十批援助湖北医疗队，从济南遥墙机场启程，飞赴湖北黄冈疫情防控一线。当日山东省援助湖北医务人员已达1 499人。1月28日，海南首批149人支援医疗队到达荆州，还有很多很多全国各地的医护人员分批次奔赴湖北各地，在当地抗击疫情。从确诊人数不断上涨，每日都有新增确诊人数，到3月中旬，湖北新冠疫情形势好转，不再是爆发式增长，已经出现下降的情况，每天出院的人数稳定增长，在不到两个月的时间里，我国就将爆发式的疫情控制住，这在世界历史上也是绝无仅有的。这样的中国式奇迹，也是在我们全国上下紧紧团结在一起，才能够办到的。

我国永远将人民的生命安全放在第一位，遇到大灾大难时，我国人民永远能够上下齐心，一方有难，八方支援，举全国之力救助一地，我国永远都是人民最坚实的后盾！

一滴水只有放进大海里才永远不会干涸，一个人只有当他把自己和集体事业融合在一起的时候才最有力量。我们生活在社会当中，没有人是一座孤岛。我们需要学会和别人合作，单丝不成线，独木不成林，只有在与别人的互相协作当中，尽自己的力量去帮助他人，接受他人的帮助，我们才能够最大化地发挥出每一个个体的潜能、作用，甚至能够获得意想不到的成功。

三、案例分析

（一）案例蕴含的思政元素

通过讲解把两个定性因素的虚拟变量的乘积以加法形式引入模型可估计模型当中的交互效应，引入人与人之间的协同效应，以具体的案例阐述只有合众人之力做事才能取得更好的效果，形成更大的合力。再用学生都熟悉的案例，如汶川地震与新冠疫情进行深化讲解，提升家国情怀，深化理解全国上下合力所带来的中国式奇迹。

（二）启发思考题及分析

在日常的生活当中，要做到发挥协同效应具体可以体现在哪些方面？分析：在平日里，发挥协同效应可以体现在具有大局意识与服务意识，不能只看自己眼前的个人利益，应着眼于团体，站在更高一层的位置去看待利益得失，以团体的利益为重，并且具备为他人服务的意识，在为他人服务的时候，自然会贡献出自己的一分力量，使得整个团体的效应显著提高。

四、教学反思

在进行思政内容的深化时，可以使用逐步递进的案例进行讲解，从学生不太熟悉的案例到比较熟悉的案例，逐步对思政内容进行强化，并且将学生自身比较有感悟的例子进行放大与细化，再加上学生可以自行感受更多的相关内容，可以让学生对所引入的思政内容达到深刻理解的程度。

参考文献

[1] 庞皓. 计量经济学 [M]. 4版. 北京：科学出版社，2019.

[2] 安德鲁·坎贝尔，凯瑟琳·萨姆斯·卢克斯. 战略协同 [M]. 任通海，龙大伟，译. 北京：机械工业出版社，2000.

[3] 方大左，《资本论》引读 [M]. 北京：中央编译出版社，1999.

[4] 刘义庆. 世说新语·任诞 [M]. 北京：华文出版社，2018.

[5] 韩颖. 1978 年以来中国救灾捐赠研究 [D]. 北京：中共中央党校，2011.

[6] 金小明，冯昌勇，刘大江，等. 中华民族的壮丽诗篇：汶川特大地震“四个没有”奇迹 [N]. 中国日报，2018-05-08 (4).

收入消费模型——需求：得失之间

范国斌

一、案例概况

（一）适用对象

本案例适用于计量经济学所有教学班，包括线下教学班级与线上慕课教学。

（二）教学目标

通过本案例教学，达到以下三个层次的目标：

（1）知识目标：让学生学习一个正确的计量经济学模型所具备的基本要素，理解绝对收入理论和永久收入理论的异同，理解马斯洛需求层次理论。

（2）能力目标：使学生能够基本具备建立并使用简单的计量经济学模型的能力。

（3）价值目标：指明需求有不同阶段，引导学生明白人生的追求也有不同层次，不同层次所实现的需求有所不同，在大我与小我之间要追求更高层次的需求。

二、案例正文

设定一个正确的计量经济模型，是进行一切分析的前提。我们来看一下一个完整的计量经济模型应该具备哪些基本要素。以在宏观经济学中十分熟悉的消费函数为例，我们可以得到 $Y_i=\alpha+\beta X_i+u_i$ 这样一个形式的计量模型。其中，Y_i 指的是消费支出，X_i 指的是收入，α 和 β 自然就是我们这个模型当中需要估计的参数，u_i 是随机扰动项。对于这样一个具体的模型来说，它所具备的基本要素第一个是我们所提到的消费支出和收入这两个变量，我们统称为经济变量，即指不同时间、不同空间的表现不同，取值不同变量，是可以观测的因素。经济变量是模型的研究对象或影响因素。尤其要注意的一点是变量要有可观测性，无法观测就无法获得数据，就无法进行分析。第二个就是 α 和 β，我们称为经济参数，它是表现经济变量相互依存程度、决定经济结构和特征、具有相对稳定性的因素，通常不能直接观测，所以才需要进行估计。最后就是模型中剩下的 u_i，即随机扰动项，它是模型中没有包含的所有因素的代表。在实际的经济运行过程中，还有一些其他影响较小的因素，我们都将其归于随机扰动项中。包含随机误差是经济模型与计量经济模型的区别。

我们刚刚所建立的这样一个简单的线性回归模型，是基于对绝对收入消费理论的理解而建立的。该理论认为在短期中，消费取决于居民现期的、绝对的收入，消费与收入之间具有稳定的函数关系。如果以 c 代表消费，Y 代表收入，则 $c=c(Y)$，表示消费是收入的函数。假设消费和收入之间存在的是线性关系，则边际消费倾向为一常数，这时消费函数可以表示为 $c=\alpha+\beta Y$（见图 1）。式中，α 为自发消费部分，β 为边际消费倾向，β 和 Y 的乘积表示收入引致的消费。根据绝对收入消费理论，可以绘制简单的消费函数图像。我们据此得到了带截距项的计量经济模型。

收入消费理论不仅有绝对收入消费理论，还有生命周期消费理论、相对收入消费理论及永久收入消费理论。在这里对其他收入消费理论进行简单的探讨。以永久收入消费理论为例，这个理论认为消费者的消费支出主要不是由他的现期收入决定的，而是由他的永久收入决定的。而永久收入指消费者可以预计到的长期收入，大致可以根据观察到的若干年收入的数值之加权平均数计得。在长期中，永久性收入是稳定的，所以消费函数是稳定的。根据永久收入消费理论，消费收入模型没有截距项，所以总体回归函数为：$Y_i=\beta X_i+u_i$。这样就出现了不带截距项的计量回归模型，也称为过原点的回归模型（见图 2）。这是对线性回归模型的一个基本的延伸与拓展。

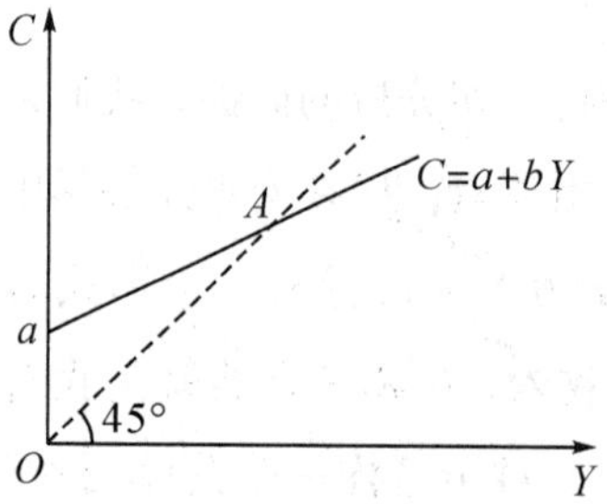

图 1　带截距项的消费函数

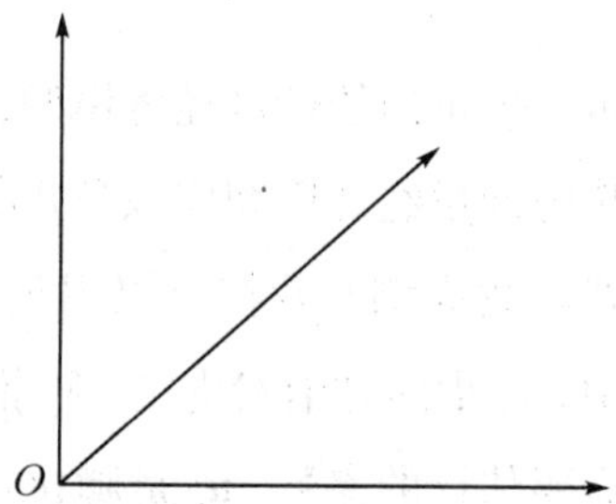

图 2　过原点的线性回归模型

弗里德曼提出的永久收入消费理论对凯恩斯所提出的绝对收入消费理论中的边际消费递减规律进行了驳斥。凯恩斯认为，随着社会财富和个人收入的增加，人们用于消费方面的支出呈递减趋势，与此同时储蓄则越来越多。因此政府可以通过增加公共支出来抵消个人消费的减少，从而确保经济的持续增长。弗里德曼指出，这一理论站不住脚，因为人们的欲望实际上永无止境，原有的得到满足后，新的随即产生。这两种理论的支持者也是各持一派，一直处于争论当中。而现在我们站在完全客观的一个角度去看待这两个理论，姑且不提哪个理论的好坏问题，单就我们的运用来看，最重要的是对两个理论的比较与区分。因为选择的理论基础不同，最后所采用的计量经济模型也不同。

只有在对应的理论基础上使用对应的模型，才能进行正确的分析。就比如土壤不同，我们在上面种的花品种也应该有所不同，这样花才能开花。例如在比较疏松的土壤中，我们可以种植玫瑰，因为玫瑰种子在较为疏松的土壤里才能够发芽开花，而如果我们想种植睡莲，则不能把它种在干燥疏松的土壤里，必须种在池塘的淤泥里，它才能够正常地生长开花。要是一不小心把玫瑰种在了淤泥里、池塘里，恐怕过不久，玫瑰的种子也会化作肥料了，而不是开花了。

最后我们对两种理论的不同点做一个简单的总结：凯恩斯的绝对收入消费理论强调当前的绝对消费取决于当前的绝对收入。模型当中的截距项自发消费根源于人类的生存需求，人类即使没有收入，但仍会想办法消费食物等必需品。而弗里德曼的永久收入理论强调永久消费与永久收入呈正比关系，模型当中没有截距项在于其强调永久的消费决定于永久的所有收入，永远不会得到的就永远不会消费。

追根究底，以上两种理论是对消费的讨论有所不同，但消费根源于需求，有需求才会有消费，深层次地去考虑消费的不同，可以从马斯洛需求层次理论开始。

从这个需求金字塔（见图3）可以清楚直观地看出，马斯洛需求层次理论模型将人的需求分成了五个层次，从金字塔的下层开始，第一是对生理的需求，即继续生存的直接生理需求，就好像饿了就会吃饭，困了就想要睡觉，都是出于本能；第二是对安全的需求，我们会有意识地去避开对生命有威胁的一些活动，比如一旦感觉到有地震的可能性，大家就会迅速地往室外跑。然后是对社交的需求，我们都是群居动物，需要有家人、有朋友，才更会感觉到生活的意义；还有对尊重的需求，我们渴望得到别人的认可，在这样的认可当中也会真切的感觉到存在的意义。最后是对自我实现的需求，即我们想要实现理想，在更广阔的范围内发挥自己的价值。从下往上，需求的层次逐渐从生理需求过度到了精神的需求，而处于相应需求层次的人数也在逐级递减，只有少部分人处于金字塔的上层。

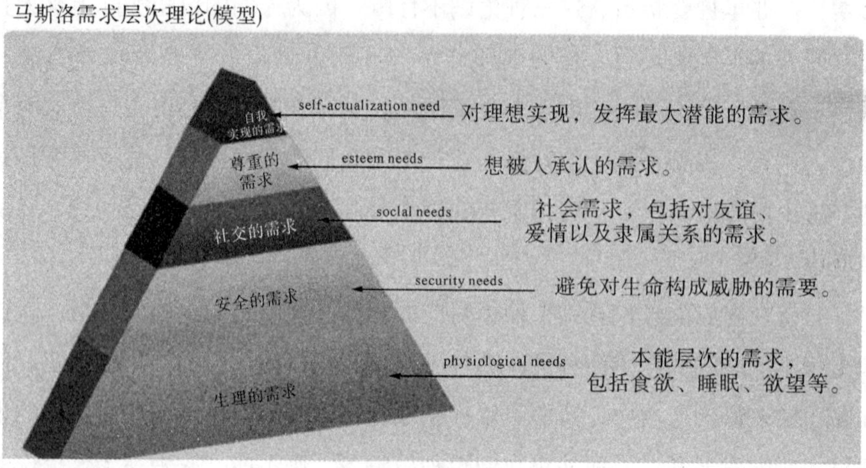

图 3　马斯洛需求层次金字塔

对于我们十分熟悉的《西游记》，如何从《西游记》里的人物来看他们各自的需求层次呢？因为觊觎嫦娥的美色而被打入凡间的二师兄，在向西取经的路上也总是只在意吃的，一直都处于只追求生理需求的阶段。而沙和尚一直勤勤恳恳跟着唐僧，会去保护唐僧，追求的是安安全全到达西方，处于第二个层次；而白龙马本是西海龙王三太子，从没有人认同到后来的重塑金身，受人尊敬，他实现了自己的社会需求，得到了认可。处于稍高需求层次的就是唐僧了，他一直兢兢业业，心里只有一路向西取经，不受路上所有妖魔鬼怪的诱惑，他是大唐圣僧，这是他所认为的自己的使命职责，在取经成功归来后，得到广大人民的尊重认可。而处于最上层需求层次的则是齐天大圣，他一身本事，甘愿为唐僧护卫，保护他安全到达，却也不求金身，不求任何名利，只为实现他存在的价值。所以他才是处于最高需求层次的。

从古至今，一直都有很多的英雄楷模在不停地追求更高的需求层次，成为《西游记》里实现自我的孙大圣。在庆祝新中国成立 70 周年前夕，习近平总书记出席了国家勋章和国家荣誉称号颁授仪式并为国家勋章和国家荣誉称号获得者授勋。在此次授勋仪式中，共有于敏、申纪兰、孙家栋、李延年、张富清、袁隆平、黄旭华、屠呦呦 8 人获得共和国勋章。对于其中一些名字大家可能比较熟悉，比如让我们吃得饱的袁隆平，但像第一位于敏先生，可能不是很熟悉，毕竟于敏，这是一个曾经绝密了 28 年的名字。提到两弹一星，大家最先想到的应该有邓稼先、钱学森、钱三强等人，但其实两弹一星元勋共有 23 人，他们都为我们的核事业做出了卓越贡献。

今年刚被授予共和国勋章的于敏，出生于天津市普通职工家庭，生于中国，长于中国，学于中国，也将自己献于中国。在新中国成立两年后，于敏在著名物理学家钱三强任所长的近代物理所开始了科研生涯。他与合作者提出了原子核相干结构模型，填补了中国原子核理论的空白。而正当于敏在原子核理论研究中可能取得重大成果时，钱三强找他谈话，交给他氢弹理论探索的任务。于敏毫不犹豫地表示服从安排，立即转行进行氢弹的研究。这种毅然放弃自己原本熟悉且即将取得成功的领域，转而投向另一个完全空白未知的领域的精神，饱含了对祖国的深切的热爱，他追求的远远不止实现自我，更是舍弃小我，成全大我的精神需求。在他全身心投入氢弹研究后，放弃了自己的姓名，放弃了原本研究所稍好的生活环境，放弃了与家人相处的时间，连自己正在做什么都无法向家人透露半个字，如果仅仅只追求生理需求，追求饱腹，他大可不必走向沙漠深处，然而他去了，毫不犹豫地去了。1967 年 6 月 17 日，罗布泊沙漠深处，中国第一颗氢弹成功爆炸，这一声“东方巨响”极大地显示了我国从此在核领域也站起来了，也是隐姓埋名苦苦奋战的他们心里的一声巨响，正如于敏所说，愿将一生献宏谋，他用最高的追求做到了这一点。

放眼古今中外，有无数的名人志士都在表达着对更高的需求层次的追求。泰戈尔比较文艺地说过，夜把花悄悄地开放了，却让白日去领受谢词。只在默默地奉献自己，却从不要求赞誉和回报。而恩格斯从价值实现的角度说，有所作为是生活中的最高境界，而有所作为绝对不止于低层次的生理需求，只有在追求更高层次的需求，追求自我的实现的过程中，才会有所作为。我国古代诗人苏洵则一语概之：“贤者不悲其身之死，而忧其国之衰。”正是两弹一星元勋们所想，忧国之衰，遂尽强国之绵力。

1998 年的那个夏天，对于很多军人来说，是黄色的，是大江奔涌，浊浪滔天，是关于生命的选择的夏天。突如其来的暴雨连续数日猛烈冲击着我国大部分地区，“长江告急、松花江告急、珠江告急……”一时间，洪水如猛兽般席卷全国，致使 2 亿多人受灾，城乡被淹、房屋被冲，工厂、良田浸泡在滔滔洪水之中，人民的生命、财产危在旦夕。但跟随着洪水走到各地的还有抗洪战士，他们纷纷下水，用身体筑成一道道绿色的堤坝，在浑黄的洪水中努力抢救被困人民。洪水汹涌，战士们难道不怕吗？入水危险，战士们难道不想在自己原本平安温暖的家里吗？但他们依旧选择了与洪水做斗争，他们追求的已经不仅仅是自己低层次的生理需求了，而是更高层次的精神需求，人民需要他们，他们必须去，恪守对人民的承诺。

戍边战士，为了守护祖国边境，他们阔别家乡、远离家庭来到边境，恶劣的自然环境在他们的脸上留下了烙印。他们手握钢枪守卫祖国边境，即便人迹罕至，即便生活环境极端恶劣，即便要忍受我们难以想象的艰苦孤寂，他们也丝毫没有抱怨、退缩，挺拔地站立在祖国的边境上，不后退一步，因为他们的身后是祖国，是人民。“哪有什么岁月静好，只是因为背后有人在负重前行。”

王进喜，是中国石油工人的光辉典范，是中国工人阶级的先锋战士。他自请带队去荒原一片的大庆参加石油大会战。在大庆，朔风呼啸，滴水成冰，没有公路，吊车、拖拉机不足，设备在火车上卸不下来，他带领全队人工将 60 多吨重的机一寸一寸地运到井场；打井需要水，没有水管线，没有水罐车，他带领大家用脸盆一趟一趟地搬运，还不顾腿伤跳进泥浆池，用身体搅拌泥浆压井喷，被誉为“铁人”。“铁人”精神是爱国、是求实、是奉献！

2015 年 8 月 12 日晚上，天津滨海新区发生火灾，天津消防总队调集 93 辆消防车、600 余名官兵在现场全力灭火处置，结果连续发生三次爆炸，造成消防官兵重大牺牲。电影《烈火英雄》中有这样一句台词：“别人家过节，消防员过关！”这就是广大消防员日常生活的真实写照。灾情就是命令，他人后撤、被转移的时刻，就是消防员们赴汤蹈火、勇往直前的时候。此刻，“逆行”向前的他们，心中唯有使命职责，唯有人民群众的生命财产安全。无论是严冬酷暑，还是午夜黎明，无论在哪里，在做什么，只要警铃声响起，消防员都必须在 45 秒之内穿戴好个人防护装备，奔赴救援现场。

桃李不言，下自成蹊。我们眼前阳光明媚的生活，是因为有人在负重前行，他们在得失之间永远选择大我，牺牲小我，有一分热，就发一分光。社会不断进步的洪流中，有极大推动力的就是仁人志士的奉献与牺牲。而我们在以后的生活中，也会时常处于需要做出抉择的得失之间，我们应该让自己去追求更高的需求层次，去实现自我，去奉献自我，不忘吾辈之使命，以一分分绵薄之力汇聚成为建设中国特色社会主义的强大力量！

三、案例分析

（一）案例蕴含的思政元素

通过对比绝对收入消费理论和永久收入消费理论，阐述其不同点，说明消费的不同根源于需求的不同，用马斯洛需求层次理论讲述需求的分层，以对两弹一星元勋于敏的新闻报道（于敏，一个绝密28年的名字）作为切入点，再加以多个事实例子生动解释，具体阐述追求更高需求层次、追求自我实现带来的“高峰体验”感更令人欣喜，永远有人在得失之间选择大我，追求更高的需求层次，实现自我价值。

（二）启发思考题及分析

对于个人而言，需求层次一定是按照马斯洛需求层次一样固定不变的吗？分析：对于极少数的人而言，需求层次可能并不是像马斯洛需求层次一样，个人的需求层次也许会颠覆马斯洛需求层次理论。

四、教学反思

在进行思政内容的引入时，需要十分具体生动的案例对专业知识和思政知识进行衔接，使得从专业知识到思政内容的过渡不生硬。根据学生的反应可以发现，选择学生相对而言稍微熟悉一点的例子作为引入会更加有效，从学生熟悉的例子中找到平常没有涉及的思政切入点，往往会事半功倍。

参考文献

[1] 庞皓. 计量经济学［M］. 4版. 北京：科学出版社，2019.

[2] 马斯洛. 马斯洛人本哲学［M］. 成明，译. 北京：九州出版社，2003.

[3] 董瑞丰. 于敏，一个曾经绝密28年的名字［N］. 解放军报，2019-08-18（2）.

[4] 张芯蕊. 新中国石油战线的铁人：王进喜［J］. 求是，2019（18）：80.

[5] 程小冬. 98抗洪20年——聆听，那些老兵的抗洪记忆［N］. 解放军报，2018-08-18（2）.

[6] 王晗. 森林消防员：在逆行中实现自己的价值［N］. 潇湘晨报，2020-11-09（2）.

伪回归与唯物辩证法

范国斌

一、案例概况

（一）适用对象

本案例适用于计量经济学所有教学班，包括线下教学班级与线上慕课教学。

（二）教学目标

通过本案例教学，达到以下三个层次的目标：

（1）知识目标：让学生更加深刻地认识、理解唯物辩证法，学习掌握计量经济学中时间序列的平稳性概念及其检验方法。

（2）能力目标：使学生能够基本具备鉴别计量经济模型当中时间序列是否平稳、是否是伪回归的能力，以及当多个经济变量非平稳时，其线性组合是否平稳的检验。

（3）价值目标：帮助学生理解唯物辩证法在计量经济学中的应用，培养学生的辩证思维，教育并帮助学生塑造理想人格。

二、案例正文

时间序列分析是一个分析动态数据、揭示数据规律的计量经济学分支，它依据经济变量自身的历史资料，采用一定的统计方法，建立起能反映变量自身规律性的动态模型，以此对经济变量进行分析和预测。

比如在选股或者预测股票收益率时，人们常常使用宏观经济数据或公司基本面数据等对收益率回归，以期找出能够解释收益率的自变量。

回归分析的目的是找到解释变量和被解释变量之间的相关性。当我们对时间序列进行回归分析时，若存在“伪回归”，则变量间的“显著不为零”

的系数毫无意义，反而会使我们对变量之间的相关性产生错误认知，因此，“伪回归”是必须要警惕的一类陷阱。

那么，什么是“伪回归”呢？

在20世纪70年代之前，计量经济学的建模方法多是建立在“经济变量平稳”这一假定条件之上的，但在实际中，很多经济因素变量往往又会表现出非平稳性，这就使得传统计量经济学的建模方法在解决实际问题时经常遭遇挫折。1974年，格兰杰（Granger）和纽博尔德（Newbold）在其蒙特卡罗模拟试验中发现，当随机变量 X_t 和 Y_t 都服从单位根过程时，即使它们之间并不存在线性相关性，将 Y_t 对 X_t 作回归后得到的系数 β 的最小二乘估计 $\hat{\beta}$ 也仍然具有显著的 t 值，这也即我们所要讲的“伪回归”现象。这对认识到“伪回归”现象产生的原因起到了开创性的作用。

所谓“伪回归”，是指变量间本来不存在因果关系，但回归结果却得出存在因果关系的错误结论。在伪回归中，变量间仅存在统计意义上的相关性，而缺乏经济理论上的相关性，从而会导致错误乃至荒谬的结论。

来看看下面两个例子：

例一：树木高度和儿童身高

小树苗与孩童均会经历成长的过程，其高度随其成长而不断变化。如果拿树木高度对儿童身高进行线性回归，得到的结论是前者是后者的一个很好的解释变量。但从现实生活中的逻辑来看，这两者有所谓的“树苗长得快，儿童长得高”的关系吗？显然是没有的。也许从统计上来看，两者具有相关性，但从经济理论方面看，这无疑是荒谬的。

例二：居民消费和鸬鹚个数

根据1980年至2000年间丹麦居民消费水平与该国饲养鸬鹚数量可看出两者具有共同变动趋势，图像上来看十分相关（见图1）。若用鸬鹚数量的对数对居民消费的对数进行回归，得到的回归系数显著不为0，即从统计意义上来说，前者是后者的一个很好的解释变量，但这显然也是毫无意义的，因为居民消费和鸬鹚个数之间没有任何有逻辑的关联，这同样是一个伪回归。

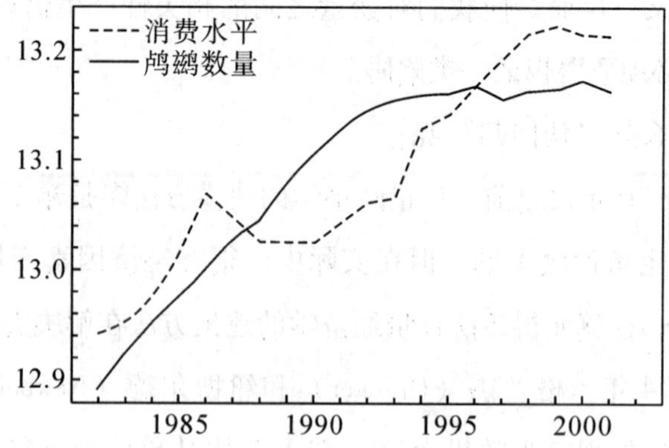

图 1　1980—2000 年丹麦居民消费水平与饲养鸬鹚数量的关系

由上述两个例子，不难看出，生活中的“伪回归”并非罕见，那么，伪回归是如何产生的呢？一般而言，伪回归的成因有二：

其一，可能存在干扰因素，或者称为潜在变数。当两个变量同时受第三个因素影响时，这两个变量间可能存在误导性的相关性，这第三个因素称为干扰因素。如第一个例子中，儿童的身高和树苗的生长高度显然都具有时间趋势，与生长年限高度相关，因而从统计角度看，这两者也表现出了本身并不存在的相关性。

其二，伪回归产生于所研究的经济变量数据生成过程中的不确定性。当变量之间存在局部随机趋势时，就容易产生伪回归现象。如上述的第二个例子中所谈到的居民消费水平和鸬鹚的个数，这两个时间序列展现出来的局部同向运动并不是来自某个公共的因素，而仅仅只是随机过程的一种巧合。

明白了伪回归的主要产生原因，我们该怎么避免伪回归呢？在上面的例子中，无论是孩童身高与树苗高度还是居民消费水平与鸬鹚个数，这些时间序列都是非平稳的。在不存在协整关系的情况下，当我们对非平稳时间序列进行回归分析时，极易产生伪回归，而当伪回归出现时，回归分析得到的残差序列不满足平稳性。因此，我们以是否满足平稳性作为判别伪回归的依据，即如果回归分析的残差非平稳，说明存在伪回归。

在谈及平稳性的检验方法之前，我们先谈谈单位根过程。所谓的单位根是非平稳时间序列的特性之一。对于时间序列 $\{Y_t\}$，假设其可以写成 p 阶自回归函数的形式，即如下形式：

$$Y_t = \gamma_1 Y_{t-1} + \gamma_2 Y_{t-2} + \cdots + \gamma_p Y_{t-p} + \varepsilon_t$$

其中，ε_t 是残差序列，γ_1，$\cdots$，γ_p 是回归系数。该时间序列的特征方程为：$m^p + m^{p-1}\gamma_1 + \cdots + \gamma_p = 0$，当解的绝对值全部小于 1 时，时间序列平稳，

否则，称该时间序列存在单位根。

与单位根密切相关的一个概念是单整阶数。对一个非平稳的时间序列，若我们可以通过差分的方式使之平稳，则差分的次数就是单整阶数。例如，假设时间序列 $\{Y_t\}$ 非平稳，对其做一次差分处理后，$\{\Delta Y_t\}$ 平稳，则称 $\{Y_t\}$ 是一阶单整的，记作 $I(1)$。

接下来，我们谈谈应该如何检验时间序列的平稳性。有了前面的知识，可以知道，要想判断一个时间序列是否满足平稳性，核心就是看它有没有单位根，而 ADF 检验（全称为 Augmented Dickey-Fuller test）是我们最常使用的检验方法。我们先来看看 DF 检验，DF 检验的基本模型为如下三种类型：

$$Y_t = \gamma Y_{t-1} + u_t$$

$$Y_t = \alpha + \gamma Y_{t-1} + u_t$$

$$Y_t = \alpha + \beta t + \gamma Y_{t-1} + u_t$$

其中，u_t 独立同分布，期望为零，方差为 σ^2。

对于原假设 H_0：$\gamma = 1$，即该时间序列存在单位根，回归系数 γ 的 OLS 估计为 $\hat{\gamma} = \dfrac{\sum Y_{t-1} Y_t}{\sum Y_{t-1}^2}$，检验所用的统计量为 $t = \dfrac{\hat{\gamma} - \gamma}{\hat{\sigma}_{\hat{\gamma}}}$，可以证明，这一统计量存在极限分布，一般称为 Dkckey-Fuller 分布。根据这一分布所做的检验即所谓的 DF 检验。

Dicker 和 Fuller 得到 DF 检验的临界值，并编制了 DF 检验临界值表供查询。在进行 DF 检验时，比较 t 统计量值与 DF 检验临界值，就可在某个显著性水平上拒绝或接受原假设。

但上述的 DF 检验存在一个问题，即其检验所设定的模型中假设随机扰动项 u_t 满足无自相关，而实际经济数据往往并不满足此条件。于是，当随机扰动项存在自相关时，直接使用 DF 检验会产生偏误。为了保证单位根检验的有效性，人们对 DF 检验进行了拓展，形成了 ADF 检验。ADF 检验将模型变为如下形式：

$$Y_t = \gamma Y_{t-1} + \sum_{i=1}^{p} \alpha_i \Delta Y_{t-i} + \varepsilon_t$$

$$Y_t = \alpha + \gamma Y_{t-1} + \sum_{i=1}^{p} \alpha_i \Delta Y_{t-i} + \varepsilon_t$$

$$Y_t = \alpha + \beta t + \gamma Y_{t-1} + \sum_{i=1}^{p} \alpha_i \Delta Y_{t-i} + \varepsilon_t$$

与原本的模型设定相比较，ADF 检验在模型设定中引入了 ΔY_{t-i}（$i = 1, \cdots, p$）项，这种设定的目的在于消除自相关性。可以证明，在 ADF 检验的模型中，原假设 H_0：$\gamma = 1$ 的 t 统计量的极限分布与 DF 检验中的 t 统计量的极限分布相同，从而仍可以使用 DF 检验的临界值表。

到目前为止，我们谈了单位根过程、单整阶数及平稳性的检验方法。那么，是否意味着，如果一个经济因素变量非平稳，就无法建模呢？并非如此。如果多个非平稳的时间序列通过线性组合得到一个平稳的时间序列，此时，这个平稳序列就可以用来描述原变量之间的均衡关系，这种关系则称为协整。

协整性的检验有两种方法，一种是基于回归残差的协整检验，另一种则是基于回归系数完全信息的 Johansen 协整检验。这里我们介绍一下单一方程的 EG 两步法协整检验。

第一步，检验时间序列 $\{Y_{1t}\}$，…，$\{Y_{kt}\}$ 的单整次数。如果只含两个变量序列，则两个变量的单整次数应该相同。

第二步，用 OLS 法做协整回归，用 OLS 法对协整回归方程

$$Y_{1t} = \alpha + \beta_2 Y_{2t} + \cdots + \beta_k Y_{kt} + u_t$$

进行估计，得到残差序列 e_t。

第三步，检验 e_t 的平稳性，若 e_t 平稳，则时间序列 $\{Y_{1t}\}$，…，$\{Y_{kt}\}$ 协整，反之，则不是协整的。因为若时间序列 $\{Y_{1t}\}$，…，$\{Y_{kt}\}$ 不存在协整关系，则它们的任一线性组合均非平稳，因此残差 e_t 将是非平稳的。对 e_t 平稳性的检测可采用前面所述的 ADF 检验法。

到目前为止，我们已经从经济理论和数理统计两个角度讲述了伪回归、伪回归的成因及其检验方法。造成伪回归的根本原因是我们错误地联系了两个本不相关的变量，违背了联系的客观性。

开篇所述的两个例子，一个将孩童身高与树苗高度联系在一起，一个将居民消费水平和鸬鹚个数联系在一起，这无疑是荒谬的。事物间的联系不应仅仅关注统计数字，而更应该深入思考，把握、理解好联系的本质含义。在唯物辩证法中，联系是指事物内部各要素之间和事物之间相互影响、相互制约、相互作用的关系。联系具有四大性质，分别是客观性、条件性、普遍性和多样性，伪回归与这几个性质均有着思想上的关联。

（1）联系具有客观性。

事物的联系是事物本身所固有的，而不是主观臆想出来的。民间有俗语“喜鹊报喜，乌鸦报丧”，即将喜鹊与乌鸦的啼声与吉凶联系在一起，例如《禽经》中就有说喜鹊“仰鸣则阴，俯鸣则雨，人闻其声则喜”。但是，喜鹊与“喜”、乌鸦与“丧”就真的有关联吗？

根据科学工作者在南京和湖南的调查，喜鹊一年的食物中，80%以上是为害农作物的昆虫，如蝗虫、蝼蛄、夜蛾幼虫、松毛虫等。因此，喜鹊对人类是有益的。人们在田间劳动，看到喜鹊成对地在田间草地跳跃追逐捕食害虫又不回避人类，自然对它产生了喜爱，视其嘹亮单调的鸣声为吉兆。乌鸦的习性则与喜鹊有所差异，它们白天常三五成群，在农田、草滩、道路旁垃圾堆觅食。在不同时期，它们的食物比重也有所不同。例如，在春夏季繁殖季节和昆虫盛期，乌鸦主食蝼蛄、蝗虫、金龟岬和鳞翅目昆虫，对农作物生长有利。而在春播和秋熟时，它们又到田间挖食粮食种子和幼苗及田埂道旁遗落谷粒，但危害也并不大。事实上，如果能在春播时注意驱除，从乌鸦的全年食性来看，它也算是一种益鸟。但因其鸣声凄厉，羽色漆黑，加上常在腐臭的东西周围盘旋，或在树上聒噪不休，故人们将之视为不祥。

民间俗语，更多是一种经验性的总结。但若不深究其内在，而只看到表面的喜鹊与“喜”，乌鸦与“丧”，则也是种不智的行为。正如前文，树木高度与儿童身高、居民消费与鸬鹚个数本没有联系，不深究内在含义，对其进行回归，得到的系数再显著也只是抛开理论与逻辑后的主观臆想的结果。所以说，要避免伪回归，第一步就是要把握好事物的固有联系，在选择变量建模时，要多思考变量间究竟是否真正存在关联，若本质不相关而强行建模，只会贻笑大方。

（2）联系具有条件性。

条件对联系具有重要作用，一切联系以时间、地点、条件为转移。我们建立计量经济模型，也必然要重视“条件”，否则便容易导致诸如“伪回归”之类的问题。

时间序列的非平稳性是指时间序列的统计规律随着时间的位移而发生变化，即生成变量时间序列数据的随机过程的特征随时间而变化。事实上，现实生活中的时间序列数据很可能是非平稳序列，此时，为了有效避免伪回归，对观测值的时间序列数据进行平稳性检验就显得很有必要。在时间序列数据分析中，以一元回归为例：$y_t = \alpha + \beta x_t + u_t$，其引申含义是自变量 x_t 的变化使得因变量 y_t 产生了变化，或者说 y_t 的变化是因为变量 x_t 所引起的。为了确定 x_t 和 y_t 是否存在这样的关系，需要先分别对 x_t 和 y_t 做单位根检验，判断变量是否平稳。

如果经过检验数据是平稳的，则说明变量间存在相关性，我们可以直接对其建立计量经济模型，根据回归模型对参数进行估计，分析自变量 x_t 对 y_t 的影响。但是，如果数据是非平稳的，则需要对数据进行协整检验，考察两个或者多个变量之间的长期平稳关系。如果通过协整检验判断有协整关系，则可以构造 VEC 模型或者进行 Granger 因果检验，检验变量之间“谁引起谁变化”，即因果关系。

可见，根据数据是否平稳这一“条件”，其之间的“联系”会有变化，对应的处理方式自然不同。我们必须把握好不同情况的数据与检测方法之间的联系，才能正确地建立计量模型，得到有价值的结论，否则，只会造成谬误。

(3) 联系具有普遍性。

联系无处不在、无时不有，任何事物都处于一定的联系之中，任何事物的各部分和内部诸要素之间也是相互联系的，即事物有自身的内在结构性。

正如前文谈及伪回归的成因时所提及的，当变量间存在干扰因素，即两个变量同时受到第三个因素的影响时，这两个变量间可能存在误导性的相关性。根据联系的普遍性，没有孤立存在的事物，因此，任何变量都存在与之相关联的变量。但也正因为如此，一旦我们忽视了那个潜在因素，就很容易错误地将两个本不相关的变量视为相关，这无疑是需要警惕的。所以说，在建立计量模型时，必须把握好正确的联系，而不是被虚假的相关性所迷惑。

(4) 联系具有多样性。

联系的多样性是指事物之间的联系或事物内部的联系是多种多样的，不同的联系决定着事物内部和事物之间不同的存在状态和发展趋势。

我们可以发现，当两个变量均平稳，此时建立的计量经济模型可以正确地分析解释变量对被解释变量的影响，这两个变量之间存在着“外部联系”。而当变量非平稳，但存在协整关系，即多个非平稳变量 $\{Y_{1t}\}$，…，$\{Y_{kt}\}$ 的某个线性组合平稳时，此时建立计量经济模型能够反映描述原变量之间的均衡关系。这种情况下，可以将这个线性组合视为一个整体，这一整体的内部组成部分之间存在联系，也即存在“内部联系”。由此可见，根据事物的普遍联系，任何事物都存在于一定联系之中，而这个联系的形式并不单一，而是多种多样的。我们看待事物（经济因素变量）的关系时，视野应更加广阔，而不能狭隘地认为联系是单一的。正如数据的几种情况对应的不同处理方法，它们之间的联系的类型也不同，这是需要我们在学习和实践中需要培养的一个建模思维。

从唯物辩证法的角度看待伪回归，我们对其本质与存在原因有了更深刻的理解。在做学术研究的过程中，我们必须把握好唯物辩证法中“事物普遍联系”的原理，要善于分析事物的具体联系，确立整体性、开放性的观念，从动态中考察事物的普遍联系，而非只专注于事物的表象。

此外，在计量分析中，被解释变量与解释变量之间还存在着因果关系，必须着眼于理论逻辑与现实实践设定解释变量。在把握好事物普遍联系原理的基础之上，我们还应当把握好原因与结果这对范畴。客观世界中到处都存在着引起与被引起的普遍联系，唯物辩证法将这种引起与被引起的关系称为因果关系。其中引起某种现象的现象叫原因，而被某种现象所引起的现象叫结果。

小树苗长高可以引起儿童长高吗？鸬鹚数量变多，居民消费就会增大吗？显然，这些变量之间根本不存在前后相继、彼此制约的因果关系，对根本无关的变量进行回归，得到荒谬的结论自然也不足为奇。可见，正确把握事物的因果联系是自觉的实践活动的必要条件，辩证地分析事物的因果联系，分析存在和发展的不同原因及不同结果，可以增强人们活动的自觉性、预测性和调控性。只有正确分析了被解释变量的不同原因，设定了正确且合理的解释变量，我们才能够获得真正有价值的结论，得到具有现实意义的模型，从而强化我们对未来的预测能力。

三、案例分析

（一）案例蕴含的思政元素

通过对伪回归及其成因、检验方法进行讲解，引入唯物辩证法中联系这一范畴。再结合具体的例子，分别从联系的各个性质出发，讲述其与伪回归的关系，以这种方式让学生理解伪回归的危害性，并向学生展示唯物辩证法是具体的，是与日常生活息息相关的，从而加深学生对计量经济学知识点及唯物辩证法的联系部分内容的理解程度。

（二）启发思考题及分析

在学生的日常学习过程中，哪些地方体现了联系的性质？分析：在课业学习中，我们时常能看到一些课程会要求学生修一些前置课程，跳过前置课程去学习高阶课程未必不可行，但必然会事倍功半。这表明，高阶课程和前置课程之间一方面存在联系，另一方面，这种联系在修过前置课程和没修过前置课程这两种情况下会有所不同。这些体现了联系的客观性、普遍性和条件性，即课程之间的联系是客观存在而非我们主观臆测的，并且世间万物都不是孤立存在的，而是存在于一定联系之中；是否修过前置课程这一条件发生改变后，学生学习的难度也会有所不同，这则体现了联系的条件性，当条件发生改变，对应的联系也会改变。

四、教学反思

在进行思政内容的深化时，不妨将思政内容的知识点细化，将细化后的知识点与具体事例相结合，同时强化学生对计量的知识点与思政内容的理解程度。同时，可以鼓励学生自主思考，主动探索学习中的知识点与思政内容的内在联系，以达到使学生自发地让计量的知识与思政的知识相互促进，彼此强化的效果。

参考文献

[1] 庞皓. 计量经济学 [M]. 4 版. 北京：科学出版社，2019.

[2] 马薇，王键. 计量经济模型伪回归表现形式及其易生经济变量研究 [J]. 现代财经-天津财经学院学报，2005 (6)：52-55.

[3] 田立法. 关于非平稳数据“伪回归”的解析 [J]. 统计与决策，2014 (3)：17-21.

[4] 马越，温丽. 马克思主义基本原理 [M]. 银川：宁夏人民出版社，2007.

自由度：自由与约束

范国斌

一、案例概况

（一）适用对象

本案例适用于计量经济学所有教学班，包括线下教学班级与线上慕课教学。

（二）教学目标

通过本案例教学，达到以下三个层次的目标：

（1）知识目标：让学生了解自由度的定义，理解自由度。

（2）能力目标：使学生能够基本具备判定统计量自由度的能力，从而在假设检验等方面进行正确计算。

（3）价值目标：帮助学生理解自由度在计量经济学中的应用，培养学生的辩证思维方式，明白自由往往不是绝对的自由，而是相对自由，教育和帮助学生塑造理想人格。

二、案例正文

想必大家对假设检验中的卡方检验、t 检验及 F 检验已经不再陌生，进行检验的过程中也会对自由度这个概念有所涉及。我们都知道，在总体均值 μ 已知的情况下，我们可以利用 $\frac{1}{n}\sum_{i=1}^{n}(Xi-\mu)^2$ 来估计总体方差。而在总体均值 μ 未知的情况下，我们则改用 $\frac{1}{n-1}\sum_{i=1}^{n}(Xi-\bar{X})^2$ 来做估计。由于 μ 未知，因此直观上我们可以用样本均值 $\bar{X}$ 来替代总体均值 μ，但是分母为什么也要从 n 调整到 $n-1$ 呢？这是由于 $\sum_{i=1}^{n}(Xi-\mu)^2 = \sum_{i=1}^{n}(Xi-\bar{X})^2 + n(Xi-\mu)^2$，等式右边第二项大于等于零，因此 $\sum_{i=1}^{n}(Xi-\mu)^2 \geqslant \sum_{i=1}^{n}(Xi-\bar{X})^2$。如此一来，我们就可以发现如果 $\frac{1}{n}\sum_{i=1}^{n}(Xi-\mu)^2$ 是总体方差的一个好的估计量的话，那么 $\frac{1}{n}\sum_{i=1}^{n}(Xi-\bar{X})^2$ 就会有低估总体方差的可能性。如果改用 $\frac{1}{n-1}\sum_{i=1}^{n}(Xi-\bar{X})^2$ 作为估计量，低估的现象应该就可以获得改善，但是为什么是 $n-1$，而不是 $n-2$ 或 $n-3$ 呢？这就涉及自由度的问题。

事实上，自由度（degree of freedom）不是统计学中独有的知识点，其在众多学科领域都有所应用。例如在理论力学中确定物体的位置所需要的独立坐标数称作物体的自由度，当物体受到某些限制时，自由度减少。一个质点在空间自由运动，它的位置由三个独立坐标就可以确定，所以质点的运动有三个自由度。假如将质点限制在一个平面或者一个曲面上运动，它有两个自由度。假如质点在一条直线或者一条曲线上运动，它只有一个自由度。在热力学中分子运动自由度就是决定一个分子在空间的位置所需要的独立坐标数目。

当然，我们最关心的还是统计学里面的自由度概念。统计学中关于自由度的定义也略有不同，下文给出了常见的五种定义。

定义一：自由度是总体参数估计量中值可以自由变化的变量个数（也可以理解为独立变量的个数）。样本方差可以用来估计总体方差，求样本方差第一步是计算样本离差平方和，$SS=\sum_{i=1}^{n}(Xi-\bar{X})^2$，其中 $\bar{X}=\frac{1}{n}\sum_{i=1}^{n}(Xi)$，然后用离差平方和 SS 除以（$n-1$），得到总体方差的无偏估计。如果是大样本则可以直接除以 n。由上述过程可知，在计算 SS 之前必须先要计算求得样本均值 $\bar{X}$ 作为总体均值的估计，在真正计算 SS 的时就只有 $n-1$ 个可以自由变化的变量。当总体均值已知时，则没有了样本均值必须是 $\bar{X}$ 的约束，于是此时自由度是 n。

定义二：自由度是样本容量减去估计量中使用的其他总体参数估计量个数。计算样本方差时使用了一个总体参数估计量（样本均值 $\bar{X}$），所以样本方差自由度为 $n-1$。

定义三：自由度是一个随机向量的自由维度数，一个向量能被完整描述所需的最少单位向量数。Fisher 曾这么解释自由度：将 n 个样本随机变量构造成一个随机向量，那么这个向量可以看成是 n 维空间的一个点，每有一个约束条件，则向量的自由维度减 1。

定义四：一个二次型的自由度是其系数矩阵的秩。如果能把平方和表达成二次型的形式，那直接计算其系数矩阵的秩即可得到平方和的自由度。$y'Qy = y'PAP'y = (P'y)'A(P'y)$，$Q$ 是对称矩阵，则 Q 一定可以正交对角化为 PAP'，P 为正交矩阵，A 为对角矩阵，对角元素就是 Q 的特征值，特征值不为 0 的个数等于 Q 的秩，Q 的秩设为 r。设随机向量 $P'y$ 的元素是 z_1，z_2，…，z_i，显然 z_i 是原随机变量 y_1，y_2，…，y_i 的线性组合，假设 $P = (e_1, e_2, \cdots, e_i)$，有 $z_1 = e'_1 y$，$z_2 = e'_2 y$，…，$z_i = e'_i y$。e_1，e_2，…，e_i 是相互正交的，z_i 可以看成是 y 在 e_i 上的投影，可以推出 z_i 互不相关，$(P'y)'A(P'y)$ 展开后有 r 个 z_i 的平方相加，这 r 个 z_i 互不相关，意味着有 r 个可以自由变化的随机变量，也就推导出 $y'Qy$ 的自由度为 r。如果 y 符合多元正态分布，则 z_i 是正态分布随机变量。

以一元回归模型 $Y = \beta_0 + \beta_1 X$ 为例。在进行回归系数的假设检验时，如果总体方差 σ^2 已知，则构造统计量 $z^* = \dfrac{\hat{\beta}_1 \beta_1}{\mathrm{SE}(\hat{\beta}_1)} \sim N(0,1)$，根据显著性水平，查询临界值并比较，根据比较结果得出结论。相反，如果总体方差 σ^2 未知且样本容量较小，这时只能用无偏估计 $\hat{\sigma}^2 = \dfrac{\sum e_i^2}{n-2}$ 去代替 σ^2，构造统计量 $t = \dfrac{\hat{\beta}_1 \beta_1}{\widehat{\mathrm{SE}}(\hat{\beta}_1)} \sim t(n-2)$，再根据显著性水平及临界值比较得出结论。这里构造的 t 统计量为什么是服从自由度为 $n-2$ 的 t 分布呢？原因是在利用最小二乘法（OLS）进行参数估计时，为了使残差平方和最小，对残差序列施加了两个限制条件（即当一阶偏导等于 0 时所得出的关于参数的两个方程），于是残差平方和 $\sum e_i^2$ 的自由度为 $n-2$。同样的，如果是多元回归，则自由度为 $n-k-1$，其中 k 为解释变量的个数。其余情况的自由度也可以由相同的思想去计算得出。

在不同的计量模型设定下有众多不同的检验，而自由度在这些检验中扮演着重要的角色，它决定着检验统计量服从的分布，从而影响检验的临界值，进一步影响到最终检验结果是否显著。这一重要角色从本质上来讲也在告诉我们一种自由与约束之间的制约关系。究其含义，自由度表示估计量中可以自由变化的变量个数，此处“自由”所表示的“自由变化”便是建立在一定约束条件之上的“自由”，而非“随心所欲”的自由。映射到社会生活中，“自由”不断被强调与宣扬，这反映了人们对美好社会的向往，也正是因为人们有了自由的思维、自由的行为才能促进社会各方面不断稳步发展。当然，我们所向往的自由也必然不是随心所欲和肆意妄为，因为作为社会生活中的个体，我们生活在一定的规则内，如社会道德、法律法规等。如果没有规则约束，人类为所欲为，那么世界将会变得混乱不堪。所以我们所追求的自由，应该是一种每个人在规则约束下，能够不受外部因素干扰，安心追求自己的理想，尽情挥洒自己的才华，人尽其才、物尽其用，万类霜天竞自由的状态。

同时，社会主义核心价值观也从社会层面提出了自由、平等、公正与法治四个要求。其中，自由是马克思主义的终极追求，也是社会主义的内在逻辑。自由是改革和发展的源头活水，是完善社会主义市场经济体制的必然要求。倡导和促进自由的实现，对于推进中国特色社会主义事业有着重要意义。

“生命诚可贵，爱情价更高。若为自由故，两者皆可抛。”裴多菲的这首诗表达出古往今来人们对自由这一价值的珍视与渴望。在人们的日常认知中，自由与约束和限制相对，是一种摆脱束缚、无拘无束的自在状态。从哲学层面来说，这涉及自由与必然的关系问题。必然是指自然规律、社会历史规律等不以人主观意志为转移的客观必然性，生活在自然和社会中的人总是受到客观必然性的制约。马克思主义哲学用实践的观点看待自由，把自由看作基于对必然性认识之上的对客观世界的改造。恩格斯这样说道：“自由不在于幻想中摆脱自然规律而独立，而在于认识这些规律，从而能够有计划地使自然规律为一定目的服务……自由就在于根据对自然界的必然性的认识来支配我们自己和外部自然。”

政治哲学中，自由是一个与权利相关系的范畴。自由不等于没有约束、为所欲为。正如孟德斯鸠所说：“自由不是无限制的自由，自由是一种能做法律许可的任何事的权力。”权利和自由的行使要遵循一定的规范，否则将化为泡影。如果每个公民都享有不受限制的权利，那么无约束的权利便会相互抵触，从而使每个人的自由都失去保证。试想，在一场会议上，如果没有关于讨论的秩序和程序方面的规范，人人放任发言，那么会议就会成为一锅粥，导致人人都无法实现言论的自由。所以，权利和自由又总是在规范之内的权利和自由。

哲学理论上不乏提出自由是建立在约束和规范之下的相对自由，而非绝对的观点，那么追根溯源，理论来自实践，因此也有不少案例从反面印证了我们要追求的自由是建立在约束与管控之下的相对自由，而一旦缺少制约因素，长此以往就会导致与追求自由的初衷相违背的后果。2008 年肇始于美国的金融危机正在全球蔓延，其影响程度之深、范围之广，不得不让人反思。其直接导火索无疑是美国住房次级贷款，但这只是一个浮在水面上的现象，背后的原因则十分复杂，市场监管的缺失无疑是原因之一。监管缺失是“自由市场”神话的一个必然结果。在自由市场论者眼里，市场是万能的、可以自我调节的，如果加以外力干预反而会破坏市场秩序。这种论调看上去很有道理，但它恰恰忽视了市场的主体——人的存在。实际上，市场并不能完全依靠自我运转，而是一架由人操控的机器。当操控机器的人走火入魔时，市场常常会陷入疯狂，带来的后果不堪设想。

2016年的“魏则西事件”引爆讨论，其中热议焦点在于究竟是谁害死了魏则西。在公众看来，除了“绝症”滑膜肉瘤外，百度、武警北京总队第二医院及市场监管者都难辞其咎。“魏则西事件”中，有三个方面的监管问题突出。其一，竞价排名是否属于《中华人民共和国广告法》（以下简称《广告法》）监管亟待明确。竞价排名，很多时候被视为一种信息检索服务，讲求技术中立，而非广告，这自然使得百度可以逃避广告法的监管，从而不需要履行广告发布者所应承担的严格的法律义务和责任。即便是2015年新修订的《广告法》，依然对竞价排名的广告属性未予明确。其二，“生物免疫医疗法”缺乏具体监管措施。魏则西之所以选择武警北京总队第二医院，看重的是该院所称的与美国斯坦福大学合作“生物免疫医疗法”，事后证明，这完全是虚假宣传。2015年国家卫计委发布《取消第三类医疗技术临床应用准入审批的通知》，进一步放开细胞免疫治疗的准入门槛后，“这项始终没有认定安全性和有效性的疗法，就彻底游走于灰色地带”。其三，民营医院监管需要顶层设计。在以往野蛮生长的岁月里，民营医院有功也有过，特别是“莆田系”导致整体形象不佳。这与我们没有形成有效的监管经验和制度配套有关，需要从制度层面构建起防止资本逐利本性失控的篱笆。

互联网的发展、网络社会的到来，为社会带来了不少新兴的事物，让人们的生活越来越丰富多彩。自媒体便是产物之一，其诞生和蓬勃发展，无疑是社会的一大进步——让人人都可借助自媒体发声，为社情民意的表达提供了更为丰富的渠道；为社会创造了更多的就业岗位与创业机会…然而处于发展阶段的自媒体，因为运营者自身自律和底线思维的缺乏，也因为外部失之于粗放的监管，乱象频生：居心叵测之徒变身预测经济形势的“专家”，一遍遍唱衰中国经济，渲染焦虑恐慌情绪；别有用心者频频篡改党史、国史、革命史，故意抹黑经典著作和剧目、恶意诋毁英雄人物；冒充“知心姐姐”

“先知大叔”，给黄赌毒穿上心灵鸡汤的外衣，欺骗单纯的读者等。为了粉丝数和阅读量这两个衡量自媒体水平和质量的重要标准，某些“大V”走上了饮鸩止渴、害人害己的不归路。自媒体也是媒体，想要做到可持续地蓬勃发展，必须遵守媒体传播规则，走出金钱至上的迷思，强化社会责任感、自律意识和底线思维。监管部门也要利用大数据等手段建立长效的监管机制，并与行业协会、互联网企业、广大受众一起，形成全社会共治共管的格局，以更专业、更严格的网络治理，严厉打击自媒体中的疏于自律者。

阴阳平衡，万物和谐，自由也需有“度”。

三、案例分析

（一）案例蕴含的思政元素

通过计量中经常用到的假设检验引入自由度这一概念，并以样本方差计算公式为切入点，详细说明自由度的具体定义，让学生不再是单纯地记忆公式中的自由度。在理解自由度的基础上，结合社会主义核心价值观从社会层面提出的自由进行分析，说明自由是建立在约束与规则之下的相对自由，而不是“随心所欲”的绝对自由，与自由度含义相对应，便于学生理解自由度是在一定约束条件下统计量中可以自由变化的变量个数，辩证说明自由是建立在约束之下的相对自由。

（二）启发思考题及分析

我们应该如何认识社会主义核心价值观中提出的“自由”？分析：社会主义核心价值观中的“自由”主要立足社会层面，其包括的内涵主要体现在：一是达到一种人民能自觉、主动地尊重和认识规则规律，并在此基础上广泛享有和使用权利并且获得能力和个性的解放的一种自在和谐的社会状态；二是指“自由国家”的建立和“每个人自由而全面的发展”相结合的美好状态，是指实现社会自由是建立在实现社会中每一个个体对于自由的追求的基础之上的。当然我国正处于社会主义初级阶段，要实现“自由”这一理想不是一蹴而就的，是要经过漫长的奋斗过程的，我们要坚定社会主义事业的信心，正确地对待挫折和挑战；保持长远目光，正确地处理眼前利益和长远利益、个人利益和集体利益之间的关系；要有自我改革的决心和毅力，通过社会主义内部机制的不断完善，保障在更大程度上获得和实现自由。

四、教学反思

将思政与专业知识点相结合进行教学时，一定要注意过渡的自然性，较为自然地过渡能够让学生思维持续，由此及彼；如果太过唐突，易让学生觉得知识点没有联系，反而效果不如单纯讲解一个方面的知识点好。同时，在教师结合案例讲解知识点的基础上，可以让学生进行自我思维发散，调动其思考积极性，紧跟课堂教学步伐，感悟生活中具有相关性质的内容，教师也可根据学生反馈内容观察学生对于知识点的理解、掌握程度，以此达到的教学效果。

参考文献

[1] 庞皓. 计量经济学 [M]. 4版. 北京：科学出版社，2019.

[2] 马克思，恩格斯. 马克思恩格斯选集：第3卷 [M]. 中共中央马克思恩格斯列宁斯大林著作编译局，编译. 北京：人民出版社，1995.

[3] 张苗苗. 社会主义核心价值观内容解读之“自由” [J]. 思想政治教育研究，2015，31 (1)：44-46.

[4] 杨芳. 社会主义核心价值观之自由的四重解读：基于马克思主义理论视域 [J]. 宁夏党校学报，2020，22 (2)：53-58.

[5] 陈希孺，倪国熙. 数理统计学教程 [M]. 合肥：中国科学技术大学出版社，2009.

最小二乘估计中的“体育精神”

范国斌

一、案例概况

（一）适用对象

本案例适用于计量经济学所有教学班，包括线下教学班级与线上慕课教学。

（二）教学目标

通过本案例教学，达到以下三个层次的目标：

（1）知识目标：掌握最小二乘估计的基本思想和回归系数简洁表达式的证明方法；理解模型中截距项的作用。

（2）能力目标：培养学生的归纳总结思维，并由最小二乘估计的证明方法总结出求和表达式普适的证明技巧和规律。

（3）价值目标：培养学生的奉献精神，引导其明白团队中每个角色都是重要的，我们要树立正确的团队精神，树立正确的价值观。

二、案例正文

对于计量研究中建立的回归模型 $\hat{Y}_i = \hat{\beta}_1 + \hat{\beta}_2 X_i$，要估计样本回归参数 $\hat{\beta}_1$ 和 $\hat{\beta}_2$，不同的估计方法可以得到不同的样本回归参数，所估计的 $\hat{Y}_i$ 也就不同，而理想的估计方法应使估计的 $\hat{Y}_i$ 与真实的 Y_i 的差（即剩余 e_i）越小越好。较为常用的一种方法是最小二乘估计，其思想是使散点图上的所有观测值，即样本点到回归直线距离的平方和最小。这是因为 e_i 可正可负，总有 $\sum e_i = 0$，所以可取 $\sum e_i^2$ 最小，代入 $e_i = Y_i - \hat{\beta}_1 - \hat{\beta}_2 X_i$ 即 $\min \sum e_i^2 = \min \sum (Y_i - \hat{\beta}_1 - \hat{\beta}_2 X_i)^2$。在观测值 Y 和 X 确定时，$\sum e_i^2$ 的大小决定于 $\hat{\beta}_1$ 和$\hat{\beta}_2$，为了取到 $\sum e_i^2$ 的最小值，可以用微分法，分别对 $\sum e_i^2$ 关于 $\hat{\beta}_1$ 和

$\hat{\beta}_2$ 求偏导数并令其等于 0：

$$\frac{\partial(\sum e_i^2)}{\partial \hat{\beta}_1} = \frac{\partial(\sum (Y_i - \hat{\beta}_1 - \hat{\beta}_2 X_i)^2)}{\partial \hat{\beta}_1}$$

$$= \sum -2(Y_i - \hat{\beta}_1 - \hat{\beta}_2 X_i) = -2\sum (Y_i - \hat{\beta}_1 - \hat{\beta}_2 X_i) = 0$$

$$\frac{\partial(\sum e_i^2)}{\partial \hat{\beta}_2} = \frac{\partial(\sum (Y_i - \hat{\beta}_1 - \hat{\beta}_2 X_i)^2)}{\partial \hat{\beta}_2}$$

$$= \sum -2(Y_i - \hat{\beta}_1 - \hat{\beta}_2 X_i) X_i = -2\sum (Y_i - \hat{\beta}_1 - \hat{\beta}_2 X_i) X_i = 0$$

这里的 $\hat{\beta}_1$ 和$\hat{\beta}_2$ 便称之为普通最小二乘估计（OLS）。

在这里有一个小技巧，把-2 拿到了Σ之外，由上一步的方程可以得到正规方程：

$$\sum Y_i = n\hat{\beta}_1 + \hat{\beta}_2 \sum X_i$$

$$\sum Y_i X_i = \hat{\beta}_1 \sum X_i + \hat{\beta}_2 \sum X_i^2$$

继续求解 $\hat{\beta}_1$，$\hat{\beta}_2$ 可得

$$\hat{\beta}_2 = \frac{n\sum X_i Y_i - \sum X_i \sum Y_i}{n\sum X_i^2 - (\sum X_i)^2} = \frac{\sum X_i Y_i - n\bar{X}\bar{Y}}{\sum X_i^2 - n\bar{X}^2}, \hat{\beta}_1 = \bar{Y} - \hat{\beta}_2 \bar{X}$$

为表达得更简洁，或者用离差形式 OLS 估计式，可以将 $\hat{\beta}_2$ 的表达式继续改写：

$$\hat{\beta}_2 = \frac{\sum X_i Y_i - n\bar{X}\bar{Y}}{\sum X_i^2 - n\bar{X}^2} = \frac{\sum (X_i - \bar{X})(Y_i - \bar{Y})}{\sum (X_i - \bar{X})^2}$$

以分母为例，改写的证明式为：

$$\sum X_i^2 - n\bar{X}^2 = \sum X_i^2 - 2n\bar{X}^2 + n\bar{X}^2 = \sum X_i^2 - 2\bar{X}\sum X_i + \sum \bar{X}^2$$

$$= \sum (X_i^2 - 2\bar{X}X_i + \bar{X}^2) = \sum (X_i - \bar{X})^2$$

结合以上推导可以发现，-2，$\bar{X}$ 任意放到Σ外面或里面，其规律在于，-2，$\bar{X}$ 都是常数，和 Y_i，X_i 带下标的数值不同，在求和时穿着不一样的“衣服”，可以“自由”进出Σ。这就正如排球比赛里身着不同球衣的“自由人”。他（她）们穿和本队其他球员不同颜色的球服，可以替换场上队员的后排一传和防守，不需要裁判的同意，就可以自由上下场。

但“自由人”不是真正的“自由”，反而牺牲了自己的自由，因为他（她）们不得轮转到前排、拦网、进攻和发球。和最受关注的进攻型球员不同，在比赛中他（她）们缺少高高跃起、挥臂一扣的高光镜头，也没有铁

壁铜墙般的网前封杀。比如家喻户晓的女排队长、主攻朱婷，在球场上的镜头是如此耀眼，但是“自由人”却不一样，镜头捕捉到的他（她）们永远只有在拼命救球的一个姿势。

就像$\sum -2(Y_i-\hat{\beta}_1-\hat{\beta}_2X_i)=-2\sum(Y_i-\hat{\beta}_1-\hat{\beta}_2X_i)$，$-2$被提到了$\Sigma$外面，在估计参数时并不能发挥如$Y_i$，$X_i$一样至关重要的作用，是最不受关注的。

虽然常常默默无闻，但“自由人”责任很重，有时还会对战局起到关键的作用。回望2004年雅典奥运会女排决赛，当年的“自由人”、有“不死鸟”之称的张娜功不可没。正是靠着她的稳定一传和多次“救火”，稳定了军心，保障了战术的执行力。张娜和队友们通力合作，中国女排才能在落后时一分一分追上，在决赛先输两局的情况下，连扳三局，实现大逆转，战胜实力强大的俄罗斯而赢得冠军。作为当时中国女排队中唯一的“自由人”，张娜肩上的担子着实不轻，但是她却以顽强的决心、十足的责任心撑起了中国女排队的半边天。

在估计参数时，-2和$\bar{X}$也像“自由人”一样，哪里需要就往哪里搬，就像在证明$\sum X_i^2-2\bar{X}\sum X_i+\sum\bar{X}^2=\sum(X_i^2-2\bar{X}X_i+\bar{X}^2)=\sum(X_i-\bar{X})^2$时，$-2$和$\bar{X}$在需要的时候放到$\Sigma$里面，才能得到完整的平方和。

再看中国女排现役主力“自由人”——林莉，她171厘米的个头在女生里面自然是很高了，但对于打排球来说，则还远远不够，在球场上她是场上最矮的那个姑娘。对比旁边的朱婷，她明显要矮一个头，但是她却要承接对面最凶猛的扣球。事实上，在里约奥运会时期，林莉并不是当时“自由人”的第一选择，因为其他队员受伤才担当了“救火队员”。然而她却成了中国女排里约之行的最大收获，332次一传仅失误5球，荣膺里约奥运会“最佳自由人”称号。

“自由人”对于整个球队来说，就是“专干脏活累活的清道夫”。她们以最不自由的付出、甘当绿叶的精神，保障了球队的胜利，就像求和公式中的常数，牺牲了自己的自由，保障了公式的顺利推导。

女排精神不仅是一种努力拼搏、永不言败的奋斗精神，更是一种乐观积极、团结进取的协作精神。一个队伍的责任分工，离不开类似排球队中的“自由人”，离不开可以自由进出Σ的常数；一个队伍的团结协作，需要个人牺牲一些所谓的自由。

在我们的学习和工作中，在很多需要团队完成的任务中，也有不少人处在类似“自由人”的岗位上，日复一日地干着平凡甚至有些单调的工作，在职责使命约束的“不自由”中，甘当平凡的螺丝钉，尽心竭力地保障整个任务的顺利推进和良好发展，实际上，把平凡的事情做好了就是不平凡。

在上述最小二乘估计的推导中，不难发现，我们经典回归模型包含的及估计的都是两个参数：$\hat{\beta}_1$ 和$\hat{\beta}_2$，估计结果为 $\hat{\beta}_1 = \bar{Y} - \hat{\beta}_2 \bar{X}$，$\hat{\beta}_2 = \frac{\sum X_i Y_i - n\bar{X}\bar{Y}}{\sum X_i^2 - n\bar{X}^2} = \frac{\sum (X_i - \bar{X})(Y_i - \bar{Y})}{\sum (X_i - \bar{X})^2}$。其中 $\hat{\beta}_2$ 代表的是解释变量的系数的估计项，代表了解释变量对被解释变量的影响程度，在模型检验中需要检验其在经济学、统计学、计量经济学上的合理性。但在历史经验中，我们对模型截距项 $\hat{\beta}_1$ 却并不大关注，即使在后续检验中，截距项无法通过假设检验，也不会对模型结果产生太大影响。

事实上，我们不关注截距项，是因为它在很多情况下并无实际的解释意义，如果一定要论含义，截距项的数学含义是：平均来讲，当所有解释变量的值为 0 的时候，被解释变量的值是几？但是在计量经济学的实证模型中，这通常是无意义的，原因很简单，因为在很多时候，解释变量的定义域并不一定包括 0，比如人的身高、体重等。可是，即便所有的解释变量都可以同时取 0，常数项依然是基本无意义的。就最小二乘估计来讲，所有参数的确定都为了一个目的：让残差项的均值为 0，而且残差项的平方和最小。当其他的参数都确定了以后，常数项的变化在图像上表现出来的就是拟合曲线的上下整体浮动，当曲线浮动到某位置上，此位置对应的残差项的均值为 0，且残差项平方和最小，此时曲线与 y 轴所确定的截距即为常数项。因此，可以理解为常数项是对其他各个解释变量所留下的偏误（bias）的线性修正，其并没有具体的意义。

那我们能否在模型设定时去掉截距项呢？显然不行，因为截距项对我们模型的后续检验起到了至关重要的作用。

（1）无截距项则不能满足 $\sum e_i = 0$，也不满足 0 均值假定，则 OLS 估计失效。

由解释变量和扰动项不相关的古典假定可知，$X'e = 0$。当有截距项存在时，X 矩阵的第一列可视为全为常数 1 的向量。

$$\begin{matrix} 1 & X_{21} & \cdots X_{k1} \\ \vdots & \vdots & \vdots\ X_{k2} \\ 1 & X_{2n} & \cdots X_{kn} \end{matrix}$$

此时由于 $X'e=0$，第一列向量 $I=(1, 1, 1, 1, \cdots)$ 与 $e=(e_1, e_2, e_3\cdots)$ 相乘可得 $\sum e_i=0$。

可见截距项是 $\sum e_i=0$ 的前提条件。

(2) 无截距项也不能满足拟合优度指标的合理性：$R^2\in(0, 1)$。

传统的拟合优度 $R^2\in(0, 1)$，这个范围区间用它作为对模型拟合程度的衡量指标是非常合理的。而当截距项不存在的时候，模型的 R^2 则可能会超出这个范围，即 $R^2<0$ 或 $R^2>1$。这显然不符合我们的要求。

这是因为已知：

$$\sum_{i=1}^{n}(y_i-\bar{y})^2=\sum_{i=1}^{n}(y_i-\hat{y}_i)^2+\sum_{i=1}^{n}(\hat{y}_i-\bar{y})^2+2\sum_{i=1}^{n}e_i(\hat{y}_i-\bar{y})$$

当有截距项的时候，$\sum e_i=0$，$X'e=0$，从矩阵形式出发，设 M_0 为离差制造者，即 $y_i-\bar{y}=M_0y$，有 $\hat{y}_i=Xb$，$\sum_{i=1}^{n}e_i(\hat{y}_i-\bar{y})=\sum_{i=1}^{n}e_i(\hat{y}_i-\bar{\hat{y}}_i)=b'X'M_0e$。

已知当 $\sum e_i=0$，$M_0e=e$，$b'X'M_0e=0$ 时：

此时可推

$$\sum_{i=1}^{n}(y_i-\bar{y})^2=\sum_{i=1}^{n}(y_i-\hat{y}_i)^2+\sum_{i=1}^{n}(\hat{y}_i-\bar{y})^2$$

即 SST=SSE+SSR。

经典的 $R^2=\text{SSR/SST}$，在截距项存在的条件下，因为 SSR<SST，且都为正数，则 $R^2\in(0, 1)$，而不存在截距项时，SST=SSE+SSR 无法成立，无法保证 SSR<SST，所以此时 R^2 可能不在 0 和 1 之间。

由上可见，虽然截距项在模型中没有实际的意义，但它的存在保证了模型中零均值假定的正确和拟合优度指标的合理性等，故其并不能随意从模型中剔除。它虽然“可有可无”，但在模型估计和检验中发挥了巨大作用，称得上是我们最小二乘估计过程乃至整个计量研究范式中一条坚韧的防线，牢牢保证着整个研究的合理进行，就像足球场上的守门员角色，虽然并不“重要”，但不可或缺。

守门员是一种足球运动比赛队员的位置名称。其位于球门前，是一个队的最后一道防线。主要任务是守卫球门不让球进入。由守转攻时，则用快速、准确地传球组织发动进攻。是球队中可在罚球区内用手处理球的队员，在争夺罚球区内的高空球时起到第三中卫的作用，亦是整支队伍防守和反击不可或缺的中坚力量。足球比赛中，矛盾的焦点是射门和阻止射门，因此门前的争夺异常激烈。守门员发挥得好与坏，直接关系到一个球队的命运。

由此可以发现，守门员和截距项带有相似的“寂寞色彩”。在一场足球比赛中，场上的其他队员会有大量的跑动、传球、射门机会，而对于守门员来说，他们往往是站在球门前等待。在国际各大联赛中，镜头往往会追随着足球进行，我们可以看到每一次精彩的传球、猛烈的进攻抑或是令人拍案而起的进球。前锋、中锋担任着进攻的主力，往往是球迷心中的英雄，成就了一次次的胜利传奇。而主要充当防御角色的后卫和守门员，他们身上的英雄主义色彩往往会“逊色”不少。事实上，特别是守门员，由于接触球的机会相对较少，往往容易被观众们忽视，甚至像个“隐形人”。但为什么长达两个世纪的足球运动中，仍然会保留这一位置呢？同我们模型中的截距项一样，事实上，这并不是一个毫无意义的简单活。守门员起到最终防守和再次进攻的作用，这需要守门员随时注意赛场动态，紧跟队友和对手的传球路径，这往往要求非常高的注意力和判断力。当对方射门的时候，守门员需要用身体的各个部位将球挡出球门，这需要非常机敏的反应力，不怕摔倒、不怕受伤的奉献精神。就算成功将球扑出，守门员得到的欢呼声和掌声往往也不如射手一个精彩的进球，因为人们往往更喜欢“得分”而非“不丢分”，故守门员往往还需要耐得住寂寞、不追名逐利、踏踏实实地在“幕后”干好自己的本职工作。

这也就是我们所说的“守门员”精神：以团队为先，以个人为后；敢于牺牲，不求名利。

在开心麻花团队制作的电影《西虹市首富》中，主角王多鱼就是一个地方队的三流守门员，他并没有过硬的实力和技巧，但是足球是他的热爱和梦想。在他接到“花光十亿现金”的任务后，他选择建设自己曾任职的球队，其中最感人的一幕，就是王多鱼所在的球队和著名强队的友谊赛，王多鱼的队友完全无法阻挡对方的攻势，而王多鱼作为守门员，“最后一道防线”，用身体的各个部位顽强地把每次射门挡了出去，虽然最后自己遍体鳞伤，但成功阻止了大比分落后下的进一步失败，维护了体育人的尊严，体现了守门员的精神。

而这样的场景在现实中并不是无迹可寻，最好的原型就是我们中国女足。

在法国勒阿弗尔举行的2019年国际足联女足世界杯B组小组赛中，中国队以0比0战平西班牙队，与西班牙队携手出线。女足姑娘们在比赛中表现出的实力值得赞赏，永不言败的精神层面能依稀让人想到1999年世界杯的那支中国女足，在出线之后的狂欢冷却下来之后再度审视这场比赛：原来这种精神气质或许是我们最值得骄傲的地方，其中发挥最好的守门员彭诗梦，面对西班牙暴风骤雨般的射门，正是她的高接低挡才力保中国队城门不失。本场比赛西班牙射正的次数就达到了9次，已经超越了中国队全场射门的次数。而正是因为彭诗梦稳健的发挥，沉着冷静地处理了每一次对手的进攻，成为中国女足强大的防护板，使对方难以攻破，最终得以挺进下一轮比赛。虽然中国女足的“一姐”仍是前场主力王霜，但我想我们也不会忘记球门前另一个美丽的身影——彭诗梦。

无论是守门员精神还是中国女排精神，这都代表着一种坚忍不拔、敢于拼搏、敢于奉献的体育精神。我们不仅仅可以把此种精神应用在体育竞赛上，还可以应用在我们的学习、工作中，我们也可以秉承这种精神，当一个人的时候，耐得住寂寞，受得了苦难，不屈不挠；当处于团队中，我们也要低调踏实，敢于牺牲、敢于奉献，把团队利益置于个人利益的前面，只要我们做好我们的任务，就一定能让我们的梦想发光、发热。

三、案例分析

（一）案例蕴含的思政元素

通过对最小二乘估计中参数项估计式过程的推导发现，常数项可以提到求和符号以外来简化求解，我们称此为“自由人”项，以此联系到排球运动中的“自由人”角色，以中国女排的具体案例赞扬了为了团队的利益甘当平凡的螺丝钉的奉献精神；又通过对模型截距项意义和作用的分析讲解，将截距项的作用与足球守门员的作用联系起来，阐述了团队里每个角色都很重要的道理，哪怕在一些不起眼的岗位，我们也可以发挥出巨大的作用。

（二）启发思考题及分析

体育精神和学术精神还有哪些相关性？分析：体育精神和学术精神的联系不仅存在于团队精神、拼搏精神和奉献精神。我们可以发现，事物之间的联系往往是有据可循的，比如学术需要我们细致认真，在体育中，也需要我们对细节的专注，每一个细节的把握都需要大量的练习和纠错；学术中需要我们戒骄戒躁、保持初心，在体育竞赛中，这一点更为关键，因为运动中激素的产生更容易使我们的神经兴奋，如果不能保证一颗清醒沉稳的头脑，很容易在短暂的胜利中迷失。

四、教学反思

在教学中，对一些较为发散的主题，可以培养学生的思维发散能力，鼓励学生来思考并分享一些相关的案例，使学生充分融入课堂并对知识点有更深的记忆和理解，但一定要控制好“度”，在保证课堂秩序和节奏的情况下，增强课堂内容和形式的丰富性。

参考文献

[1] 庞皓. 计量经济学 [M]. 4 版. 北京：科学出版社，2019.

[2] 威廉 · H. 格林. 计量经济分析 [M]. 北京：中国人民大学出版社，第六版.

[3] 王希翀. 0 比 0 战平西班牙，中国女足以小组第三身份出线 [N]. 新京报，2019-06-18.

多元线性回归及 t 检验、F 检验

——个体价值实现与总体价值实现

范国斌

一、案例概况

（一）适用对象

本案例适用于计量经济学所有教学班，包括线下教学班级与线上慕课教学。

（二）教学目标

通过本案例教学，达到以下三个层次的目标：

（1）知识目标：引导学生学习并理解多元线性回归模型、F 检验、t 检验基本思想以及检验统计量的构造方法、表达式，学习了解 F 检验和 t 检验之间的关系，进一步让学生理解个人与社会总体之间的关系。

（2）能力目标：使学生能够具备构建多元线性回归模型、并准确使用 F 统计量和 t 统计量进行统计检验分析的能力，能够理解 F 检验、t 检验的统计内涵及其对具体问题的应用。

（3）价值目标：帮助学生树立正确的价值观，明白个人价值实现的途径和重要性，理解实现自我人生价值与社会总体价值之间的关联，引导学生为实现自我价值而努力。

二、案例正文

现实生活中大部分经济问题可能会同多个变量相联系，在此进行多元线性回归模型的学习。

（一）多元线性回归模型

简单线性回归不能进行多因素问题的分析，因此将只有一个解释变量的一元线性回归模型推广到有多个解释变量的情况，得到多元线性回归模型。

对于有（$k-1$）个解释变量的线性回归模型如下：

$$Y_i=\beta_1+\beta_2X_{2i}+\beta_3X_{3i}+\cdots+\beta_kX_{ki}+u_i(i=1,\ 2,\ \cdots,\ n)$$

模型中的 $\beta_j(j=1,\ 2,\ 3,\ \cdots k)$ 是偏回归系数，样本容量为 n。

（二）回归方程的显著性检验（F 检验）

为了说明所有解释变量联合起来对被解释变量影响的显著性，或整个方程总的联合显著性情况，需要对方程的总显著性在方差分析的基础上进行 F 检验（见图 1）。其原假设为

$$H_0:\ \beta_2=\beta_3=\cdots=\beta_k=0$$

（所有解释变量联合起来对被解释变量的影响不显著）

其备择假设为：H_1：$\beta_j(j=2,\ 3,\ \cdots,\ k)$ 不全为 0

由此建立统计量：

$$F=\frac{\mathrm{ESS}/(k-1)}{\mathrm{RSS}/(n-k)}=\frac{\sum(\hat{Y}_i-\bar{Y})^2/(k-1)}{\sum(Y_i-\hat{Y}_i)^2/(n-k)}\sim F(k-1,\ n-k)$$

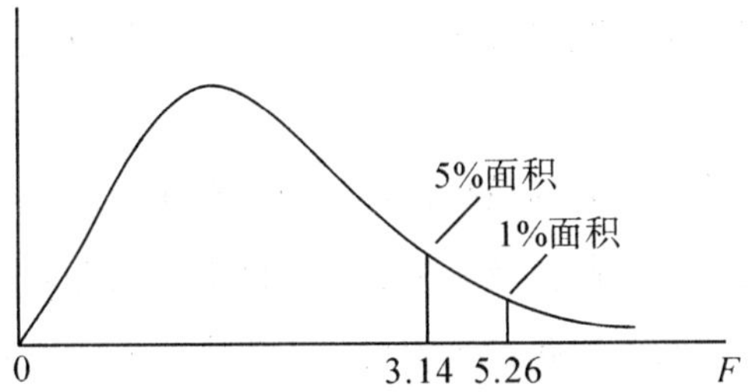

图 1　F 检验示意图

根据给定的显著性水平 α，得到 F 分布表中自由度为（$k-1$，$n-k$）的临界值 $F_\alpha(k-1,\ n-k)$，并通过样本观测值即可计算 F 值。如果计算的 F 值大于临界值 $F_\alpha(k-1,\ n-k)$（小概率事件发生）则拒绝原假设，说明回归模型有显著意义，即所有解释变量联合起来对 Y 确有显著影响；如果计算的 F 值小于临界值 $F_\alpha(k-1,\ n-k)$（大概率事件发生）则不拒绝原假设，说明回归模型没有显著意义，即所有解释变量联合起来对 Y 没有显著影响。

（三）各回归系数的假设检验（t 检验）

在一元回归中 F 检验与 t 检验等价，且 $F=t^2$，但在多元回归中，F 检验显著，不一定每个解释变量都对 Y 有显著影响，还需要分别检验当其他解释变量保持不变时，各个解释变量 X 对被解释变量 Y 是否有显著影响。

其原假设为

$$H_0:\ \beta_j=0(j=1,\ 2,\ \cdots,\ k)$$

备择假设为

$$H_1:\ \beta_j \neq 0$$

构造 t 统计量为

$$t = \frac{\hat{\beta}_j - \beta_j}{\widehat{\mathrm{SE}}(\hat{\beta}_j)} = \frac{\hat{\beta}_j}{\hat{\sigma}\sqrt{c_{jj}}} \sim t(n-k)$$

给定显著性水平 α，查 t 分布表的临界值为 $t_{\frac{\alpha}{2}}(n-k)$，如果 $-t_{\frac{\alpha}{2}}(n-k) \leqslant t \leqslant t_{\frac{\alpha}{2}}(n-k)$（大概率事件发生）就不拒绝原假设，即认为 β_j 所对应的解释变量 X_j 对被解释变量 Y 的影响不显著；如果 $t < -t_{\frac{\alpha}{2}}(n-k)$ 或 $t > -t_{\frac{\alpha}{2}}(n-k)$（小概率事件发生）就拒绝原假设，即认为 β_j 所对应的解释变量 X_j 对被解释变量 Y 的影响是显著的。

在多元回归中，可以做 F 检验，也可以分别对每个回归系数逐个地进行 t 检验。那么 F 检验与 t 检验之间的关系是什么呢？其关系主要为：

整体的 F 检验显著并不见得个别系数的 t 检验也显著；

个别系数的 t 检验显著则整体 F 检验通常也是显著的。

因此在多元回归中，既要做 F 检验，又要进一步分别对每个回归系数逐个地进行 t 检验。

实现人生价值是一个人的最高精神需要，对于每个个体来说，大家一生中都在为实现自己的人生价值及人生目标不断努力奋斗着，而往往人生价值是比较抽象并且宏远的，因此在实现自我人生大目标时不妨将其分解为一个个小目标，或者分解为不同阶段的目标逐个突破，将每个小目标落到实际学习工作中，每一个小目标类似于多元回归中的每一个 X_i，它们对最终目标 Y_i 的影响程度大小不一，将每一个小目标都能够有计划地实现，使其对最终目标的影响得以显著表现，那么大大小小的目标加总联合起来就会对人生价值这一多元回归产生显著影响，同时最终目标也将被这些小目标所影响得以实现。所以在学习和工作中，遇到一定的难题时可以将其划分为多个小问题去解决，调动自己的主观能动性，终将实现自己的目标。

山本田一是日本著名的马拉松运动员，他曾在 1984 年和 1987 年的国际马拉松比赛中，两次夺得世界冠军，记者问他凭什么取得如此惊人的成绩，山田本一总是回答：“凭智慧战胜对手！”。然而大家都知道，马拉松比赛主要是运动员体力和耐力的较量，爆发力、速度和技巧都还在其次。因此对山田本一的回答，很多人觉得他是在故弄玄虚。十年后，这个谜底被揭开了，山田本一在自传中这样写道：“每次比赛之前，我都要乘车把比赛的路线仔细地看一遍，并把沿途比较醒目的标志画下来，比如第一标志是银行；第二标志是一棵古怪的大树；第三标志是一座高楼……这样一直画到赛程结束。比赛开始后，我就以百米的速度奋力地向第一个目标冲去，到达第一个目标后，我又以同样的速度向第二个目标冲去。40 多千米的赛程，被我分解成几个小目标，跑起来就轻松多了。开始我把我的目标定在终点线的旗帜上，结果当我跑到十几千米的时候就疲惫不堪了，因为我被前面那段遥远的路吓到了。”全赛程中以较快的速度跑完每个小段距离，也就意味着每个小目标是显著成功了，那么联合所有小目标的全程马拉松这一大目标也自然显著成功。人生道路也类似于一场路程遥远的马拉松，只有将人生大目标划分为每个时间阶段的小目标，类似于每个小赛程，在每个小赛程中奋力奔跑，取得显著成果和进步，自然整个人生道路也是有显著成果和进步的。当目标被清晰地分解了，目标的激励作用就显现了，在我们实现一个目标的时候，我们就能够及时地得到一个正面的激励，就相当于一个 t 检验的显著效果，这对于培养我们挑战目标的信心作用是巨大的，因而最后每一个 t 检验都是显著的，联合起来的总体 F 检验也是显著的。当大多数人都能够将自己的能力进行充分发挥并实现自我人生价值时，我们整个社会的发展也就成为必然，实现中华民族伟大复兴的中国梦也将指日可待。

马克思主义唯物史观认为：人民群众是历史的主体，是历史的创造者。是物质财富、精神财富的创造者、社会变革的决定力量。人民群众的总体意愿和行动代表了历史发展的方向，人民群众的社会实践最终决定历史发展的结局。在整个社会发展过程中，人民群众有着不可替代的作用。人民群众推动着社会的发展和进步，分解到每一个个体身上，社会的发展和进步就能够归结到每个个体的发展和进步中。在新时代背景下，我国的主要目标是实现社会主义现代化事业、建设社会主义现代化强国，为实现这个目标需要我国全体人民的共同努力。我国对于人民的定义是从思想上和行动上为推动中国特色社会主义现代化事业而奋斗的“全体社会主义劳动者、社会主义事业的建设者、拥护社会主义的爱国者、拥护祖国统一和致力于中华民族伟大复兴的爱国者”，因此中国历史的每一项成果都凝聚着中国人的聪明才智，浸透着中国人的辛勤汗水，蕴含着中国人的巨大牺牲，而对于中国未来的建设也自然离不开这些个体力量的结合和统一。

正如多元线性回归中的 Y_i，实现建成社会主义现代化强国是我国目前发展的主要目标，每个个体就相当于每个 X_i，当每个个体充分发挥自己的聪明才智，将自己的能力运用到社会活动中，从多层次多方面进行探索和发展，实现自我人生价值及自我能力的发展和进步，自然同时能推动整个社会的发展和进步。社会由众多个体组成，个体在社会中的积极表现给社会总体带来的价值将是巨大且有深远意义的。我国社会发展成果或者社会进步是否显著受到每个个体价值实现的影响，就像是对实现中华民族伟大复兴的中国梦这一多元线性回归模型进行 F 统计检验，看其检验结果是否显著；而每个个体是否显著实现其自我价值或者实现自我积极上进的目标类似于对多元回归模型中各回归系数进行 t 统计量检验，得到每个个体 t 统计量检验结果的显著性。

在之前的多元线性回归模型学习中得知，对于一个多元线性回归模型来说，其方程整体的 F 检验显著并不意味着个别 t 检验一定显著，而每个回归系数的 t 检验显著的话，那么整体模型的 F 检验通常也是显著的。类比于我国社会总体发展进步以及最终实现社会主义现代化强国的目标，只要每个个体在自己所适合的岗位上取得显著性的进步和发展，联合起来对于整个社会发展进步就是有显著影响的，这是因为人民群众的力量和进步一定会转化为整个社会和国家的进步，人民群众在各方面的发展进步显著也就意味着能够推动我国在各层面的发展进步，意味着推动建成社会主义现代化强国的目标得以显著表现，并且显著受到人民群众个体价值实现的影响。因此坚持人民群众的历史创造者地位和在社会发展中的首创精神是推动历史进步的根本要求，人民群众是社会历史发展的决定力量。

一个大的目标通常可以分解为多个具体的小目标来实现，从小目标入手，逐个突破小目标，最终实现总体大目标。不论是对于国家社会整体建设发展而言，还是对于每个个体实现自我价值而言都是如此。

目前，我国现代化道路建设目标主要反映在党提出的“五位一体”总体布局与“四个全面”战略布局中。党的十八大报告提出“建设中国特色社会主义，总依据是社会主义初级阶段，总布局是五位一体，总任务是实现社会主义现代化和中华民族伟大复兴”，因此，要求“必须更加自觉地把全面协调可持续作为深入贯彻落实科学发展观的基本要求，全面落实经济建设、政治建设、文化建设、社会建设、生态文明建设五位一体总体布局，促进现代化建设各方面相协调，促进生产关系与生产力、上层建筑与经济基础相协调，不断开拓生产发展、生活富裕、生态良好的文明发展道路”。由此可以看出，“五位一体”是基于国家的现代化建设进程和奋斗目标上提出的，是马克思主义中国化理论创新与实践创新的最新成果，对于推动中国特色社会主义建设有着十分重要的意义。党的十八大以来，在党的带领下，接连推进“一带一路”建设，推动区域开放步伐，以及京津冀协同发展的有序推进、雄安新区的启动设立、长江经济带发展取得成效、生态环保和经济辐射力增强等都是我国最近几年取得的成就。

建设中国特色社会主义现代化强国这一总体目标就类似于多元回归中的 Y_i，为实现这一伟大宏远的目标，我们党提出分为五个具体的建设目标进行。其具体为经济建设、政治建设、文化建设、社会建设以及生态文明建设，在五大建设目标下设有很多更加具体的小目标，因而构成了类似于多元回归中的 X_i。这五大建设目标覆盖了我国各方面的发展，一个社会主义现代化强国是要在各方面都得到一定的成就后才能实现的，因此当我国经济建设、政治建设、文化建设、社会建设以及生态文明建设都能够获得显著性成就与发展时，即为在建设中国特色社会主义现代化强国这一多元回归模型中的各回归系数的 t 检验是显著的，那么建设中国特色社会主义事业也就得以显著表现。整个多元回归方程的 F 检验也是显著的，代表五大建设对建设中国特色社会主义现代化强国有着显著的影响效果。整个社会能否有长足发展靠的是多方面的进步，只有将多方面发展统筹规划，多元并进，才能构建一个健康和谐的中国特色社会主义强国。

三、案例分析

（一）案例蕴含的思政元素

通过学习多元线性回归模型以及其中的 F 检验和 t 检验的具体统计内涵，理解两者之间的关联关系，用个人的目标价值实现引入马拉松世界杯冠军山田本一的成功经验分享、结合我国社会主义现代化强国建设过程中每个个体的作用以及党组织对于社会主义事业建设提出的“五位一体”总体布局进行阐明，说明总体目标的实现与每个个体之间的关系，引导学生树立正确的价值观，为中国特色社会主义事业贡献自己的力量，实现自我人生价值的同时推动整个社会总体的进步和发展。

（二）启发思考题及分析

在我们的日常学习和工作中，应该如何将大目标分解成小目标？分析：生活中我们通常会遇到很多任务或者工作要进行，而往往这些任务并不能一蹴而就，因此将每个任务尽可能地细分，落实到具体的细节工作中，比如在计量学习中要学习某一个具体的模型，并用相关统计软件进行实现这样一个目标工作来说，就可以分为前期查阅文献资料，从理论层面了解模型的构建以及具体应用方面；中期根据已有的前人研究和相关数据代码进行实际上手操作，根据他人研究成果并结合之前所学习的模型理论知识理解统计软件输出结果的意义和可解释性；后期使用自己所感兴趣问题的相关数据进行模型构建，尝试解决自己所遇到的实际经济问题等。这样简单分为三个步骤就可以对自己所要学习的模型有较为深刻的理解，尽力实现划分后的每个步骤成果显著有效，最终学习模型的效果也一定是显著有效的。

四、教学反思

在进行思政课程的讲解时，要结合学生所学专业知识一步步深入，从联系每个人现实生活中的例子引入，再上升到国家层面的相关政策实施，这样有助于学生理解专业知识，并且可以深入理解国家相关政策的有效性和重要性，促使学生关注国家大事、关注国家治理，从而激发学生关注国家政策理论的主动性，并且将政策理论实践细化到每个个体的实际生活中。

参考文献

[1] 庞皓. 计量经济学 [M]. 4版. 北京：科学出版社，2019.

[2] 习近平. 高举中国特色社会主义伟大旗帜 为决胜全面小康社会实现中国梦而奋斗 [N]. 人民日报海外版，2017-07-28 (1).

[3] 张琳琳. “五位一体”总体布局的思想演进及其逻辑特征 [J]. 探索，2017 (5)：89-93.

[4] 杨谦，张婷婷. 对“人民群众是历史的创造者”原理的再理解 [J]. 思想理论教育导刊，2020 (1)：26-32.

假设检验——矛盾两点论与重点论的统一

范国斌

一、案例概况

（一）适用对象

本案例适用于计量经济学所有教学班，包括线下教学班级与线上慕课教学。

（二）教学目标

通过本案例教学，达到以下三个层次的目标：

（1）知识目标：让学生理解假设检验的基本思想与核心步骤，学习假设检验思想在计量经济学中回归模型的显著性检验的应用。

（2）能力目标：使学生能够基本具备利用假设检验思想，对所建立的回归模型的显著度进行检验，并对模型的检验结果能够正确解读。

（3）价值目标：帮助学生理解矛盾论在计量经济学中的体现，当矛盾出现时，我们应当做到两点论与重点论的统一，在主要矛盾与次要矛盾之间权衡，结合实际问题，重点抓住主要矛盾，调整策略，使我们犯错的概率在可接受的范围内，以此培养学生的辩证思维方式，学会取舍。

二、案例正文

在英国剑桥一个夏日的午后，一群大学的绅士和他们的夫人们，还有来访者，正围坐在户外的桌旁，享用着下午茶。

这时，一位女士坚称，把茶加进奶里（记为 TM），或把奶加进茶里（记为 MT），不同的做法，会使茶的味道品起来不同，而自己可以鉴别是 TM 还是 MT。在场的一帮科学精英们，对此产生了议论，认为这个女士在胡言乱语。他们难以想象，仅仅因为加茶加奶的先后顺序不同，茶就会发生不同的化学反应。而此时，在场的费希尔提议通过一项实验来检验如下假设（命题）是否可以接受：

假设 H：该女士无此种鉴别能力

接下来，在场的许多人都热心地加入实验中来，他们在这位女士看不见的地方调制出了 10 杯不同类型的茶来（TM 和 MT），让该女士品尝，并说出是 TM 还是 MT，结果那位女士竟然正确地分辨出 10 杯奶茶中的每一杯。现在学生相信这位女士说的话了吗？

费希尔认为，假如假设 H 是正确的，即该女士没有此种鉴别能力，那么她只能猜，而她每次猜对的概率为 1/2，而 10 次都猜对的概率为 $2^{-10} < 0.001$，这是一个很小的概率，自然 10 次都猜对也是一件几乎不会发生的事情，如今该事件竟然发生了，这只能说明原假设 H 是不成立的，我们应予以拒绝，认为该女士的确有辨别奶茶中 TM 与 MT 的能力。这就是费希尔用试验的方式对原假设的对错进行判断的思维方式。

说到这里可能学生会不禁感慨，认为没必要对这样的问题小题大做，这些社会精英为何不把他们的天赋放在对人类更有意义的事情上呢？其实，大多数科学家之所以从事科研活动，不只是因为他们对结果十分感兴趣，同时可以在解决问题时获得兴奋感。好的科学家很少会想到工作结果的重要性，他们在检验并试图解决问题时，期待着与他人交流，渴望科学合作以解决复杂的问题。因此，学生在日常的学习生活中也应该一样，不要因为自己一次的成功或者失败，特别是考试成绩的上升或下降就否定自己的付出，我们不应该将结果看得太重要，而忽视了在解决问题的过程中，我们收获的知识、技能、经验等其他宝贵的财富。

让我们再次回到刚刚的女士品茶的故事，相信学生心中一定有很多的疑问，假如该女士只说对了 6 杯（或 8 杯等），我们又该如何对假设 H 做出判断呢？我们的判断会发生错误吗？发生错误的概率又是多少呢？错误的概率能被控制吗？为了解答上述问题，我们首先对假设检验的一些基本概念和操作步骤进行介绍。

所谓假设检验，就是事先对总体参数或总体分布形式做出某种假设，然后利用样本提供的信息对所做的统计假设进行检验，以此来判断样本信息与原总体假设是否有显著差异，从而决定是否接受或否定原假设。其基本理论依据是采用逻辑上的反证法，即先假定原假设正确，然后根据样本信息，观察由原假设而导致的结果是否合理，从而判断是否接受原假设。而判断结果合理与否，是基于“小概率事件不易发生”这一原理的，即在原假设的条件下，应当是小概率的事件在试验中发生了，我们可以认为该假设不能成立。

其实，假设检验的目的就是通过收集到的数据，来验证某个想要得到的结论。这好比警察在办案的时候，他们需要通过已搜集的证据，去排除或确定某个嫌疑人是否是真正的凶手，假如嫌疑人 X 有合理且真实的不在场证明（如案发当晚他在另一个城市出差），那么我们就可以拒绝嫌疑人 X 是真凶的假设。同样地，假设检验过程与法官审判过程也极为相似，在一个司法案件中，法官的立场基于“疑罪从无”：已有相当的证据表明被告人有重大的犯罪嫌疑，但是全案的证据尚未达到确实充分的程度，尚不能确定被告人就是真正的罪犯。我们可以看到法官宣告被告“有罪”是需要充分的证据来推翻被告是“无罪”的假设；而宣判“无罪”，是由于没有充分的证据支持被告有罪，并不是由充分的证据支持被告“无罪”。假设检验的思想无处不在，那么学生还记得在计量经济学中，我们又是如何进行假设检验的吗?

下面我们再通过一个简单的例子，具体介绍假设检验在计量经济学中的应用。我们有 1978—2007 年的我国税收收入 Y、国内生产总值 X_1、财政支出 X_2 和商品零售价格指数 X_3 的年度数据，我们希望建立一个适当的回归模型来进行回归分析（假设所有的古典假定都满足），并对建立的模型进行显著性检验。通过对原始数据进行散点图分析后，我们考虑初始模型为如下对数模型：

$$\ln Y = \beta_0 + \beta_1 \ln X_1 + \beta_2 \ln X_2 + \beta_3 X_3 + u$$

利用 stat 软件对数据进行最小二乘回归得到：

$$\ln \hat{Y} = -2.755 + 0.451 \ln X_1 + 0.627 \ln X_2 + 1.0135 X_3$$

$$t = (-4.30)(3.17) \qquad (3.88) \qquad (1.80)$$

$$\text{pvalue} = (0.000)(0.004) \qquad (0.001) \qquad (0.084)$$

接下来我们按照一般的假设检验步骤来对上述建立的模型进行显著性检验。

（一）建立两个完全对立的假设：原假设与备择假设

在进行假设检验之前，我们必须确定一个原假设（或零假设 H_0）和备择假设（或对立假设 H_1），这两个假设通常是完全对立的，比如某种新型疫苗的有效与无效、某抗癌药物的安全与否等。决定谁是原假设，依赖于立场、惯性、方便性。同时我们在选择原假设时，应当保护原假设，尽量维持现状，将我们想要证明的东西放在备择假设。比如，据说有一种新方法可以改进生产效率，我们想验证这是否是真的，我们希望这是真的，并努力证明这是真的，因此我们将这种新方法能改进生产效率作为备择假设。

而对于引例中回归模型是否显著的问题，我们建立如下假设：

$$H_0: \beta_1 = \beta_2 = \beta_3 = 0, \ H_1: \beta_i(i = 1, 2, 3) \text{ 不全为 } 0$$

我们假定 H_0 正确，检验观测样本落在大概率区域还是小概率区域，如果落在小概率区域，则拒绝原假设，反之则不拒绝。然而在回归模型中，我们观测的样本为多变量多样本的复杂数据，小概率的区域很难直接找到，因此我们一般根据抽样分布的检验统计量来寻找。

（二）给出检验统计量，并确定拒绝域的形式

如果统计量 $T=T(X_1, \cdots, X_n)$ 的取值大小与原假设 H_0 是否成立有密切联系，就可以将其称为对应假设问题的检验统计量。而对应于拒绝原假设 H_0 时，样本值的范围称为拒绝域，记为 W，其补集 $\overline{W}$ 称为接受域。对于引例中的问题，我们根据线性回归的古典假设，可以建立一个 F 统计量：

$$F = \frac{\text{ESS}/(k-1)}{\text{RSS}/(n-k)} = \frac{\sum(\hat{Y}_i - \bar{Y})^2/(k-1)}{\sum(Y_i - \hat{Y}_i)^2/(n-k)} \sim F(k-1, n-k)$$

我们便可以通过样本观测值来计算相应的 F 统计量的值 F^*（见图 1）：

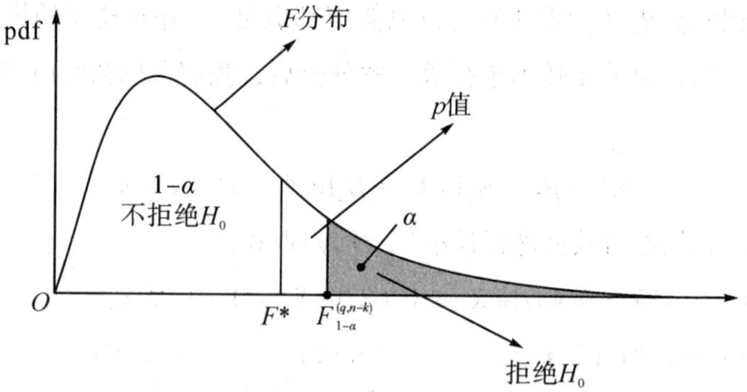

图 1　F 检验拒绝域

临界值法：$F^* \leqslant F_{1-\alpha}^{(q,\ n-k)}$ ⇒大概率事件发生⇒不拒绝 $H0$

$F^* > F_{1-\alpha}^{(q,\ n-k)}$ ⇒小概率事件发生⇒拒绝 $H0$

<u>P 值法：</u>$P > \alpha$ ⇒不拒绝 $H0$

$P < \alpha$ ⇒拒绝 $H0$

由此看来，临界值 $F_{1-\alpha}^{(q,\ n-k)}$ 的选择成了问题的关键，如果计算的 F^* 值大于临界值，说明回归模型有显著的意义，即所有的解释变量联合起来对 Y 确实有显著的影响，反之则不拒绝 H_0，说明回归模型没有显著意义，我们没有足够的证据表明所有的解释变量联合起来对 Y 有显著影响。

（三）选择显著性水平，并计算相应的临界值

由于样本的随机性，任意一个检验判断在实际应用时，我们可能做出正确的判断，也可能做出错误的判断，因此我们有可能犯如下两种错误：

$$\alpha = P\{\text{第 I 类错误}\} = P\{\text{拒绝}H_0 \mid H_0\text{ 是真实的}\}$$

$$\beta = P\{\text{第 II 类错误}\} = P\{\text{接受}H_0 \mid H_0\text{ 是错误的}\}$$

显然，不论是第一类错误还是第二类错误都会对我们的试验结果造成极大的影响。假如我们要检验一家制药公司新研发的治疗心脏病的药物是否有效，原假设为该药物无效，如果犯了第一类错误，即认为该药物是有效的，那么心脏病人在急用时会因为它的无效而产生生命危险，甚至死亡，从而对消费者的利益造成极大的损失；如果犯了第二类错误，就会将原本有治疗效果的药物当作没有效果，这会对制药公司投入生产和研究的费用造成损失。再举一个例子，流行性感冒是一种常见的急性呼吸道疾病，属于丙类传染病。成年人的感染率为 10.7%，患病率为 4.4%。现在有一位年轻人去医院检查，由于患病率相对较低，我们可以将“来检测的人没有患病”作为原假设 H_0，在这种情况下，假如犯了第一类错误，就会将原本健康的人诊断为病人，从而开具错误的处方（通常称为假阳性）；而如果犯了第二类错误，就会将病人诊断为健康的人从而可能使病人错过最佳治疗时间，且有可能传染给其他人（通常称为假阴性）。

我们希望在检验一个假设 H_0时，犯两类错误的概率都尽量小。但实际上，由于两类错误是相互对立的，即犯两类错误的概率是相互制约的，我们没有办法找到一个检验，使我们能同时降低两类错误的概率。我们可以通过下面这个简单的例子，对 α 与 β 有更加直观的认识（见图 2）：

设总体 $X \sim N(\mu, \sigma^2)$，则 $\bar{X} = \frac{1}{n}\sum_{i=1}^{n} X_i \sim N\left(\mu, \frac{1}{n}\right)$

假设检验：H_0：$\mu = \mu_0$，H_1：$\mu > \mu_1 (> \mu_0)$

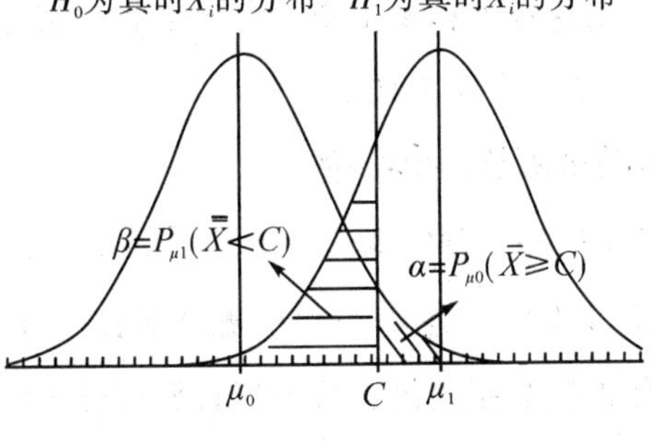

图 2　α 与 β 的关系

在图 2 中，我们可以清楚地看到，在样本量给定的情况下，α 与 β 其中任一个减小必然会导致另一个增大，由此看来，犯第一类错误和第二类错误的概率这种此消彼长的关系，似乎存在着某种矛盾。

矛盾反映了事物之间相互作用、相互影响的一种特殊的状态。我们在面对矛盾的时候，需要做到马克思主义两点论与重点论的统一。两点论：既要看到主要矛盾又要看到次要矛盾。重点论：面对问题要抓住矛盾的主要方面。在假设检验中，我们需要权衡犯两类错误时造成的损失，如果我们把 α，即犯第一类错误的概率设定为很低的水平，此时犯第二类错误的概率 β 会很大，因此结合实际问题，犯第一类错误的概率是可以由研究人员控制的，于是我们往往通过控制犯第一类错误的概率不超过某个指定值 α（α 称为显著水平，最常用的是 0.05 和 0.01），在这个限制下，使第二类错误的概率尽可能小，以期犯两类错误的概率都在可接受的范围内，这是两点论。很显然，如果犯某一类错误的代价很大，我们应该首要控制该类错误发生的概率，尽量使犯这类错误的概率降低，这是重点论。

相信学生在日常的学习生活中一定遇到过这样的问题：想一个人安安静静地在学校学习但是又害怕孤单，应该怎么办？我们知道“一个人”和“怕孤单”这是矛盾的，对于大多数同学来说，主要矛盾是希望一个人学习，从而保持高效专注的学习状态，而次要矛盾是一个人害怕孤单，导致心理落差，有可能会影响学习状态。

矛盾辩证方法论告诉我们，办事情要善于抓住重点，集中力量解决主要矛盾，即重视学习；统筹兼顾，恰当地处理次要矛盾，即兼顾感受。自然，我们就有了办法应对前述问题，假如现在学习对你十分重要，如果再不认真学习就要挂科了，那我们最好将感受暂时搁置在一边，集中精力学习知识；假如现在学习不是特别重要，而心理感受的影响也开始突出，这时候你就可以约上你的好朋友一起学习，共同进步。

最后，我们继续分析引例中的问题，取显著性水平 $\alpha=0.05$，此时，显著性水平就是犯第一类错误的概率的上限，当原假设成立时：

临界值 $F_{1-\alpha}^{(q,\ n-k)}=F_{0.95}^{(3,\ 26)}=2.975$

（四）根据样本的观测值得出结论

根据样本信息得，$F^{*}=689.73>2.975$，即当原假设 H_0 成立时，样本落在拒绝域的概率不超过 0.05，这是一个小概率事件（小概率事件发生了）。因此我们有充分的理由拒绝原假设，认为所有解释变量联合起来对 Y 是由显著影响的。

当然我们也可以利用相同的思想，结合 t 检验统计量，对回归模型中的每一个解释变量分析，解释其系数的经济含义，由 stat 的结果可知，对于单个回归系数 β_i 的检验 H_0：$\beta_j = 0(j-1,\ 2,\ 3)$，p 值分别为 0.004，0.001，0.084，即在 10%的显著性水平下，都拒绝原假设。说明在其他解释变量不变的情况下，国内生产总值、财政支出与商品价格指数三者分别对税收收入都有显著影响。

由此我们可以得出，我国税收收入与国内生产总值、财政支出及商品零售物价指数都呈正相关的关系，当国内其他因素不变时，国内生产总值每增加 1%，平均来说，税收收入就会增加 0.451%；当国内其他因素不变时，财政支出每增加 1%，平均来说，我国税收收入增加 0.627%；当其他因素不变时，商品零售物价指数每增加 1 个单位，即 1%，平均来说，我国税收收入增加 1.013 5 倍，三者与税收收入呈正相关符合现实经济意义。

三、案例分析

（一）案例蕴含的思政元素

通过分析假设检验中犯第一类错误与第二类错误之间此消彼长的关系，引出马克思矛盾的两点论与重点论的辩证统一观点，以学生熟悉的案例作为切入点，让学生体会矛盾辩证思维在计量学科中的体现，学会利用折中的方案来尽可能降低犯两类错误的概率，最终到达对知识点的强化理解。

（二）启发思考题及分析

两点论和重点论的现实意义有哪些体现？分析：两点论和重点论是互相包含、内在统一的。坚持两点论和重点论的统一，就是看问题、办事情既要全面，又要善于抓重点。这一原理是我国坚持以经济建设为中心和坚持一系列“两手抓”的重要理论依据，而认识我国社会主义现代化建设的形势要分清主流和支流，既要抓住主流，坚定信心，又不忽视支流，认真解决存在的问题，都是坚持两点论和重点论统一的具体表现。

四、教学反思

通过一些典型具体的案例在教学中引入思政内容，可以让学生在学习知识的同时，加强他们的政治理论水平，提高自身的素质。为了加强学生理论联系实际的水平，使用的案例应当生动具体且有现实指导意义，这样才能让学生对模型有更深的理解，让他们能够在今后的工作中学以致用。

参考文献

[1] 庞皓. 计量经济学 [M]. 4 版. 北京：科学出版社，2019.

[2] 茆诗松，程依明，濮晓龙. 概率论与数理统计教程 [M]. 2 版. 北京：高等教育出版社，2011.

[3] 赵培. 向马克思学习唯物辩证法和辩证思维 [N]. 淄博日报，2019-08-18 (3).

[4] SALSBURG D. The lady tasting tea：How statistics revolutionized science in the twentieth century [M]. Macmillan：W. H. Freeman，2001.

时滞效应与敬业精神

范国斌

一、案例概况

（一）适用对象

本案例适用于计量经济学所有教学班，包括线下教学班级与线上慕课教学。

（二）教学目标

通过本案例教学，达到以下三个层次的目标：

（1）知识目标：让学生对时滞效应有更加深刻和正确的认识，了解学习计量经济学当中的动态计量模型。

（2）能力目标：使学生能够基本具备使用滞后解释变量和滞后被解释变量构建滞后变量模型的能力。

（3）价值目标：引导学生明白对待不同的问题应该具体问题具体分析。同时，号召学生作为新时代的青年人，应贯彻敬业精神，为把我国建设成为社会主义现代化强国不懈奋斗。

二、案例正文

通过对简单线性回归模型和多元线性回归模型的学习，我们能够在静态中分析解释变量对被解释变量在当期的影响。但在我们现实生活中，由于经济活动主体的决策与行动都需要一个过程，加之人们生活习惯的延续、制度或技术条件的限制以及预期效应等因素的影响，经济变量的变化往往存在时滞现象，也就是说，解释变量需要通过一段时间才能完全作用于被解释变量。例如，当国家实施货币政策刺激经济时，货币政策的影响效应会存在时间上的滞后，对当年国家的经济增长好像没有多少直接影响，其对经济增长的影响需要一段时间才能显示出来。再比如，你每个月的花销只取决于当月的收入水平吗？实际生活中，我们每个月的消费水平不仅依赖当月的收入，还依赖之前每个月我们省下来的储蓄，而储蓄又与之前我们的收入有关。所以，我们引入了滞后变量模型来解释这类在经济活动中普遍存在的滞后现象，滞后变量模型的一般形式为

$$Y_t=\alpha+\beta_0X_t+\beta_1X_{t-1}+\beta_2X_{t-2}+\cdots+\beta_sX_{t-s}+\gamma_1Y_{t-1}+\gamma_2Y_{t-2}+\cdots+\gamma_qY_{t-q}+u_t$$

式中，s、q 分别为滞后解释变量和滞后被解释变量的滞后期长度。而对 s、q 取不同的值后得到以下两个模型：

1. 分布滞后模型

如果滞后变量模型中没有滞后被解释变量，被解释变量只受解释变量的影响，且这种影响分布在解释变量不同时期的滞后值上，这种模型称为分布滞后模型，模型形式为

$$Y_t=\alpha+\beta_0X_t+\beta_1X_{t-1}+\beta_2X_{t-2}+\cdots+\beta_sX_{t-s}+u_t$$

式中 s 为滞后长度，各系数体现了解释变量的各个滞后值对被解释变量的不同影响程度，其中：

β_0——短期乘数或即期乘数，表示本期 X 变动一个单位对 Y 值的影响大小；

β_i——延迟乘数或动态乘数（$i=1, 2, \cdots s$），表示过去各时期 X 变动一个单位对 Y 值的影响大小。

2. 自回归模型

如果滞后变量模型的解释变量仅包括自变量 X 的当期值和被解释变量的若干期滞后值，这种模型称为自回归模型，模型形式为：

$$Y_t=\alpha+\beta_0X_t+\gamma_1Y_{t-1}+\gamma_2Y_{t-2}+\cdots+\gamma_qY_{t-q}+u_t$$

式中 q 称为自回归模型的阶数。

在某些情况下，静态分析是无法解释当前的现象的，而引入了分布滞后模型和自回归模型，我们就能够在动态中分析被解释变量的影响因素。

这时候，一定有同学有疑问，什么时候用简单线性回归模型和多元线性回归模型去静态分析被解释变量与解释变量之间的关系？什么时候引入滞后解释变量和滞后被解释变量来动态分析呢？这就需要我们对症下药，具体问题具体分析。这就好比名医华佗给人看病一样，华佗是我国东汉名医。一次，府史倪寻和李延两人均头痛发热。一同去请华佗诊治，华佗经过仔细望色、诊脉，开出两副不同的处方。给倪寻开的是泻药，给李延开的是解表发散药。二人不解：我俩患的是同一症状，为何开的药方却不同呢？是不是华佗弄错了？于是，他们向华佗请教。华佗解释道：倪寻的病是由于饮食过多引起的，病在内，应当服泻药，将积滞泻去，病就好了。李延的病是受凉感

冒引起的，病在外，应当吃解表药，风寒之邪随汗而去，头痛也就好了。你们病症相似，但病因相异，所以治之宜殊。二人拜服，回家后各自将药熬好服下，很快都痊愈了。因此，不论是在选择计量模型，还是在工作生活中解决问题，我们都应该对症下药。

现在让我们结合一些例子来深入理解时滞效应。“狼来了”是我们耳熟能详的一个寓言故事，它讲述了一个每天都去山上放羊的放羊娃，为了捉弄大家，连续几天向着山下正在种田的农夫们大声喊：“狼来了！狼来了！救命啊！”农夫们每次跑去救他时都发现是被放羊娃欺骗了，其实狼根本没有来。而当有一天狼真的来了的时候，放羊娃拼命地向农夫们喊：“狼来了！狼来了！快救命呀！狼真的来了！”农夫们听到他的喊声，以为他又在说谎，大家都不理睬他，没有人去帮他，结果放羊娃的许多羊都被狼咬死了。

小时候我们听到这个寓言故事，都是父母老师为了教导我们做人应诚实，不应该通过说谎来达到自己的目的，更不能以说谎去愚弄他人。但是现在我们从计量经济学的角度看看这个问题，分析农夫们听到放羊娃的呼救会不会去救他，显然，如果我们采用静态分析，只考虑解释变量对被解释变量在当期的影响，那么当最后放羊娃向农夫们呼救时，农夫们会不计前嫌地去救他，然而这与寓言故事的结果相违背。为什么在最后一次农夫们不去救放羊娃呢？正是因为放羊娃前几次的欺骗影响到了农夫们决定是否去救放羊娃的行为，这也就是我们提到的滞后效应。所以，在生活中我们也少不了动态地分析问题。

现在让我们来关注一下环境方面的问题。关于环境，我们从小都被教育“保护环境，人人有责”，那你知道我们国家生态环境如何吗？就拿大气污染为例，大气污染是中国第一大环境污染问题，中国大气环境面临的形势非常严峻，大气污染物排放总量居高不下。2011 年中国二氧化硫年排放量高达 1 857 万吨，烟尘 1 159 万吨，工业粉尘 1 175 万吨，大气污染仍然十分严重。中国大多数城市的大气环境质量超过中国规定的标准。中国 47 个重点城市中，约 70%以上的城市大气环境质量达不到中国规定的二级标准；参加环境统计的 338 个城市中，137 个城市空气环境质量超过中国三级标准，占统计城市的 40%，属于严重污染型城市。在大气污染中，有让我们闻风丧胆的 $PM_{2.5}$①。李勇等（2020）研究发现，在 2016 年，$PM_{2.5}$污染主

① 中国环境十大问题［EB/OL］.［2021-07-20］. http://baike.baidu.com/item/中国环境十大问题/4868380? fr=aladdin.

要集中在京津冀及周边地区、长三角、四川盆地以及西北沙漠地区，且季节差异较大，我国71.49%的人口暴露在$PM_{2.5}$浓度高于35微克/立方米的环境空气中；$PM_{2.5}$污染造成约106.04万人过早死亡，约占总死亡人数的10.9%，其中冠心病和中风约占80%；$PM_{2.5}$污染造成健康经济损失7 059.31亿元，约占国内生产总值（GDP）的0.95%。

而在大气污染中，工业生产是大气污染的一个重要来源。工业生产排放到大气中的污染物种类繁多，有烟尘、硫的氧化物、氮的氧化物、有机化合物、卤化物、碳化合物等。其中有的是烟尘，有的是气体。当我们在分析大气污染的影响因素时，即使考虑到环境的自我净化系统，我们也几乎不会只考虑当年的工业生产排放。为什么在分析大气污染时要考虑前几年的工业生产排放呢？正是因为环境自我净化系统能力比较有限。自我净化系统是指对环境污染物有一定程度自净消纳能力的系统。由于新中国成立初期优先发展重工业的战略，且在很长一段时间中我国GDP平均年增长率超过9%，始终处于高位运行状态，客观上给环境治理造成了压力，因此，如果工业生产排放常年超标，环境自我净化系统将无法消纳当年的污染物，对大气污染的影响就会逐年累积，这就是工业生产排放的时滞效应，我们也就需要动态地分析大气污染的影响因素问题。

我们知道，环境污染问题是日积月累的不良结果，同理，在环境治理方面我们也是不可能一蹴而就的。我国领导人十分重视环境治理问题，习近平总书记提出“绿水青山就是金山银山”，不断强调环境的重要性，“生态环境没有替代品，用之不觉，失之难存”，提出“资源开发利用既要支撑当代人过上幸福生活，也要为子孙后代留下生存根基”，并且强调要“坚决打好污染防治攻坚战”。在2019年的北京世界园艺博览会开幕式上，习近平总书记讲话中提到“生态治理，道阻且长，行则将至。我们既要有只争朝夕的精神，更要有持之以恒的坚守”。就像习近平总书记讲话中所说的，虽然我们目前的环境治理行为的成果不是立竿见影的，但只要我们坚持污染防治，就会“行则将至”，也就是说，我们目前的污染防治行为也存在时滞效应，也许不会立刻让我们的环境恢复到山清水秀，但是会影响到之后的环境指标，让我们离山清水秀的目标越来越近。所以，在分析环境影响因素和污染防治效果中，少不了要进行动态分析。

2020年，新中国已经成立71周年，我们祖国做到了从站起来到富起来到强起来的伟大飞跃。中国的发展进程是举世瞩目的，1978—2019年，我国经济总量由3 678.7亿元攀升至990 865亿元，人均GDP由385元增至

70 892 元。中国用几十年时间走完了发达国家几百年走过的工业化进程，社会生产力得到极大解放和发展，经济实力和综合国力显著增强，经济总量已稳居世界第二，并且成为世界第一制造业大国、第一大货物贸易国、第一大外汇储备国、第二大外国直接投资目的地国和来源国。“神舟”飞天、“蛟龙”入海、“嫦娥”奔月、“北斗”导航……中国正由“跟跑者”变为“同行者”，甚至是“领跑者”。

中国的崛起，当然不是一朝一夕就能做到的，这是我们的革命先辈用鲜血换来的，是一代又一代人呕心沥血的努力达到的伟大成果。1949 年 10 月 1 日，中华人民共和国开国大典，毛泽东主席在天安门城楼上宣告中华人民共和国、中央人民政府成立了。中华人民共和国的成立开辟了中国历史新纪元。1954 年 9 月 15 日至 28 日，第一届全国人民代表大会第一次会议在北京举行，会议制定和颁布了中国历史上第一部人民的宪法——《中华人民共和国宪法》。1970 年 4 月 24 日 21 时 35 分，中国发射了第一颗人造地球卫星——东方红一号卫星，这是以钱学森为首任院长的中国空间技术研究院自行研制的，该卫星的成功发射标志着中国成为继苏联、美国、法国、日本之后世界上第五个用自制火箭发射国产卫星的国家。2013 年 9 月和 10 月，中国国家主席习近平分别提出建设“新丝绸之路经济带”和“21 世纪海上丝绸之路”的合作倡议。当然，这只是我们新中国成立 71 周年间的一部分重大事件，这些重大事件不仅对当年有重大影响，它们是中国崛起的重大根基。

现在让我们回到计量经济学中，当我们把中国的伟大成果看作被解释变量，把新中国成立 71 周年来发生的各个重大历史事件看作解释变量。那么，我们绝对不会在分析当今中国伟大成果时忽略对中国之崛起有重大影响的这些历史事件，这就是我们在前面提到的动态分析，新中国成立以来的重大历史事件对当今我国的伟大成果有着时滞效应，这是我们所不能忽视的。

现如今，中国正在走向世界舞台的中心，习近平总书记指出，“实现中华民族伟大复兴的中国梦，广大青年生逢其时，也重任在肩”。我们作为这个时代的开拓者，肩负着实现中华民族伟大复兴的中国梦的重任，敬业是我们必须做到的。党的十八大报告所倡导的社会主义核心价值观中，敬业是针对公民职业道德方面的核心要求。我们之所以要敬业，是因为国家的发展与社会的进步、团队事业的成功与组织目标的实现、个人作为与价值的实现，都有赖于此。就我国而言，我们的社会主义事业是需要全国各族人民共同为之奋斗的历史伟业，这个伟业是由各个不同的具体行业和职业组成的有机统一整体，每个人都在自己特定的岗位上通过特定的职业活动来为这个事业服务。在当代，中华民族要实现伟大复兴的梦想，同样需要艰苦奋斗，需要勤奋敬业，需要拼搏奉献。敬业，就是要求我们每个人敬重自己的职业，培育强烈的责任心与使命感，要求我们每个人都爱岗、尽责、专注、钻研和奉献。用最简单的话来说，就是眼光要长远，工作要勤奋，勤奋要持续。

要做到敬业，最重要的是保持勤奋。“业精于勤而荒于嬉”。勤奋是一切事业成功的必要条件。爱因斯坦说过：人们把我的成功归因于我的天才，其实我的天才只是刻苦罢了。敬业要求人们尽责、专注、钻研、奉献，而勤奋则是一切敬业要求实现的根本手段。如果说梦想是成功的起跑线，决心是起跑时的枪声，那么勤奋则如起跑者全力的奔跑，唯有坚持到最后一秒的，方能取得成功。如果你足够勤奋，就能够克服工作中的困难；如果你足够勤奋，就能够弥补能力上的不足；如果你足够勤奋，在机遇面前就会做好充足的准备；如果你足够勤奋，就能够提高自己的造诣。在这个世界上，没有免费的午餐，没有天上掉下来的馅饼，凡是取得超越常人成就的人，在背后都付出了别人未曾付出的汗水。

因此，作为新时代的青年人，作为社会主义接班人，我们应深入贯彻敬业精神，同时保持勤奋。梦想在前进，时代在召唤。坚持好、发展好中国特色社会主义，把我国建设成为社会主义现代化强国，是一项长期任务，需要一代又一代人接续奋斗，敬业乐群。那么从计量的角度看，我们一代又一代人深入贯彻敬业精神、持续奋斗，对于把我国建设成为社会主义现代化强国当然存在时滞效应。我们国家的强大不是一蹴而就的，需要我们当代青年人的贯彻敬业精神，需要我们当代青年人的持续努力。

当代青年既是追梦者，也是圆梦人。我们广大青年应自觉把个人的理想追求融入国家和民族的事业中，勇做走在时代前列的奋进者、开拓者，书写无愧于时代的青春之歌和精彩人生！

三、案例分析

（一）案例蕴含的思政元素

首先引出在计量中对静态模型和动态模型的选择问题，结合华佗对症下药的事例，让学生懂得应具体问题具体分析。再通过讲解使用滞后解释变量和滞后被解释变量构建的滞后变量模型，理解模型中滞后效应，引入生活中存在的滞后效应，以多个具体的案例，如中国辉煌成就进行深化理解，同时结合社会主义核心价值观中的敬业，号召学生作为新时代的青年人，应贯彻敬业精神，为把我国建设成为社会主义现代化强国不懈奋斗。

（二）启发思考题及分析

在日常的生活当中，大多数事情都存在滞后效应吗？分析：在日常生活当中，绝大多数事情的发生会对之后发生的事情产生影响。绝大部分人是理性的，平日我们做的事都是基于自己理性的选择，例如，我们每天认真学习会在将来提高我们的科研水平或者帮助我们找到更满意的工作，我们勤于锻炼会让我们拥有更健康的身体；从反面看，一个不好的习惯也会导致一个糟糕的结果，例如，吸烟会影响肺部健康，经常熬夜会让我们的身体健康状态变差。因此，在学习和生活中，我们应该培养自己优良的习惯，让我们的人生更精彩！

四、教学反思

在引入思政内容时，可以多引入与学生生活息息相关的案例，让学生实实在在地理解案例中蕴含的计量知识，再由浅入深，引入与时政相关的案例，塑造学生的核心价值观。同时，可以让引入的案例更具有操作性，让学生能够更好地结合专业知识和生活实践，让学生感受到专业知识的实操性。

参考文献

[1] 庞皓. 计量经济学 [M]. 4 版. 北京：科学出版社，2019.

[2] 国防大学政治学院. 讲好中国特色社会主义的故事 [N]. 解放军报，2020-11-09 (7).

[3] 李勇，廖琴，赵秀阁，等. PM_(2.5)污染对我国健康负担和经济损失的影响 [J]. 环境科学，2021 (4)：1-16.

[4] 梁波. 守住绿水青山 守护生命家园 [N]. 衡阳日报，2020-11-16 (3).

[5] 孙娜. 新中国成立 70 年来经济建设伟大成就和宝贵经验 [J]. 沈阳干部学刊，2019，21 (6)：11-14.

[6] 韩维正. 当代青年生逢其时重任在肩 [N]. 人民日报海外版，2018-05-03 (1).

异方差修正与“一个都不能少”

范国斌

一、案例概况

（一）适用对象

本案例适用于计量经济学所有教学班，包括线下教学班级与线上慕课教学。

（二）教学目标

通过本案例教学，达到以下三个层次的目标：

（1）知识目标：让学生学习计量经济学当中的异方差概念、异方差检验以及异方差修正。

（2）能力目标：使学生能够基本具备使用计量模型的能力，在出现异方差时能够进行检验和识别，并且采用合理的方法对不符合基本假定的异方差进行修正。

（3）价值目标：帮助学生理解异方差修正与共产党人的初心和使命千百年来的儒家思想之间的联系，树立起为天下人而忧的远大情怀。

二、案例正文

首先对同方差的含义进行界定，同方差性是指对所有的 $i(i=1,2,\cdots,n)$ 有：$\mathrm{Var}(u_i \mid X_i)=\sigma^2$。因为方差是度量被解释变量 Y 的观测值围绕条件期望 $E(Y_i \mid X_2, X_3, \cdots, X_k)=\beta_1+\beta_2X_{2i}+\beta_3X_{3i}+\cdots+\beta_kX_{ki}$ 的分散程度，因此同方差性指的是所有观测值围绕回归线的分散程度相同。但是从实际建立计量模型而言，方差并不总是相等的，模型中也总会因为各种因素导致异方差。异方差（见图 1）的概念：模型中的随机扰动项主要代表两方面的影响：①被模型忽略的其他变量对被解释变量的影响；②测量误差的影响。实际上随机扰动代表的两方面因素有可能随 X_i 的变化而变化，使随机扰动的方差也随 X_i 的变化而变化，这种情况称为存在异方差性，表现为

$Var(u_i \mid X_i) = \sigma_i^2(i = 1, 2, \cdots, n)$，对比同方差，异方差可看成由于某个解释变量的变化而引起的，则 $\mathrm{Var}(u_i) = \sigma_i^2 = \sigma^2 f(X_i)$。

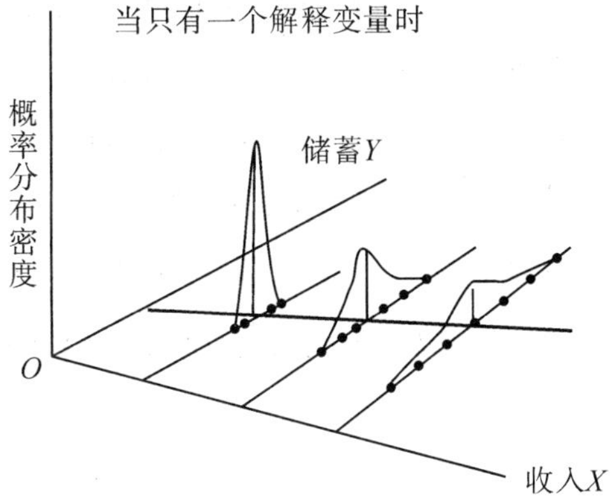

图1　异方差图示

而产生异方差的原因有很多，第一个可能的原因是从模型中略去的变量可能随列入模型的解释变量 X_i 的变化而呈现规律性的变化，导致 u_i 随 X_i 而变化。第二个可能的原因是模型设定不恰当产生的异方差。如果一些重要变量被忽略，或把非线性模型设为线性，可能导致异方差。第三个可能的原因是统计测量误差导致的异方差。测量误差可能随解释变量 X 的增大而增大；还有一个原因是截面数据中总体各单位的差异。一般说异方差性在截面数据中比在时间序列数据中更常出现。异方差会带来很多后果，导致估计结果出现偏差，第一点是最小二乘估计式不再具有最小方差特征，估计是无偏的但不一定是最佳的；第二点是解释变量的显著性检验失效；第三点是预测精度降低，区间预测面临困难。

对于异方差，有较多的检验方法。第一种是图形分析法。通过图形我们可以清晰看到方差是否变化。第二种是 Goldfeld-Quandt 检验。该检验的基本思想是将观测值按照大小顺序排列，从而将观测值分为前后两部分，对这两部分的观测值进行回归来判断残差平方和之比是否与 1 相近，但是该方法也有其缺陷，它只能判断异方差是否存在，在多个解释变量的情况下，对是哪一个变量引起异方差的判断存在局限性。第三种是 White 检验。通过辅助回归建立相应的检验统计量来判断异方差性，其优点在于不仅能够检验异方差的存在性，同时在多变量的情况下，还能判断出是哪一些变量引起的异方差，弥补了 GQ 检验存在的不足。第四种是 ARCH 检验。建立辅助回归，通过统计量来判断 ARCH 过程是否成立及模型是否存在异方差。但它有其自身的优势和缺陷，它只适用于时间序列数据，并且只能判断模型中是否存在异方差，而不能诊断出是哪一个变量引起的异方差。第五种是 Glejser 检验方法。其基本思想是，对回归得到的残差 e_i，将其与某个解释变量利用各种函数形式进行回归，通过回归系数的显著性判断同方差与异方差。它的缺陷在于，函数形式有多种，寻找函数是一件较为困难的事，并且只适用于大样本。在进行检验之后，接下来，需要对异方差进行修正。

修正的第一个方法是对原模型加以变换，例如：

假设原模型为 $Y_i=\beta_1+\beta_2X_i+u_i$，其中，$u_i$ 的异方差性与 X_i 的变化有关，假定 $\sigma_i^2=K^2f(X_i)$，其中 K^2 为常数，如果以 $\sqrt{f(X_i)}$ 除原模型两边，将模型变换为

$$\frac{Y_i}{\sqrt{f(X_i)}}=\frac{\beta_1}{\sqrt{f(X_i)}}+\beta_2\frac{X_i}{\sqrt{f(X_i)}}+\frac{u_i}{\sqrt{f(X_i)}}$$

变换后的模型的扰动项 $\frac{u_i}{\sqrt{f(X_i)}}=v_i$ 是同方差的，因为

$$\mathrm{Var}(v_i)=\mathrm{Var}\left(\frac{u_i}{\sqrt{f(X_i)}}\right)=\frac{1}{\sqrt{f(X_i)}}\mathrm{Var}(u_i)=\frac{k^2f(X_i)}{f(X_i)}=k^2$$

其中，对于 $f(X_i)$ 的函数形式可以做出各种假定。

第二种修正方法是，使用加权最小二乘法。用最小二乘估计参数的思想是使得 min：$\sum e_i^2=\sum(Y_i-\hat{\beta}_1-\hat{\beta}_2X_i)^2$，不论 e_i^2 的大小是同等对待的。在异方差的情况下，方差越小，其样本值偏离条件均值的程度越小，其观测值越应受到重视。即方差越小，在确定回归线时的作用应当越大，反之，其观测值所起的作用应当越小。因此，选择 $\frac{1}{\sigma_i^2}$ 作为权数，使得

min：$\sum\frac{e_i^2}{\sigma_i^2}=\sum\frac{1}{\sigma_i^2}(Y_i-\beta_1^*-\beta_2^*X_i)^2$。

若令 $1/\sigma_i^2=w_i$，即 min：$\sum w_ie_i^2=\sum w_i(Y_i-\beta_1^*-\beta_2^*X_i)^2$，按照这样的原则估计的 β_1^* 和 β_2^* 称为加权最小二乘的估计式。

第三种修正方法是对模型进行对数变换，因为对数变换可以使得所测量的变量尺度缩小，从而缩小原变量差异的倍数。

对于异方差，其检验与修正有较多方法，但从自然辩证法角度而言，不是每一种方法都是完美的，每一种方法都有其固有的逻辑，而每一个固有逻辑的背后，都会有逻辑自身存在的优势与缺陷。因此，仅凭借一种方法就对异方差性进行检验和修正，会因方法背后逻辑的缺点，造成检验和修正结果

出现偏差。进行异方差的检验和消除，需要尝试每一种方法，需要在不同方法得出的不同结果中进行权衡。缺失一种检验与修正方法，都不能称之为完整的检验和修正，因为那样得到的结果是不准确的。正所谓异方差之“一个都不能少”。

而将异方差检验与修正的“一个都不能少”对应到实际生活中，正对应着共产党人的初心和使命，与共产主义创立和《共产党宣言》的诞生一脉相承。异方差就好比天下百姓会遇到许许多多的苦难，而异方差的修正则是，不论通过怎样的方式方法让所有人都能过上快乐、富足的生活。因此，这一计量方法不仅与千百年来儒家希望天下人安居乐业的思想一脉相承，更与新中国成立后共产党带领全国人民走向富裕生活的实践相辅相成。

“中国共产党人的初心和使命，就是为中国人民谋幸福，为中华民族谋复兴。”而这一“鲜亮”的初心，也源于对《共产党宣言》所内蕴“初心”的继承与发展，《共产党宣言》明确了为“绝大多数人”谋幸福而奋斗的初心。而思想的继承，是我们如今所看到共产党人实践行动的根本。

首先从思想上明确“一个都不能少”实践行动的本质来源。作为《共产党宣言》创始人的马克思，在青年时期的论著《青年在选择职业时的考虑》一文中就指出：“如果我们选择了最能为人类而工作的职业，那么，重担就不能把我们压倒，因为这是为大家做出的牺牲；那时我们所享受的就不是可怜的、有限的、自私的乐趣，我们的幸福将属于千百万人，我们的事业将悄然无声地存在下去，但是它会永远发挥作用，而面对我们的骨灰，高尚的人们将洒下热泪”，立志为“人类的幸福和我们自身的完美而工作”。青年时期的马克思便有了这一崇高的初心，这为他以后进行马克思理论创作和实践探索奠定了坚实的基础。

1848 年，《共产党宣言》明确规定：“过去的一切运动都是少数人的，或者为少数人谋利益的运动，无产阶级的运动是绝大多数人的，为绝大多数人谋利益的独立的运动。”这不仅仅是一个庄严的承诺，更是共产主义运动的“初心”、无产阶级政党的使命。中国共产党人始终把为“绝大多数人”谋利益、谋幸福而奋斗，作为一以贯之的价值追求和崇高情怀。

近百年的砥砺前行，中国共产党带领全国人民取得了革命、建设、改革的重大成就，实现了从“站起来”到“富起来”再到“强起来”的历史飞跃，以铁的事实印证和表征了中国共产党全心全意为人民服务、为人民的利益而奋斗的坚强初心。从小事做起，从点点滴滴做起，从解决民生问题做起，从实现维护发展人民最关系的问题做起，每一个愿景都与民众生活息息相关，每一个奋斗都是为了普通百姓、天下苍生过上更富足的生活。

而这一为天下人而忧的思想，与儒家思想一脉相承。自古以来，忧国忧民之思在诗词歌赋中体现得淋漓尽致。从《茅屋为秋风所破歌》，诗圣杜甫即使自身贫困潦倒也要心系天下百姓，颂出“安得广厦千万间，大庇天下寒士俱欢颜”的人间绝唱，到张养浩《潼关怀古》，感慨“兴，百姓苦，亡，百姓苦”，朝代更迭政权纷争终究苦的是劳苦百姓，再到范仲淹《岳阳楼记》中“先天下之忧而忧，后天下之乐而乐”的千古名句。儒家文人志士千百年来，当处于国家动荡社会变迁之际，总会从豁达笑对人生的态度，变为时时刻刻忧国忧民忧人间之疾苦，心怀远大理想，希望那个时代的政权能够少一些纷争，少一些徭役和税赋，让百姓不要流离失所，让天下人能够过上温饱富足的生活。中国传统文化中有许许多多的精华思想留存下来，虽不足以成为国外教派那样鲜明可见的信仰，但却隐藏在每一个华夏儿女的心中，成为我们安身立命的人生指南，成为我们在面对奋斗之理想时的行动方针。而当马列思想进入这片国土，它激起了每一个热血志士内心隐含的那份为天下人忧而忧的热忱。抛头颅洒热血，每一份牺牲都是为天下苍生，都是为了修正世间存在的“异方差”，让每个人都能过上平等、自由、富裕、幸福的生活。

在 2020 年有一部热播剧《一个都不能少》，该剧讲述了我国西部某地的贫困村焉支村合并到本县最富裕的丹霞村后，两村村民逐步摒弃过往嫌隙，建设文化产业新模式示范村，共同走上致富道路的故事。剧情带有农村题材电视剧固有的特色，但是整体反映的是，实现共同富裕路上，扶贫干部面对各种艰难险阻，不落下每一个村民，依然在各种矛盾和问题中周旋，带领富裕村和贫困村一起走向富裕。并且鼓励村子里的年轻劳动力留在乡村，从文化产业的建设与发展角度，运用年轻人懂得的电商直播等新技术，带领全村人民实现富裕。面对不同的人、不同的需求及不同的家庭情况，想让全部村民心一致共同完成一件事，着实是一件很困难的事，但是扶贫干部在解决各种问题和矛盾的路上，持之以恒努力，只为了自己肩上的责任。其实，电视剧所反映的只是脱贫攻坚、异地搬迁等让农村村民实现富裕的一个缩影，就异地搬迁而言，其带来的放弃原有土地、无法融入新环境、祖辈留下的资产无法保留、受传统观念限制等问题，是需要长时间的思考才能解决的问题。新闻联播展示异地搬迁易地扶贫的新面貌，其背后不知蕴含着多少扶贫干部不畏艰险、不畏困难、费尽口舌的劝说，跨越崇山峻岭挨家挨户做思想工作。对于扶贫干部而言，这一切的一切，每一分付出，不仅仅是因为自己是共产党员的那一份责任，更多是希望带领全部的村民共同过上美好生活。

而面对脱贫攻坚这样一项政治任务，基层干部们努力因地制宜，挨家挨户开展实地调研，争取在每一个贫困村找到适合当地发展的方式，不论是种植药材，还是发展养殖，每一个产业的发展都是在带领全体村民走向共同富裕，实现异方差的修正。不落下每一个人，一个都不能少，本质上，是对共产党人初心和使命的诠释，是对千千万万的普通民众的承诺。

而在2020年，又一个能体现异方差修正的例子，便是突如其来的一场让整个中国都停摆的疫情。新冠肺炎疫情发生之后，从1月24日到3月8日，全国有346支医疗队4.26万人驰援武汉和湖北。从火神山、雷神山医院争分夺秒建设的直播，到一所所方舱医院搭起，再到运用现有医疗资源分级分治。我们在疫情蔓延至严重之时，在从电视上看到钟南山院士公布不排除人传人可能伊始，我们看到的是中国速度，是中国作为泱泱大国的资源调配的能力，是我国发挥中国特色的社会制度优势，集中全体人民力量让交通停摆、让经济停摆只为对抗疫情的传播。每日的新闻播报让我们看到了武汉救治的艰辛历程，从市到区县再到街道到小区的网格化管理也让我们见证了疫情期间网格化管理的优势。每个人尽职尽责，只为坚守自己的那份责任，在全国的疫情阻击战中贡献一分自己的力量。

在武汉最初出现疫情之时，国家便开始举全国之力调配资源。不论贫困与富有，不论阶级与地位，只要是感染了新冠的病人，都会根据患病的轻重等级分流至不同的医院，由政府出资出力尽全力免费救治，不惜一切代价对于危重症患者直接用上昂贵的ECOM，只为让每一份存活的希望在医疗器械的帮助下不断被放大，让每一分不确定性都能成为患者存活的奇迹。各地的援鄂医疗队纷纷接受使命争分夺秒前往武汉，不论年长与年弱，不论症状的重与轻，每一个人都能在医疗资源逐渐增加的情况下得到救治。于疾病面前人人平等而言，于人人都能尽力被救治而言，这便是“异方差修正”的最好例证。

异方差代表着人民生活的方方面面，从一个人出生伊始，我们就面对着初始禀赋的不同。初始禀赋在经济学上来讲就是一个人所拥有的天赋、智力、体魄、家庭背景、出身，到成长过程中我们遇到的教育资源的分配、医疗资源的分配及就业资源的获取，每一步，我们都在竞争的洪流中向前努力奋斗。然而，不论个人付出再多的努力，有些东西仅凭一己之力是没有办法获得足额的资源的。因此，政府与国家之存在，便是通过国家政治权力让每一个公民都获得和享受其应该享受的资源。现如今，国家在推行网络教育技术，通过网络互联，实现贫困山区学校与大城市优质教育资源的对接，让山区的孩子们足不出户便可享受名师指导。即使地形和经济条件限制了这些孩子走出去放眼看世界，但是，新技术的应用，让他们可以看到外面的世界，包括让教育资源集中地区学校的老师去定期支教，定期传授新型的教学理念，让在校大学生组建支教团，让贫困地区的孩子看到多姿多彩的外面的世界。每一个举措，都是国家在尽己之力实现对因固有条件所限制的不公平教育资源进行分配。

医疗与就业这些民生问题更是如此，大城市里集中着更多的优质医疗资源与就业资源，然而，面对疫情这样的突发事件，国家发挥其作用举国调配全国的资源，便是对医疗资源的集中使用。加之如今的远程问诊技术发达，若复诊不涉及实际的化验与检查，只需定期询问症状的改变与开药，那么我们便可以足不出户享受到大城市的优质医疗资源，通过网络进行寻医问药。而就业资源也是同理，国家十分重视毕业生的就业问题，对于受疫情影响的2020届毕业生，让其在2021秋招中同样拥有应届生身份，鼓励企业通过线上线下多种方式进行招聘，增加公招考试岗位人数与就业人数，均是对就业资源不仅仅集中于中东部城市的一个调动。不论在人生的哪个阶段，只要资源的调动是尽可能实现公平的，是让每个人都能够享受到该有的权利，而不是马太效应贯穿整个人生，当在起跑线输时，再努力也会输的一败涂地，这样的资源分配，便是异方差的修正。异方差的存在是必然的，我们每个人都不可能出生在同样的家庭，不可能享受同样的资源禀赋，我们在智力、能力、性格等方方面面都存在差异，但也正是因为这些差异，才让我们在这个多姿多彩的世界里各司其职，通过互相的配合与人与人的联系让整个世界得以运行。但是，在一些不公面前，我们需要对异方差进行修正，否则这个世界只会优胜劣汰，按照强者愈强弱者愈弱的方式发展下去，最终的结果是只有少数人获得了全部资源，而大多数人因为资源的不公平分配，在竞争中失败。修正过后，我们的人生才得以在公平制度的保障下更加精彩。异方差修正的精髓，便是让每个人在竞争中通过赛事方的沿路补给，得以坚持走完余下的艰苦的人生。

三、案例分析

（一）案例蕴含的思政元素

通过异方差概念、异方差检验、异方差修正方法的介绍，引出“一个都不能少”在异方差中的含义，即不能仅依靠单一的检验与修正方法就得出异方差存在与消除的结论，每一种方法都有其背后的逻辑框架，逻辑背后也会有自身的缺陷与优势，因此在面对异方差的检验与修正之时，一个方法都不能少。从而引出异方差修正与不同阶段思想的相辅相成。共产党人初心使命、千百年来儒家思想都是异方差修正所体现最透彻的思想。所举案例从脱贫攻坚、异地搬迁扶贫干部遇到的种种艰难险阻却不愿退缩，到抗疫期间对于生命平等的珍视，再到就业与医疗资源的公平分配，每一个案例都在深化理解异方差之“一个都不能少”的含义。

（二）启发思考题及分析

在生活中，我们如何做到异方差修正浪潮中的一分子？分析：在平日里，我们要有大局意识，不能只看眼前得失，要放眼于天下苍生，有忧国忧民意识，有为集体奉献的意识。知不公而努力让世界变得公平和谐，让每个人享受平等的待遇。

四、教学反思

在进行思政内容的深化时，需要使用通俗易懂的案例进行解释，让学生将思政内容与专业知识点相结合，从而仔细理解思政的具体内容。案例需要具有时效性、典型性，更贴近日常生活，更能够让学生们亲身体会案例背后的含义。

参考文献

[1] 庞皓. 计量经济学 [M]. 4版. 北京：科学出版社，2019.

[2] 黄蓉生.《共产党宣言》与中国共产党人的初心和使命 [J]. 思想理论教育导刊，2018 (12)：51-56.

多元回归与人生的加减法

马昀蓓

一、知识点引入

我们首先简单地列举一下多元回归中可能涉及的变量类型，了解回归方程中各部分变量的含义（见表1）。

表1　回归方程中变量类型及定义

回归方程：$Y = \beta_0 + \beta_1 X_1 + \beta_2 X + \beta_3 X + \cdots + \beta_K X_K + u$	
变量类型	变量定义
被解释变量	用一个或多个变量的变化去解释另一个变量变化的方法中被解释的变量
解释变量	按照一定的规律对模型中作为因变量的经济变量产生影响，并对因变量的变化原因做出解释或说明的变量
控制变量	与特定研究目标无关的非研究变量，即除了研究者重点研究的解释变量和需要测定的因变量之外的变量，是研究者不想研究，但会影响研究结果的，需要加以考虑的变量
工具变量	工具变量是经济学、社会学、商学、政治学和相关学科中无法实现可控实验时，用于估计模型因果关系的方法
中介变量	是自变量对因变量发生影响的中介，是自变量对因变量产生影响的实质性的、内在的原因
调节变量	是指如果变量 Y 与变量 X 的关系是变量 M 的函数，就是说，Y 与 X 的关系受到第三个变量 M 的影响。它影响因变量和自变量之间关系的方向（正或负）和强弱
随机误差项	不包含在模型中的解释变量和其他一些随机因素对被解释变量的总影响

二、多元回归导入

多元回归讲的是用多个变量对某一个变量的解释，就像方程 $Y = \beta_0 + \beta_1 X_1 + \beta_2 X + \beta_3 X + \cdots + \beta_K X_K + u$ 所表示的一样，可问题是怎么选择变量来确定回归方程呢？

我们先举一个简单的例子，关于盲人摸象，大家应该都听过这个故事。以前印度有四个盲人，互相友好。但（他们）各自认为（自己）是聪明的人，人们也因此用（看）聪明人的眼光看他们。一天，四个盲人在道路旁边站立着聊天，有脚步声传来，（他们）向旁人询问，知道那是大象。其中一个人说："大象的形状到底什么样，我们这种人以前只做主观想象，现在可以实际体验而了解了。"众人都说："好。"于是依次到象的面前，摸它的身体来推测它的形状。四个盲人：一个高而伟岸，站在象的旁边，摸它的身体，上下左右，差不多摸遍全身，觉得一片都是平整宽广的样子。一个又矮又小，摸象的脚。第三个人握着象的鼻子。第四个人只摸了象的牙齿。之后各自说出象的形状来告诉别人。又高又伟岸的人说："象的外形大概像墙，宽广而平坦，非常高大。"矮小的人上前反驳他说："象的身体像树干。你认为像墙，不也是错误的吗？"第三个人说："象的外貌，不是墙，不是树，而是水管。"第四个人上前说："你们三个多么卖弄自己的意见啊，但比喻得也不像。象，它像玉一样润泽，手摸上去（感觉）可爱，只不过（像）一根长棍罢了。"四个人争吵，争论不停，旁观的人都大笑。

当然这个故事是有一定寓意的，但是抛开寓意，只看盲人摸索大象这个故事表面，我们现在对于现实经济问题的研究是不是就如同盲人摸象一般呢？假定大象是我们所要研究的现实的经济系统，如何描述这头大象呢？方法之一就是用手去摸，也就是计量经济学的研究方法。这种做法尽管存在片面性，但这是由我们目前的认识能力和研究方法的局限性所决定的。当我们从不同的角度来摸大象时，就会得出不同的结论；当我们摸的角度越来越多时，得出的结论也会越来越多。当选择的角度趋于无穷大时，把这些结论综合在一起，一个清晰的完整的大象画面就会呈现在眼前。这就像机械制图中描述模件的三视图一样，如果模件是不规则的，就只有不断增加观察的角度，从而最终能清楚地刻画它。其实，我们目前的实证研究和盲人摸象是一样的，尽管所建立的模型可能与真实总体回归模型不一致，得出的结论也可能有差异，但是我们毕竟从不同的角度对所要研究的问题进行了探讨。当研究的角度越来越多时，相应地得出的结论也会越来越多。当我们不断综合这些结论时，对于所要研究的问题也就会越来越清晰，直到最终完全清楚地认识它为止。

现在回归到我们研究的多元回归方程中，比如要研究的 Y 是房价，那影响房价的因素太多了，先给大家看一下影响房价的因素，如表 2 所示。

表 2　房地产价格影响因素

<table>
<tr><td rowspan="26">房地产价格影响因素</td><td rowspan="15">自身因素</td><td rowspan="4">区位因素</td><td>位置</td></tr>
<tr><td>交通</td></tr>
<tr><td>环境景观</td></tr>
<tr><td>外部配套设施</td></tr>
<tr><td rowspan="4">土地因素</td><td>面积大小</td></tr>
<tr><td>形状</td></tr>
<tr><td>地形、地势</td></tr>
<tr><td>土壤及地基状况</td></tr>
<tr><td rowspan="4">建筑物因素</td><td>建筑规模</td></tr>
<tr><td>建筑结构</td></tr>
<tr><td>设施、设备</td></tr>
<tr><td>装饰装修</td></tr>
<tr><td rowspan="3">权益因素</td><td>权利状况</td></tr>
<tr><td>使用管制</td></tr>
<tr><td>相邻关系</td></tr>
<tr><td rowspan="11">外部因素</td><td rowspan="2">人口因素</td><td>人口数量</td></tr>
<tr><td>人口素质</td></tr>
<tr><td rowspan="2">制度因素</td><td>房地产制度政策</td></tr>
<tr><td>税收政策</td></tr>
<tr><td rowspan="2">经济因素</td><td>经济发展状况</td></tr>
<tr><td>居民收入水平</td></tr>
<tr><td rowspan="2">社会因素</td><td>政治安定状况</td></tr>
<tr><td>社会治安状况</td></tr>
<tr><td rowspan="2">国际因素</td><td>世界经济状况</td></tr>
<tr><td>国际竞争状况</td></tr>
<tr><td colspan="2">其他因素</td></tr>
</table>

从表 2 中可以看出影响房价的因素真的非常多，如果我们选择盲人摸象的方法从各个角度研究影响房价的因素，要用“$Y=\beta_0+\beta_1X+\beta_2X+\beta_3X_3+\cdots+\beta_KX_K+u$”这样的回归方程来研究房价的话，是无法把表格中甚至更多的隐藏因素都计算进去的，因为会变成一个无尽头的回归方程，就好像我们没办法把大象的每一处都探究并且赋予相应的名称及内涵。这样也就失去了回归本身的意义。那我们该如何进行变量（影响因素）的选择呢？

研究多元因素对单个因素的影响绝对不能像上面那样对各种因素进行简单堆砌，而是要保证回归方程的简洁、现实、合理、唯一。尤其是唯一性，对于任何一个问题，解释这个问题最准确的方程有且只有一个。我们可以借鉴现代经济学的分析框架和分析方法，通过假设条件的限制，简化真实经济环境，这样有利于我们选择合适的模型和解释变量，减少“相对唯一性”的真实总体模型对现实计量模型设定的逻辑困扰。

关于某个问题的“$Y = \beta_0 + \beta_1 X_1 + \beta_2 X + \beta_3 X + \cdots + \beta_K X_K + u$”这条方程里，如何确定里面该有多少个 X 以及这些 X 都该是谁这个问题，陈强（2019）给出两种方法：“由小到大（specific to general）”和“由大到小（general to specific）”。从这两种方法的英文解释中可能会理解得更加准确，即“从特殊到一般”和“从一般到特殊”，但这两种方法各有利弊，如表 3 所示。

表 3　如何选择变量

如何选择“$Y = \beta_0 + \beta_1 X_1 + \beta_2 X + \beta_3 X + \cdots + \beta_K X_K + u$”里面的变量		
选择方法	操作方法	利弊
由小到大	从少的变量开始，逐渐增加解释变量	利：简单
		弊 1：会有遗漏变量
		弊 2：都不显著时的取舍困难
由大到小	尽可能选择多的变量，然后删除不显著的	利：全面
		弊 1：不可能全部覆盖所有变量
		弊 2：本该显著的变量变得不显著

对于上述两种方法的使用建议，陈强（2019）给的结论是：在实证中，常常采用以上两种策略的折中方案。这并不是一个所谓“两头讨好、两头不得罪”的结论，而是事实就是这样的，这些变量太狡猾了，我们对一件事 Y 的研究会变成以下思路：

（1）对 Y 产生影响的因素可能有 100 个，我们不能什么都考虑，要看其影响的重要程度；

（2）对 Y 产生最重要影响的因素可能只有 A、B 两个，但要保证其他因素不变；

（3）对 Y 产生影响的因素可能有 A 或 B，但 AB 不能放在一起；

（4）对 Y 产生影响的因素里可观测到的有 A 和 B，但可能还有一个没注意的 C、D、E……，需要发现；

（5）对 Y 产生影响的因素一般 A 和 B，但 B 观测不到，B 通过 C 起作用，所以还要研究 C；

（6）纯粹的干扰因素，要去掉……其他各种情况。

上面这些情况研究清楚之后，才会最终确定“$Y = \beta_0 + \beta_1 X_1 + \beta_2 X + \beta_3 X + \cdots + \beta_K X_K + u$”这个方程有几个变量以及究竟是哪些变量。这个过程中既有“由小到大”也有“由大到小”，增加变量也减少变量，最终找到最能够

解释 Y 的、唯一的那条方程。

三、思政融入

我们会发现，多元回归“$Y=\beta_0+\beta_1X_1+\beta_2X+\beta_3X+\cdots+\beta_KX_K+u$”所体现出的关系可以类比为我们工作生活中对某个目标的追求，或者说两者本质上就是一样的，要达到一个目标需要考虑很多因素。那么我们该怎么考虑这些因素呢？参照上面的分析过程，假设把“Y”视作“我要成功”，那影响成功的因素该怎么分析呢？如下所示，其中 A 代表“顺利完成学业”，B 代表“顺利找到工作”，C 代表“创业成功”，D 代表“身体健康”：

（1）让我成功的因素可能有 100 个，但我不能什么都要，我要重视贡献的程度；

（2）让我成功最重要影响的因素可能只有 AB 两个，但 AB 起作用要保证其他因素不变；

（3）让我成功的因素可能有 A 或 B 或 C 或 D，但这些不能放在一起，只能取其一或其二；

（4）让我成功的因素有 A 和 B，但 B 我做不到，可是 B 的效果通过 C 也可以实现；

（5）让我成功的因素应该有 A 和 B，但可能还有一个没看到的 C、D，需要发现；

（6）我成功的因素只有 ABD，其他因素不要干扰到 ABD。

类似上面这样的分析，在分析的过程中完成“由小到大”和“由大到小”，既增加变量又减少变量，最终找到唯一的属于自己的方程，即自己的成功需要经过顺利完成所有学业，顺利找到工作，且需要在通往成功的道路上保证自己的身体健康，这样才有本钱为自己的目标进行奋斗。可以想一下，“身体健康”这个条件是不是经常被我们遗忘但又是非常重要的辅助工具，比如现在毕业的学生经常被限定在“996”工作规则中，又自我安慰这是为了升职加薪必经的过程，但是如果在这个过程中把身体搞垮了，是不是得不偿失呢？更甚者如果身体出现了不可逆转的伤害，我们又从何去谈成功与否呢？

如果说成功这个目标有些遥远，那我们就以得到奖学金为目标吧。影响自己得到奖学金的因素有哪些呢？得到课程高绩点、有发表的论文、有获奖的学术竞赛、有参加的学生工作等，这些因素都能够影响到自己是否能够得到奖学金，这是“由小到大”的方法列举出来的因素。但是我们能够把这些影响因素都收入囊中吗？人的精力是有限的（当然不排除大神级别的时间管理及学术水平），我们普通学生需要从中取舍，找到最适合自己走的道路，找到为了实现拿到奖学金这个目标而选取的途径 *ABC*，这是“由大到小”的方法筛选出来的因素。

在“由小到大”和“由大到小”的过程中，找到唯一准确的、让自己走向成功的方程，而整个的寻找过程就是人生的加减法——精准定位，既不贪大求全，也不抱残守缺。

参考文献

[1] 李子奈. 计量经济学模型方法论 [M]. 北京：清华大学出版社，2011.

[2] 李子奈. 计量经济学应用研究的总体回归模型设定 [J]. 经济研究，2008 (8)：136-144.

[3] 胥爱欢. 计量经济学应用研究中真实总体回归模型“唯一性”的分析 [J]. 广东商学院学报，2009，24 (5)：38-41.

[4] 陈强. 高级计量经济学及 Stata 应用 [M]. 2 版. 北京：高等教育出版社，2019：118.

计量经济模型的形式与内容

马昀蓓

一、案例引入

我们首先通过一个例子，来了解普遍意义上的形式规则与内容之间的联系。这个例子就是“语法”，从会说话开始，我们对语言的学习从未停止过。无论是中文还是英语，一句完整的话的结构都应该包含“主谓宾”。先请看图 1，注意图中所强调的“形式”与“规则”：

形式：“主语+谓语+宾语”，构成一个完整的句子。
规则：
1.名词或代词做主语；
2.动词做谓语；
3.名词或代词做宾语。

图 1　英语语法的形式与规则

在明确了上述形式与规则后，我们再来看图 2 中按照上述形式与规则组成的两组句子：

第一组句子：
1.“狗咬人”　（名词+动词+名词）
2.“人咬狗”　（名词+动词+名词）

第二组句子：
1.“我喝水”（代词+动词+名词）
2.“水喝我”（名词+动词+代词）

图 2　英语语法的内容举例

我们可以看到，图 2 中的四个句子完完全全符合一个完整句子的形式与规则，但是其内容呢，比如像“人咬狗”这种完全符合一个句子应具备的形式与规则的奇葩句子就没有任何意义，也没有内容；“水喝我”也是同样的道理。一句话无论是写下来还是讲出来都需要让读者或者听者能够明白所表达的意思。有时一句话即使符合语言规则，无厘头的内容也会让这个规则变得畸形，哪怕是习惯讲倒装句的山东人也不会这么讲话。

二、计量经济知识的融入、解读

计量经济学中模型设定包含了两个部分，一个是计量，另外一个是经济，这两者缺一不可，且两者的协调统一构成了正确的计量经济模型。经济学中好的计量模型需要有三个特征：能够正确证明自己的想法、模型中的数学符号与语言解释能够紧密联系、经济变量要有意义且与实际数据能够较为紧密地对应。这三者本该是相辅相成的，有意义的经济变量是为了解决经济现象发生的原因以及进一步地预测，为了解释经济现象需要对已有的数据进行分析并且把数据转化为能够让读者看懂的语言，从而证明自己的想法是无误的，也可为预测经济提供正确的思路。

不难看出阐释经济现象、揭示经济现象的本质和规律是计量经济学研究的核心，但一些学者过分专注于计量模型的严格和准确，忽视了经济学的思想、观点和见解，会为了追求想要的结论，而通过“反向工程”调整模型而得出想要的结论，更有一些学者不考虑模型假设的现实意义，为得到预期结论而刻意设定模型假设，再用模型结论来“认识”经济现象和提出政策建议，也就是所谓的“变色龙”模型，过分追求形式规范（或者复杂）而忽视了计量经济模型的核心内容。

图 3 就是计量经济模型所追求的一种规则与形式：被解释变量、解释自变量、控制变量、多元回归、系数显著、稳健性检验……从计量模型在形式上的表现来讲，可以说只要模型的结果大致长成图 3 中那样，我们就可以得出相应的结论了，比如图 3 中的房价和教育指数呈正相关关系。但是，得出这个形式之后结论就一定是有意义的吗（此问不针对图 3 的研究结果）？会不会出现我们最开始语法现象中出现的“水喝人”“水喝我”的情况呢？“主（名词、代词）—谓—宾（名词代词）构成一个句子”是形式问题，而“人喝水 vs 水喝人”就是内容问题了。同理可以明白，计量经济模型如果是脱离了经济理论、经济规律的模型，那就只剩下形式了，这样的形式就犹如“水喝人”一样，符合规范却没有意义。

变量	(1) 房价对数	(2) 房价对数	(3) 房价对数	(4) 房价对数	(5) 房价对数
市重点学校=1		0.271***		0.188***	0.184***
区重点学校=1		0.065***		0.062***	0.054***
教育指数	0.668***		0.339***		0.312***
生活便利指数	-0.021***	0.122***	0.027***	0.132***	0.015***
健康指数	0.079***	0.311***	0.168***	0.242***	0.171***
污染指数	-0.336***	-0.321***	-0.106***	-0.075***	-0.086***
交通指数	0.276***	0.290***	0.250***	0.254***	0.245***
控制楼盘特征、房屋特征、行政区划、月份	NO	NO	YES	YES	YES
观测值	96103	96103	96103	96103	96103
R^2	0.304	0.284	0.508	0.518	0.528

*** $p<0.01$, ** $p<0.05$, * $p<0.1$

图 3　北京市主城区学区房溢价模型回归结果

摘选自：哈巍，吴红斌，余韧哲. 学区房溢价新探：基于北京市主城六区重复截面数据的实证分析［J］. 教育与经济，2015（5）：3-10.

类似这样的计量模型有很多。《Business Week》上有一篇文章研究了名字叫“Ava”的婴儿数量与美国房产指数的关系。文章得到这样一个结论：名叫“Ava”的婴儿越多，美国房价越高。但我们都知道这一结论是荒谬的，这张图也是没有意义的（除了作为反面例子说明问题），因为这一现象背后没有作为“内容”的理论与规律，我们只是看到了数据或者图形中的“一致性”，作为单纯的数学模型来说或许能够找到两者之间的联系，但是我们建立数学模型（计量模型）是为了找出现实中存在的现象规律，脱离了这个核心，再严谨的数学模型也是一个无用的“空壳”。

计量经济学不是经济统计学，也不是数学在经济学研究中的应用，而是属于经济学的范畴。它是使用经济观测数据，采用适合经济数据特点的统计方法，估计、验证经济理论或经济模型，解释现实经济现象的一门学科，是连接经济学理论与现实的桥梁。因此《计量经济学》除了要学习“桥梁”本身的构造外，判断“桥梁”是否合适才是重要的。要判断“桥梁”是否合适，需重点关注“桥梁”的两端——理论与现实，明确“桥梁”只是起到联结（工具）的作用。

三、延伸到现实生活中的形式与内容

炫耀性消费原本是指富裕的上层阶级通过对物品的超出实用和生存所必

需的浪费性、奢侈性和铺张浪费，向他人炫耀和展示自己的金钱财力和社会地位，以及这种地位所带来的荣耀、声望和名誉。该消费理念是凡勃伦于1899年出版的《有闲阶级论——关于制度的经济研究》一书中提出的，该书出版后即引起极大轰动。可以说19世纪末20世纪初是资本主义在世界范围内确立并获得大发展的时期，对于资本主义发展的动力机制及其发展过程中的异化现象，具有敏锐洞见的社会学家们从不同的角度给予了表达。

1894年，美国工业发展的速度已超过其他资本主义国家，跃居世界第一位。1913年福特汽车公司设在密西根德尔朋的生产流水线隆隆驰下第一辆汽车，可以断言，消费社会在美国已经初露端倪。经济的飞速发展造就了一大批暴发户（nouveaux riches），而这些暴发户的行为则成了凡勃伦关注的焦点。凡勃伦是美国著名的经济学家和社会学家，他以其敏锐的洞察目睹了“黄金时代”（golden age）的暴发户们在曼哈顿大街购置豪宅，疯狂追逐时髦消费品。有鉴于此，凡勃伦提出了“炫耀性消费”（conspicuous consumption）这一社会科学界内的不朽语。但由于“炫耀性消费”这一概念本身的模糊性及其进化论框架、功能主义倾向、本能主义心理学思维，凡勃伦受到了广泛的批评。但自20世纪80年代以来，随着西方社会由生产主导型社会（production－oriented society）向消费主导型社会（consumption－oriented society）的全面转变，消费问题本身越来越受到学界的关注，人们才愈加认识到凡勃伦提出的“炫耀性消费”的重要性。

在我们所处的现实环境中，炫耀性消费已经不再是上层阶级存在的现象了。这种以表现财富或收入为目的而花费于商品或劳务的消费行为在大学生或者说在校园中的存在越来越普遍。大学中的炫耀性消费代表了什么呢？它代表了：大学生希望通过炫耀式消费行为维护或获取社会地位；大学生希望通过消费行为来展示自己的实力（主要是财力）。

作为一项短期的、收益快的投资项目，炫耀性消费能给人带来快速而有响应的社会反响和快响应的投资—满意度响应。从大学生的角度来说，很多大学生不会关注一些投资的长期投入产出比，很多人坚信拿在手里的才是自己的，于是快速消费，攒不下钱就变成了一件正常的事情，其中不可避免地会有炫耀性消费在里面。但是炫耀性消费始终被定义为“对物品的超出实用和生存所必需的浪费性、奢侈性”，所以为了形式主义的“面子工程”而忽略了本可以消费在教育投资比如“购买课程”上而会带来的核心内容——长期效益，更甚者会为了攒钱攒面子而威胁到自己的生理、生活需求，这样就没有必要谈及人生更深层次的需求与追求了。

四、当代大学生提升自我修养的进一步思考

计量经济模型的核心是符合经济理论和经济规律，从而其形式与内容不仅要统一，还要求内容高于形式。这个道理至于人亦如此，评价一个人的标准在于内容（自我修养），而不在于形式（金钱、外表等）。修养是一个人骨子里散发出来的最佳魅力，它比人的外表更迷人。有修养的人，也必然是一个有内涵的人，有风度的人，有气质的人，有教养的人，可以说，一个人内在的修养就是他的精神长相。

北宋大文豪苏轼有一句诗很有名，“腹有诗书气自华”。就是说一个人饱读诗书，那么他的才华、他的气质就会自然而然地显现出来，这个人就会高雅光彩、与众不同。苏轼的这句诗，习近平总书记在不少场合多次引用过。他在2013年五四青年节与各界优秀青年代表座谈的时候还讲到：“学习是成长进步的阶梯，实践是提高本领的途径。青年的素质和本领直接影响着实现中国梦的进程。”

- 学如弓弩，才如箭镞——袁枚《续诗品·尚识》。这用一句话表达的话，那就是见识做引领，学识做底蕴，才气做锋芒。我们中国古人讲，“人非生而知之者”，这世界上根本没有绝对意义上的天才。正因为如此，我们就应该努力学习、终身学习，就像习近平总书记讲的那样，学习是文明传承之途、人生成长之梯、政党巩固之基、国家兴盛之要。把学习作为责任，把学习作为生活态度，把学习作为精神追求。这样，我们壮丽的人生才能够有深厚的学养来保驾护航。

- 独学而无友，则孤陋而寡闻 ——《礼记》。独学就是一个人学习，没有朋友跟你一起切磋琢磨，那就会有两个后果：一个是孤陋，第二个是寡闻。一个人既学识浅薄又见识不广，就很容易成为井底之蛙，就会故步自封，就会夜郎自大，就很难再进步了。

- 博学之，审问之，慎思之，明辨之，笃行之——《礼记》。博学，就是广泛地学习；审问，就是仔细地询问；慎思，就是努力地思考、谨慎地思考；明辨，就是清楚地分辨；笃行，就是忠诚地践行。这五个层次，彼此之间是相互递进的关系。

当然，修养的内涵远不止知识和才学这么简单，道德修养才是首要、是方向。道德之于个人、之于社会，都具有基础性意义，做人做事第一位的是崇德修身。德才兼备、以德为先，一个人只有明大德、守公德、严私德，其

才方能用得其所。

当代大学生的人生黄金期，同“两个一百年”奋斗目标的实现完全吻合。学生既拥有广阔发展空间，也承载着伟大时代使命。通过学习不断提升自我修养，才能做到志存高远、德才并重、情理兼修、勇于开拓，才能在为实现中国梦而进行的伟大奋斗中实现人生价值。

参考文献

[1] 李子奈. 计量经济学模型方法论 [M]. 北京：清华大学出版社，2011.

[2] 李子奈. 计量经济学应用研究的总体回归模型设定 [J]. 经济研究，2008 (8)：136-144.

[3] 胥爱欢. 计量经济学应用研究中真实总体回归模型“唯一性”的分析 [J]. 广东商学院学报，2009，24 (5)：38-41.

[4] 陈强. 高级计量经济学及 Stata 应用 [M]. 2 版. 北京：高等教育出版社，2019：118.

时间序列——过往成就现在，现在造就未来

马昀蓓

一、知识点引入

我们知道，时间序列是按照时间排序的一组随机变量，它通常是在相等间隔的时间段内依照给定的采样率对某种潜在过程进行观测的结果。时间序列数据本质上反映的是某个或者某些随机变量随时间不断变化的趋势，而这个趋势可能是由以前的历史趋势一步一步促成的。以自回归模型（Autoregression model，简称 AR 模型）为例，用同一变量即 Y_t 的之前各期，亦即 $Y_{t-1} \sim Y_{t-p}$，来描述本期 Y_t 的表现，并假设它们为一线性关系。这是从回归分析中的线性回归发展而来的，但和多元线性回归又大有不同，比如我们看下面这两条公式：

公式 1：$Y=\beta_0+\beta_1 X_1+\beta_2 X_2+\cdots+\beta_k X_k+\varepsilon$

公式 2：$Y_t=\beta_0+\beta_1 Y_{t-1}+\beta_2 Y_{t-2}+\cdots+\beta_p Y_{t-p}+\varepsilon_t$

公式 1 是多元线性回归，公式 2 是 AR 时间序列。在多元回归里（公式 1），能够解释 Y 的，都不是 Y 自己，而是 Y 以外的因素，也就是外生的 $X_1 \sim X_k$；在时间序列里（公式 2），解释 Y 的是 Y 自己，只不过是 Y 以前的自己，也就是 $Y_{t-1} \sim Y_{t-p}$。可以发现，AR 时间序列和多元线性回归的不同之处在于，不再是用 X（外界）解释 Y（自己），而是用 Y（自己）解释 Y（自己），所以 AR 时间序列也叫作自回归。

在计量经济学中，我们经常把 Y 作为一个我们要解释的问题，那么，究竟是谁来解释 Y 呢？有两种因素：外生不是 Y 的和属于 Y 自己的。如果把我们自己看成是 Y，再来用 Y（自己）解释 Y（自己），或许就能排除外界干扰重新认识自己、审视自己，和真正的自己对话。

现在我们再回到公式 2 的 AR 时间序列模型：

$$Y_t=\beta_0+\beta_1 Y_{t-1}+\beta_2 Y_{t-2}+\cdots+\beta_p Y_{t-p}+\varepsilon_t$$

换成更通俗一点的话来解释这个模型的含义就是，现在的“我（Y）”可以由过去若干时期的“我（Y）”来共同解释，但并不是过去每一个时期都对我今天的样子做了最大贡献，这取决于哪一期的贡献是显著的，即考察 β_i 是否显著不为零。可能是最近时期发生的事情塑造了现在的我，比如 β_1 显著对应的 Y_{t-1}；也可能是很久远的某一个时期造就了现在的我，比如 β_p 显著对应的 Y_{t-p}；当然，也同样有可能由过去某几个重要的时间点共同造就了“我（Y）”。这是抛开周边那些和自己无关的因素来分析自己的一个视角，自变量本身就是重要的解释变量。把这些显著的、影响自己到现在的时间段或因素找到，就是对自己的一种认识过程。另外，β_i 不仅能表明过去第 i 期的“我（Y）”对现在的“我（Y）”的影响大小，β_i 的正负也表明过去某段时间对现在自己的影响是正还是负，是积极的促进还是消极的阻碍。

不免想到李白：“世传李白读书象耳山中，学业未成，即弃去，过是溪，逢老媪方磨铁杵，问之，曰：‘欲作针。’太白感其意，还卒业。”是看到铁杵磨成针那时而顿悟的李白和在此之后认真读经写诗的李白造就了这位中国历史上伟大的诗人。显然，当时顿悟的李白对之后的自己的影响是显著的，而之后认真读经写诗的李白也对日后的他有着不可磨灭的影响。试想一下，如果李白看到铁杵磨成针却无动于衷，如果李白在顿悟后只有三天热度又恢复到之前贪玩弃学的状态，那后世的我们就再没有机会读到“飞流直下三千尺，疑是银河落九天”“长风破浪会有时，直挂云帆济沧海”等千古名篇了。正是由于那些时期对李白来说是显著的，才能造就之后“天生我材必有用，我辈岂是蓬蒿人”的李白。

二、新中国发展面对面：天翻地覆慨而慷

而我们再纵观历史，纵观中国国情，也正是社会主义新时期的每一个重要的政策举措，一步一步造就现在繁荣昌盛的祖国。

1978 年 12 月，中国共产党召开的十一届三中全会，在历史上具有深远的意义，全会明确指出党在新时期的历史任务是把我国建设成为社会主义现代化强国，揭开了社会主义改革开放的序幕。以党的十一届三中全会为起点，中国人民进入了改革开放和社会主义现代化建设的新时期，逐步开辟了一条建设中国特色社会主义道路。20 世纪 80 年代，我国政治体制改革与经济体制改革同步进行，随着上海浦东新区的开放，我国的对外开放开启了崭新局面。1992 年，党的十四大召开，将建设有中国特色社会主义的理论和党的基本路线写进党章，党的历史上第一次明确提出了建立社会主义市场经济体制的目标模式。2002 年，党的十六大立足于我国已经解决温饱的基础

上，确定全面建设小康社会的奋斗目标。2012 年至今，习近平总书记提出深化社会主义经济体制改革和站在新的历史起点上加快完善社会主义市场经济体制改革。2018 年 12 月 18 日，在庆祝改革开放 40 周年大会上，习近平总书记发出在新时代改革开放新征程上奋勇前进的豪迈宣言："全党全国各族人民要更加紧密地团结在党中央周围，高举中国特色社会主义伟大旗帜，不忘初心，牢记使命，将改革开放进行到底，不断实现人民对美好生活的向往，在新时代创造中华民族新的更大奇迹！创造让世界刮目相看的新的更大奇迹！"

40 多年来，中国人民沿着改革开放这条道路取得了举世瞩目的成就。可见，改革开放以来我国的一系列政策举措对现在的影响是显著的，是积极的，是之前各个重要时期的中国造就了现在的中国，正是由于之前每一个时期政策举措的积极推进，才使得我国一步一步成为今天的世界第二大经济体；相信不远的将来，也会由于现在国家各个方面的不断发展完善，一步一步越来越接近富强民主文明和谐美丽的社会主义现代化强国！

三、积跬步以至千里，积怠惰以至深渊

当然，除了那些重大决定、重要举措，一些不经意间的小事，也可能会通过不断的积累对今天的结果做出最大的解释。

这就像时间序列中的随机游走过程，看似随机，实则趋势。

$$Y_t = Y_{t-1} + \varepsilon_t$$

通过逐步迭代，可得

$$Y_t = Y_0 + \varepsilon_t + \varepsilon_{t-1} + \cdots + \varepsilon_0$$

$$Y_t = Y_0 + \sum \varepsilon_{t-i}$$

初始点 Y_0 和加总的随机项 $\sum \varepsilon_{t-i}$ 对现在的 Y_t 起到了最主要的解释，起始点 y_0 是我们改变不了的，是一开始就已经决定了的，所以解释我们现在的只有加总的随机项。我们看到，这些随机项单独哪个都没多大功能，可一旦随机项累加，就产生了影响现在的趋势。

由此可以想想我们今天的自己，有多少是可以由过去的不经意来加总解释的，一次不经意、两次不经意……一直加到现在。在一生中，虽然起跑线已经画出，出身如何我们决定不了也改变不了，但我们可以培养我们做事的习惯，一点点再一点点地前进和超越。比如每天花五分钟背单词或者阅读，通过日积月累也能成为英语大神；利用每天刷牙的时间拿着手机看看新闻而不是单纯娱乐，通过日积月累就能收获比别人更广阔的知识面……这就好比 1.01^{365} 和 0.99^{365} 的区别，1.01 和 0.99 之间的差距是微乎其微的，几乎可以

忽略不计，但 1.01 连乘 365 次，会变成 37.8，0.99 连乘 365 次，会变成 0.03，足以可见差距有多大。若将时间拉得更长，以人生的角度来看，两者的差距会变得非常非常大，足以影响你的一生。虽然用指数函数来造势不是很科学，不过“积跬步以至千里，积怠惰以至深渊”“只比你努力一点的人，其实已经甩你很远”这两句话还是颇有道理的。

这样一些小改变、小细节，它们的作用虽然只有一点点，但通过日复一日的不断累加，在不经意间就使得我们有了很大的改变，当你回过头去看向来时的路，你会发现这个巨大的改变其实是一步一步的每个脚印连起来的，慢慢地、悄悄地成就了现在的你，如果能踏踏实实地走好每一步，到头来你会发现，这一切都是值得的。

马克思主义哲学发展观告诉我们，世界上的任何事物都是由过去发展而来并朝着未来发展而去，永不停歇。现在由过去发展而来，过去又是由过去的过去发展而来；同样，现在朝着未来发展，未来又朝着未来的未来发展，就这样不断延伸。所以说只有更新的事物，没有最新的事物，一切都在不停地发展，而发展是无限的。

现在是由过去发展而来的，既然我们改变不了过往，我们就把握好现在；未来是由现在发展去的，我们把现在做好，就能发展成更好的未来。我们作为当代青年不仅要认识到马克思主义哲学发展观，更要把马克思主义哲学发展观运用到生活当中，落实好发展观的要求。“种一棵树最好的时间是十年前，其次是现在。”过去是现在的解释变量，现在是未来的解释变量。未来就是现在的不断累加，所以我们应该把握当下，奋发图强，不断学习，不断进步，未来是有无限可能的，而这些可能性，就把握在我们今天、把握在我们自己手中。

参考文献

[1] 李子奈. 计量经济学模型方法论 [M]. 北京：清华大学出版社，2011.

[2] 李子奈. 计量经济学应用研究的总体回归模型设定 [J]. 经济研究，2008 (8)：136-144.

[3] 胥爱欢. 计量经济学应用研究中真实总体回归模型“唯一性”的分析 [J]. 广东商学院学报，2009，24 (5)：38-41.

[4] 陈强. 高级计量经济学及 Stata 应用 [M]. 2 版. 北京：高等教育出版社，2019：118.

时间序列自回归模型

——凡事预则立，不预则废

马昀蓓

一、绪论

在经济学分析中，通常假定经济行为具有一定的惯性，例如经济发展的关系、消费行为的惯性、企业经营模式的关系及金融市场的惯性等。换句话说，过去的行为会影响未来的决策。因此通常会对这些经济指标进行持续观测，并将这些观测数据按照时间的先后顺序排列起来，这就是时间序列。对时间序列数据进行研究，即时间序列分析，其中两个最基本的功能，就是通过建立数学模型，解释现象的发展变化规律性；并预测未来的发展趋势。因此可以说，在经济学分析中，时间序列分析研究的就是过去的信息如何影响未来的经济行为的。

时间序列分析在计量经济学和应用经济学中占据了非常重要的地位。不仅如此，在当今信息大爆炸的时代，时间序列分析也在其他各个学科领域中发挥着重要的作用。究其原因，中国古人的文明智慧就已经洞悉了其背后的真相，那就是“凡事预则立，不预则废”。这句话出自《礼记·中庸》，事实上，在《毛泽东选集·论持久战》中就引用了这句话：“凡事预则立，不预则废，没有事先的计划和准备，就不能获得战争的胜利”。这里的“预”是指事先的计划和准备，因此可以这样理解：做任何事情，事前有准备就可以成功，没有准备就会失败；说话先有准备，就不会辞穷理屈站不住脚；行事前计划先有定夺，就不会发生错误或后悔的事。通过解释，相信人人都能够理解“凡事预则立，不预则废”的道理，但是真正做起来却是一件“知易行难”的事情。例如至今在全球范围内仍然形势严峻的新冠肺炎疫情。

图 1 列出了 2020 年 11 月 17 日新冠肺炎新增确诊病例数最多的十个国家，其中每一个国家的新增确诊病例都达到了以万为单位，美国甚至是以十

万为单位。由此可见新冠肺炎疫情的严重程度。但是与此同时，也有一些国家的疫情得到了一定的控制，尤其以我国为代表。

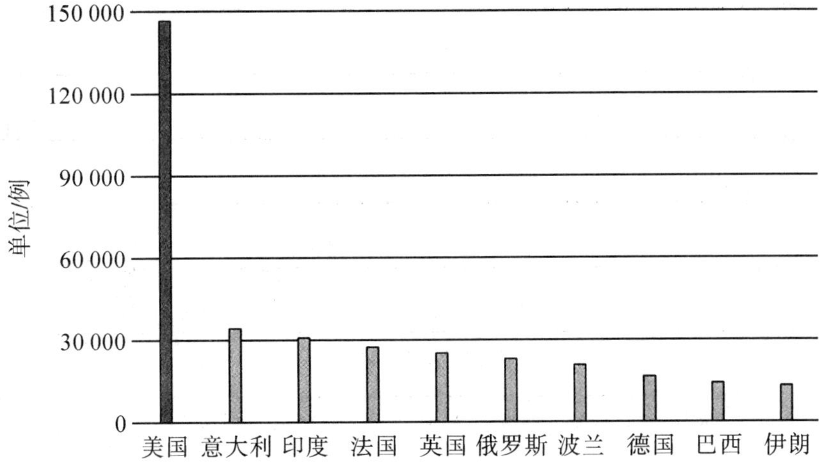

图 1　2020 年 11 月 17 日新增确诊病例情况（新增确诊国家 Top10）

由图 2 和图 3 可见，新冠肺炎疫情在我国爆发初期就很快得到了控制，新增确诊人数之后一直处于一个非常低的水平，可以说我国在这场抗疫战争中已经取得了阶段性胜利。反观美国，每日有数以万计的新增确诊病例，并且这个数字还在持续地快速攀升，疫情也愈加严峻。之所以两个国家呈现出天壤之别的差异，正是因为我们国家做到了“预在先”，从而“立在后”“若不预，则比废”。

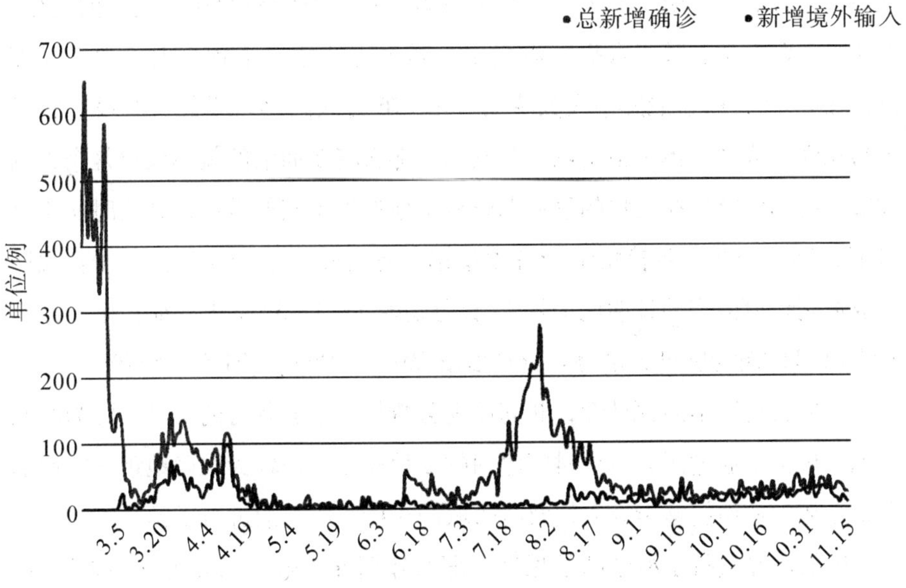

图 2　中国每日新增确诊病例数时间序列

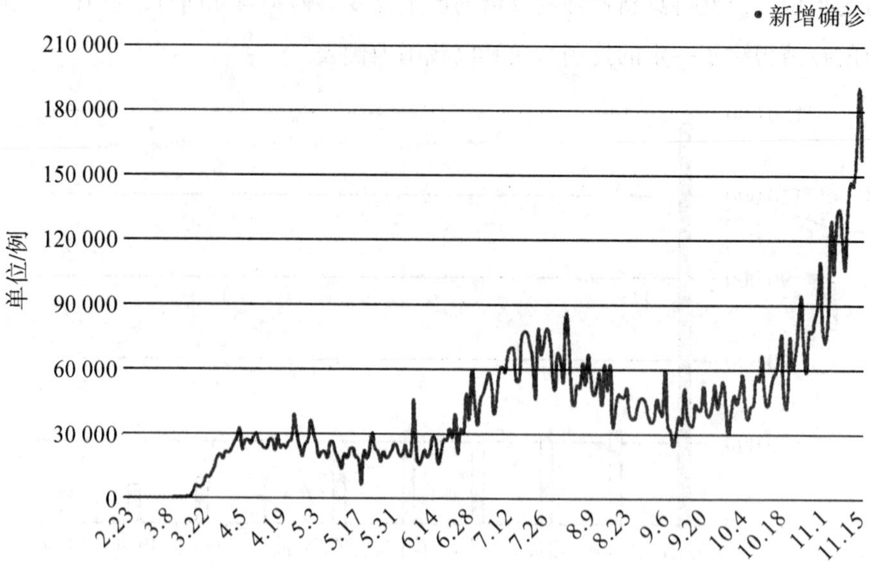

图 3　美国每日新增确诊病例数时间序列

若要通过事前的准备和计划来达到预期的效果，就必须要遵循事物的客观发展规律，也就是说，只有不断地审视过去的自己，自我反省，在对后果的科学预见基础上，才能正确指导自己的具体行动，从而促使事物向人们所期望的方向发展，因此，可以说，要做到科学地“预”，才能成功地“立”。自从新冠爆发以来，海内外的学者都积极投入相关研究中，特别是在新冠的传染机制和未来走势的预测等方面。正是基于这些科学的预见性，从党中央到各地方政府，果断采取了一系列的有效举措，及时控制住了疫情的蔓延。事实上，曾有学者基于数据预测指出，若不进行任何干预，则单就武汉而言，在2—4 月的新冠感染人数将会多出 276 万人之多。设想，若没有科学的预见性，或者具体举措不以其为基础，那么将要面临的就不仅仅是个人的成败。我们国家早在疫情的最初期就科学地遇见了其严重性，并及时从 1 月 23 日起陆续颁布了防控疫情的各项举措。有这样一个研究数据：如若我国采取遏制新冠措施的日期比 1 月 23 日分别晚 1、3、5、7 天，那么全国截至 6 月 12 日的新冠感染人数将会分别多出 29%、118%、271%和 537%。

若要获得科学的预见性，时间序列分析是一个强有力的工具，因为时间序列分析正是通过研究总结时间序列的变化规律，来较为准确地预测它们的未来走势，从而能够指导人们及时采取应对措施或提前进行干预。

既然已经获得了科学的预见性，那么计划准备就要以此为基础来制订。事实上，美国拥有最先进的科研机构和最优秀的科研人才，他们对于新冠肺炎的研究和预测也从未停止过，并一直在呼吁政府采取有效举措。不幸的是，在美国疫情已经成为一个政治问题。无论是共和党还是民主党，都将新冠疫情当作自己的政治筹码和竞选噱头。美国前总统特朗普曾公开声称病毒将“奇迹般地消失”，完全不顾科学事实；而他的言论大大影响了它的支持者对于疫情的态度，正是由于这些政治原因，真实的数据被质疑，有效的举措被忽视，美国民众成为美国政治的最大受害者。所以要成功地“立”，不仅要有科学的预见性，而且还要以此为基础来指导具体行动。

如前面所说，时间序列分析是通过研究总结时间序列的变化规律来预测未来走势的。事实上，时间序列分析的历史可以追溯到远古时代，主要采用描述性的分析方法。描述性时间序列分析操作简单、直观有效，无论是在天文、物理等自然科学领域，还是在经济、人口等社会科学领域中，都被人们广泛采用。例如，19 世纪中后期，德国天文学家施瓦贝（Schwabe）就采用描述性时间序列分析方法发现了太阳黑子的活动具有周期性（见图 4），并且发现该周期为 11~12 年。

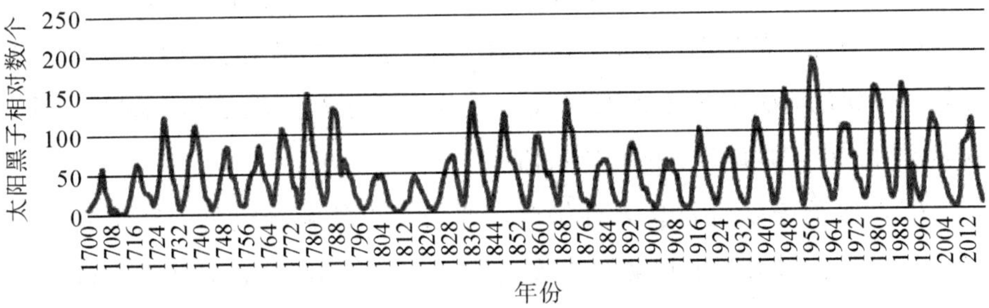

图 4　太阳黑子的施瓦贝循环

但仅仅通过简单的观察和描述总结时间序列的随机性变化规律并比较准确地预测它们的未来走势是非常困难的。为了更加准确地估计随机时间序列的发展变化规律，英国统计学家尤尔（George Udny Yule）开创性地利用数理统计学原理，引用自回归和序列相关等重要概念，首次提出用一个带扰动的线性自回归方程（AR 模型）来分析和预测市场变化规律的方法。该建模思想也在许多实际问题中得到了验证，例如著名的贝弗里奇（William Beveridge）小麦价格指数和 Greenwich 降雨量序列。

事实上，随着计算机技术和数据处理技术的迅速发展，时间序列分析的理论和应用也在不断发展。众多学者提出了不同的假说和理论，从而需要建立不同的模型进行诠释，其中自回归（AR）模型、移动平均（MA）模型及自回归移动平均（ARMA）模型构成了平稳时间序列的三类最基本的模型。我们将首先介绍时间序列的线性自回归（AR）模型。

二、线性自回归（AR）模型

对于时间序列 $\{Y_t\}$，由于其记录是按照时间顺序所得的，因此其一个显著特征就是记录的前后相依性。自然地，统计学家们就期望能够利用这样的相依性，通过研究时间序列生成的内在规律性，来理解和解释时间序列数据的生成机制、进行预测并进一步对未来进行干预。在这个过程中，时间序列的分析就依赖于适当的统计建模。

对于 $p \geqslant 1$，定义

$$Y_t = \beta_0 + \beta_1 Y_{t-1} + \cdots + \beta_p Y_{t-p} + \varepsilon_t$$

其中 $\varepsilon_t \sim N(0, \sigma^2)$，则称该模型为 p 阶的自回归模型，记为 $AR(p)$。由此生成的时间序列 $\{Y_t\}$ 称为 $AR(p)$ 过程。可见，$AR(p)$ 模型认为能够解释 Y 当前状态 Y_t 的只有 Y 自己，只不过是过去的自己，即 Y_{t-1}，Y_{t-2}，…，Y_{t-p}。

自回归模型的建模过程，就是一个不断审视自我并自我反省的过程。

（1）首先，从何时开始，“我”的一言一行，“我”的生活学习习惯就开始潜移默化地决定了今天的“我”是什么样子？这就是建模的第一步，就是定阶，也就是确定 p 的具体数值。

（2）接下来是进行显著性检验。通俗一点的解释就是，现在的“我（Y）”可以由过去若干时期的“我（Y）”来共同解释，但并不是过去每一个时期都对今天我的样子做了最大贡献，可能是最近时期发生的事情塑造了现在的我，也可能是很久远的某一个时期造就了现在的我，当然，也同样有可能是过去某几个重要的时间点共同造就了“我（Y）”。这是抛开周边和自己无关的因素分析自己的一个视角。把这些显著的、影响自己到现在的时间段或因素找到，就是对自己的一种认识过程。

（3）此外，当找到确定的时间段后，系数 βn 的估计可以带来更为深刻的认识，例如过去某段时间对现在自己的影响是正是负？影响有多大？就像我们每个人小时候各个阶段都有各种各样的理想，很小的时候想当医生，经常给玩偶看病；长大些了，想当科学家，学着做了很多的科学小实验；再后来，想当宇航员，看了很多宇航家的传记，那么现在呢，哪个阶段的理想给你带来了最深刻的影响？

可见，线性自回归模型的建模过程与研究框架与多元线性回归模型一致。不同的是，线性多元回归模型

$$Y_t = \beta_0 + \beta_1 X_{1t} + \cdots + \beta_k X_{kt} + u_t$$

是通过对自我以外的事物，即 X_1，X_2，…，X_k 来进行审视。

事实上，这两个模型殊途同归，只是视角不同，无论是我们已经学习过的多元线性回归模型，还是即将要学习的线性自回归模型，都是为了揭示现象的发展变化规律，预测未来的发展趋势，为我们的“预”提供科学的理论支撑和指导，让我们能够真正做到“预则立”。

参考文献

[1] 李子奈. 计量经济学模型方法论 [M]. 北京：清华大学出版社，2011.

[2] 李子奈. 计量经济学应用研究的总体回归模型设定 [J]. 经济研究，2008 (8)：136-144.

[3] 胥爱欢. 计量经济学应用研究中真实总体回归模型“唯一性”的分析 [J]. 广东商学院学报，2009，24 (5)：38-41.

[4] 陈强. 高级计量经济学及 Stata 应用 [M]. 2 版. 北京：高等教育出版社，2019：118.

相关不是因果——透过现象看本质

马昀蓓

一、知识点引入

一个现象的出现总是伴随着另一个现象的出现，改变其中之一是否会导致另一个随之变化？其答案取决于这两个现象之间仅有相关关系？还是有因果关系？自古以来，关于这两个关系的研究一直吸引着人们去思考。

我们先看这样一个例子：

《Business Week》上一篇文章“叫‘Ava’的婴儿会导致房产泡沫么”，研究了名叫“Ava”的婴儿数量与美国房价指数的关系，由两者的曲线图得出“名叫 Ava 的婴儿越多，美国房价越高”这样神奇的结论。如果这结论是真的，那么想要控制美国的房价泡沫就很容易了，政府只要禁止婴儿叫“Ava”就可以了。说到这里大家都听得出来，这很荒谬。从这就体现出了相关和因果并不是同一回事，哪怕有统计数据的支撑，哪怕统计数据还表现出强相关，这都不能成为是因果关系的依据。

要区分相关还是因果，首先要了解相关和因果的定义。

相关性是指两个变量的关联程度，就是统计上 X 和 Y 具有线性（或者非线性）关系，通常代表 X 的变动和 Y 的变动存在同向或反向的关系。相关系数是用来研究变量之间相关程度的统计指标，以简单相关系数为例，简单相关系数又叫相关系数或线性相关系数，一般用字母 ρ 表示，用来度量两个变量间的线性关系：

$$\rho(X,Y)=\frac{\mathrm{Cov}(X,Y)}{\sqrt{\mathrm{Var}(X)\mathrm{Var}(Y)}}$$

其中，$\mathrm{Cov}(X,Y)$ 为 X 与 Y 的协方差，$\mathrm{Var}(X)$ 为 X 的方差，$\mathrm{Var}(Y)$ 为 Y 的方差。

当相关系数 ρ 大于 0 时，两个变量为正相关，相关系数在 0 到 1 之间；

当相关系数 ρ 小于 0 时，两个变量为负相关，相关系数在 -1 到 0 之间。当相关系数 ρ 为 0 时，X 和 Y 两变量没有相关性。相关系数的绝对值越大，相关性越强，相关系数越接近于 1 或 -1，相关度越强，相关系数越接近于 0，相关度越弱。

但相关性或相关系数并不能解决这个相关性是如何来的，或者说是由谁引起的这一问题。

因果性则和相关性不同。从统计的角度，因果关系是通过概率或者分布函数的角度体现出来的：在宇宙中所有其他事件的发生情况固定不变的条件下，如果一个事件 A 的发生与不发生对于另一个事件 B 的发生的概率（如果通过事件定义了随机变量那么也可以说分布函数）有影响，并且这两个事件在时间上有先后顺序（A 前 B 后），那么我们便可以说 A 是 B 的原因。计量上的因果通常指的是格兰杰因果，其定义如下：若在包含了变量 X、Y 的过去信息的条件下，对变量 Y 的预测效果要优于只单独由 Y 的过去信息对 Y 进行的预测效果，即变量 X 有助于解释变量 Y 的将来变化，则认为变量 X 是引致变量 Y 的格兰杰原因。

格兰杰于 1967 年提出了格兰杰因果关系的定义并在 1980 年将其进行了扩展，他的定义是建立在完整信息集及发生时间先后顺序基础上的。从便于理解的角度上按照从一般到特殊的顺序讲：

最一般的情况是根据分布函数（条件分布）判断。约定 Ω_n 是到 n 期为止宇宙中的所有信息，Y_n 为到 n 期为止所有的 Y_t（$t=1\cdots n$），X_{n+1} 为第 $n+1$ 期 X 的取值，Ω_n-Y_n 为除 Y 之外的所有信息。Y 的发生影响 X 的发生的表达式为

$$F(X_{n+1} \mid \Omega_n) \neq F(x_{n+1} \mid \Omega_n - Y_n)$$

后来认为宇宙信息集是不可能找到的，于是退而求其次，找一个可获取的信息集 J 来替代 Ω：

$$F(X_{n+1} \mid J_n) \neq F(x_{n+1} \mid J_n - Y_n)$$

再后来，大家又认为验证分布函数是否相等实在是太复杂，于是再次退而求其次，只是验证期望是否相等（这种叫作均值因果性，上面用分布函数验证的因果关系叫全面因果性）：

$$E(X_{n+1} \mid J_n) \neq E(x_{n+1} \mid J_n - Y_n)$$

也有一种方法是验证 Y 的出现是否能减小对 X_{n+1} 的预测误差，即比较方差是否发生变化：

$$\mathrm{Var}(X_{n+1} \mid J_n) \neq \mathrm{Var}(x_{n+1} \mid J_n - Y_n)$$

两个变量 A 和 B 具有相关性，其原因是有很多种的，并非只有 $A \to B$ 或者 $B \to A$ 这样的因果关系。一个很常见的导致相关性的可能性是 A 和 B 都是同样的原因造成的，即 $C \to A$ 并且 $C \to B$，那么 A 和 B 也会表现出明显的相关性，但并不能说 $A \to B$ 或者 $B \to A$。

关于相关与因果的区别，有个很经典的例子："统计显示，冰糕卖得越多，游泳溺亡人数越多，两者具有正相关性。"

那么我们可以由此得出结论说吃冰糕就会增加游泳溺亡风险吗？很显然，答案是不可以的。通过常识就可以知道，卖冰糕和游泳人数（包含游泳死亡人数）增多都是夏天到了气温升高所导致的，吃不吃冰糕跟游泳死亡风险根本没有任何因果关系。这就是上文所说的：AB 高度相关并不意味着 A 导致 B 或 B 导致 A，有一种可能是 C 同时导致了 AB。

我们再来看另外一个例子：

比尔·盖茨退学创办了微软、扎克伯格退学成了 Facebook 的创始人、乔布斯退学成为 iPhone 的创始人、卡梅隆退学成了好莱坞电影导演、老虎伍兹退学成为世界排名首位的高尔夫球员、还有著名歌手麦当娜连高中都没念完……这种辍学退学后大放异彩的成功案例多得是，人民网曾经还专门转载了一份《时代周刊》评出的十大辍学成功人士。那我们能说他们的成功是因为他们退学吗？

通过上文的分析可知，辍学和成功并没有因果关系，它们就像上面所说的 A 和 B，它们都是由"成功人格（暂且这样叫）" C 所导致的两个结果，具有这样人格的人就算在追逐梦想的过程中选择辍学，最终也会走向成功。"成功人格" C 可能是惊人的意志，比如比尔·盖茨虽然退学，他却从来没有停止过编程学习；也可能是出众的天赋，像泰格·伍兹孩童时就表现出了非凡的高尔夫天赋，他 3 岁时就击出了 9 洞 48 杆的成绩，5 岁时便上了《高尔夫文摘》杂志，18 岁时成为最年轻的美国业余比赛冠军。而这些品质和天赋，都不会受是否辍学的影响。另外，所谓的"因为辍学所以成功"，包括"因为辍学了，所以有更多的时间、机会来做自己喜欢的事，不用把大部分时间耗在学校学习大类知识，而是用来专攻自己的专长"诸如此类的解释，其实说的都不是因果而是相关，是现象而不是规律。

另外这里还有一个样本选择偏差的问题，如果专门挑辍了学然后成功的样本，而忽略了那些辍学以后没有取得成功甚至走上歧途的样本，那得出的结论肯定是辍学和成功强相关了。

二、思政引入

（一）透过现象看本质

回顾以上这些把相关当因果的例子，我们可以发现，这些例子会出现这样的错误解读，都是因为只看到了存在相关性的现象，没看到现象背后的因果规律。所以重要的不仅仅是善于观察生活中的现象，更要学会透过现象看本质，不被现象表面所迷惑，而去找到问题存在的真实原因。

所谓透过现象看本质，其实就是掌握其规律、摸索其起因、了解其过程，透过事物的表象来发现其形成的原因。更通俗地来说，就是在看待问题时，能够抓住这个事件背后的“根本性”运作逻辑，你能够理解它真正的前因后果，而不是被这个事件的表象、无关要素、感性偏见等影响了判断。这是一种非常重要的思维方式。因为在现实生活中，我们通常遇到的是事情的结果，却难以发现事情的起因与过程，所以才会导致我们一叶障目、不见泰山。也就是说，我们大多时候只看到果、未看到因，而透过现象看本质，其实就是通过我们所了解到或者观察到的果去逆推因。拥有了这种思维方式，你才不会看问题做事情始终不在点子上，总是在做对现实问题的解决毫无助益的事情的那种人。

英国的探险家贝尔曾经说过：“当你学会透过事物的现象看到其本质的时候，任何的困难和挫折，在你面前都不值一提了。”大千世界，千奇百怪。人生旅途，险阻重重。透过现象看本质足以成为我们漫漫人生旅途中减少险阻的一种必备能力。

（二）在认识事物的本质的过程中提高人生发展能力

人的认识能力的高低突出表现在能否透过现象把握本质。在现实生活中，面对同样的问题，有人只能看到一些现象却不会把握其实质。而人的认识能力的高低，直接影响到人们能否科学地认识事物、正确地解决问题，甚至影响自己的认识发展。我们如何才能努力做到透过现象把握本质呢？首先要深入实际、反复实践，全面把握事物的各种现象。不能仅仅看到一些局部的、个别的现象，就轻率地对事物的本质下结论。其次要不断学习，获得丰富的知识，同时在实践中不断总结，进行反思。“先格物、后致知”，了解了事物的全部情况，才能透过现象看到本质。最后，要充分发挥主观能动性，运用科学思维方法，对大量的现象及它们之间的关系进行科学的分析和研究。

总之，透过现象认识本质，不为假象所迷惑，就要求我们必须掌握丰富的知识，开动思想机器，对掌握的大量的现象进行科学分析，解释事物的本质和规律。

参考文献

[1] 李子奈. 计量经济学模型方法论 [M]. 北京：清华大学出版社，2011.

[2] 李子奈. 计量经济学应用研究的总体回归模型设定 [J]. 经济研究，2008 (8)：136-144.

[3] 胥爱欢. 计量经济学应用研究中真实总体回归模型"唯一性"的分析 [J]. 广东商学院学报，2009，24 (5)：38-41.

[4] 陈强. 高级计量经济学及 Stata 应用 [M]. 2 版. 北京：高等教育出版社，2019：118.